城乡一体化发展研究丛书

城乡一体化发展的机制研究

——以重庆市为例

CHENGXIANG YITIHUA FAZHAN DE JIZHI YANJIU

YI CHONGQING SHI WEI LI

严伟涛 著

西南交通大學出版社

·成都·

图书在版编目（CIP）数据

城乡一体化发展的机制研究：以重庆市为例 / 严伟涛著. —成都：西南交通大学出版社，2015.10
（城乡一体化发展研究丛书）
ISBN 978-7-5643-4320-0

Ⅰ. ①城… Ⅱ. ①严… Ⅲ. ①城乡一体化－发展－研究－重庆市 Ⅳ. ①F299.277.19

中国版本图书馆 CIP 数据核字（2015）第 232682 号

城乡一体化发展研究丛书
城乡一体化发展的机制研究
——以重庆市为例
严伟涛 著

责任编辑	孟秀芝
特邀编辑	于艳昕
封面设计	严春艳
出版发行	西南交通大学出版社 （四川省成都市金牛区交大路 146 号）
发行部电话	028-87600564　028-87600533
邮政编码	610031
网址	http://www.xnjdcbs.com
印刷	四川煤田地质制图印刷厂
成品尺寸	170 mm × 230 mm
印张	15.5
字数	278 千
版次	2015 年 10 月第 1 版
印次	2015 年 10 月第 1 次
书号	ISBN 978-7-5643-4320-0
定价	58.00 元

前　言

党的十八大报告明确提出“解决好农业、农村、农民问题是全党工作重中之重，城乡发展一体化是解决‘三农’问题的根本途径。”报告强调，要加大统筹城乡发展力度，增强农村发展活力，逐步缩小城乡差距，促进城乡共同繁荣。加快完善城乡发展一体化体制机制，着力在城乡规划、基础设施、公共服务等方面推进一体化，促进城乡要素平等交换和公共资源均衡配置，形成以工促农、以城带乡、工农互惠、城乡一体的新型工农、城乡关系。

重庆地处西部，是中央批准的“统筹城乡综合配套改革试验区”，具有典型的“大城市、大农村”的二元结构，在重庆市推进城乡一体化的试验，对于加快建立改变城乡二元结构体制机制，探索中西部地区发展模式，推动中西部地区乃至全国的城乡一体化工作具有重要示范作用。

本书首先介绍了美国、日本、韩国等发达国家以及国内上海、成都等地区推行城乡一体化的实践经验，然后分别从土地制度、金融制度、户籍制度、社会保障制度、公共财政制度等方面构建政策体系，并结合重庆“地票”“三权抵押”等具体实践进行研究分析。本书的研究只是一种探索，还有许多不足甚至错误之处，恳请读者批评指正。

作者

2015 年 3 月

目　录

第一章 绪 论

“三农”问题是中国经济社会发展中必须直面的现实问题。在三十年经济高速增长的同时，我国城市化进程异常迅速。值得注意的是，我国的城市化是建立在城乡分割基础之上的，可以说城乡二元社会是当前中国社会经济的重要特征之一，从现象来看自新中国成立以来城乡关系大略可以界定为以下几个阶段：1958 年以前是城乡对立时期，1958 年到 20 世纪 70、80 年代后期是城乡分割时期，20 世纪 80 年代到 2005 年则是城乡二元关系松动到政策上完全松绑时期，2006 年则成为中国城乡一体化建设元年，其标志性事件为 2005 年 12 月 29 日，第十届全国人民代表大会常务委员会第 19 次会议经表决决定，《中华人民共和国农业税条例》自 2006 年 1 月 1 日起废止。

重庆地处西部内部，总体经济发展水平居全国中游，大都市带大农村是重庆的基本状况，重庆的城乡区域发展状况正是全国发展的缩影，因而研究如何破解重庆市城乡区域一体化的体制机制发展困境就具备了典型的实际意义。

一、研究背景与意义

（一）研究背景

自 20 世纪 70 年代末开始，中国改革开放战略促使经济体制向市场化转轨，GDP 以年均超 9% 的速率快速增长，创造了一个东亚经济增长奇迹。统计数据显示，同期农民年人均纯收入增长率为 9%，但是由于在计划经济时期形成的城乡差距基础，城乡差距进一步拉大，事实上全国城镇居民人均可支配收入对比农村居民人均纯收入。在 1978 年为 2.5：1，到 2010 年则扩大为 3.23：1，而国际公认的合理的城乡收入比为 2：1。[①] 目前我国已成为城乡收入差距最大的国家之一，如果没有相应的政策措施予以解决，会造成城乡之间更大的鸿沟。

① 数据来自《中国统计年鉴（2011）》。

2011 年中国城市化率达 51.3%，2011 年重庆城市化率为 55%，而在重庆成为直辖市之前城市化率只有 28%[①]。数据表明，重庆在过去的十五年间经历了前所未有的高速城市化，而 2010 年重庆的城乡收入差距比为 3.4：1[②]，高于同期的全国平均水平。显然就重庆而言，高速城市化的同时伴随着城乡区域差距的日趋扩大。

（二）推进区域城乡一体化进程的战略意义

党的十六大在总结改革开放 20 多年和新中国成立 50 多年来我们党处理城乡关系的实践经验的基础上，第一次提出了“统筹城乡经济社会发展”的理念。统筹城乡发展，就是充分发挥城市对农村的带动作用和农村对城市的促进作用，实现城乡一体化发展。现阶段，我国推进区域城乡一体化有着重大的意义。

第一，推进区域城乡一体化是解决“三农”问题的根本出路。经过 30 多年的改革开放，我国农村发生了翻天覆地的变化，农民生活总体上达到了小康水平。但是，工农差别、城乡差别、地区差别和阶层差别扩大的趋势尚未扭转，农业仍是弱质产业、农村是落后地区、农民是弱势群体的状况尚未改变。这已成为当前我国经济社会发展中最突出的问题。导致这种局面的深层次原因是，城乡分割的二元结构和城乡分治的二元体制尚未根本改变，工农间、城乡间的发展缺乏有机联系，工业对农业、城市对农村的带动作用不强，致使过多的劳动力滞留在农业、过多的人口滞留在农村，导致产业结构与就业结构不协调、经济结构与社会结构不协调、产业布局与人口布局不协调，使得农业劳动生产率、农民收入、农民生活质量提高缓慢。推进城乡一体化，有利于突破就农业论农业、就农村论农村、就农民论农民的传统框架，有利于打破城乡分割的传统体制，形成以城带乡、以工促农的发展格局，加快农民分工、分业、分化进程，逐步缩小工农差别、城乡差别、地区差别、阶层差别，从根本上解决“三农”问题。

第二，推进区域城乡一体化是全面建设小康社会的重大选择。当前，我国经济社会发展和现代化建设正处于一个关键时期。2003 年，我国人均 GDP 超过了 1 000 美元，进入工业化中期阶段。在这一阶段，能不能解决好“三农”问题，对今后的发展至关重要。解决好了，经济社会就会呈现全面、协调、可

① 数据来自《新型城市化排位重庆名列第八》，载《重庆日报》2012 年 11 月 2 日第 1 版。
② 数据来自《重庆：探索城乡一体化的路径》，载《重庆日报》2011 年 7 月 17 日特刊第 4 版。

持续的良好发展态势，整个国家就会顺利、平稳、健康地从传统农业社会向现代工业社会过渡，更好地从发展中国家向发达国家迈进；解决不好，工农差别、城乡差别、地区差别、贫富差别就会不断扩大，整个国家就会陷入“有增长、无发展”、社会严重失衡的危险境地。我国是一个农民大国，农村人口占大多数是我国的最大国情。没有农业的现代化，就没有整个国民经济的现代化；没有农村的文明进步，就没有整个社会的文明进步；没有农民生活的全面小康，就没有全国人民生活的全面小康。“三农”问题成了我国在现阶段全面建设小康社会、推进现代化过程中必须正视和解决好的重大问题。推进城乡一体化，有利于“三农”问题的根本解决，有利于全面建设小康社会和加快推进现代化。这也是贯彻落实“三个代表”重要思想的客观要求。

第三，推进区域城乡一体化是树立和落实科学发展观的迫切要求。当前，我国从总体上达到了小康水平，发展目标、任务、动力等都发生了很大的变化。在发展目标上，从过去主要追求物质需求的满足，转为追求物质、文化、环境等多方面需求的满足，这就要求我们更加重视社会发展和环境建设，更好地促进经济、社会、环境的相互协调与可持续发展。在发展任务上，从过去主要通过一部分地方、一部分人先富起来，推动生产力加快发展，转为通过先富带后富、实现共同富裕，推动生产力平衡发展，这就要求我们更加关注弱质产业、落后地区和弱势群体，解决好农业、农村和农民问题。在发展动力上，从过去主要依靠资金、劳动的投入实现经济的数量型增长，转为主要依靠劳动力素质的提高、科学技术的进步和文化力的作用实现经济的质量型增长，这就要求我们更加重视科学技术的进步和人力资本的开发，更好地发挥智力和文化力对经济增长的支撑作用。推进城乡一体化，有利于把促进城市建设发展与加快农村建设发展结合起来，有利于把推动经济增长与加快社会发展、环境建设结合起来，逐步形成以城带乡、城乡一体、经济社会环境相互协调和可持续发展的格局。

第四，推进区域城乡一体化是打破城乡二元结构的必然趋势。以党的十六届三中全会的召开为标志，我国的改革进入了以完善社会主义市场经济体制为目标的新阶段。“建立有利于逐步改变城乡二元经济结构的体制”是这一阶段的重要改革任务。过去的改革，基本方向是经济市场化，基本内容是搞活微观经济主体，而当前遇到的问题越来越多地涉及宏观体制问题，农村问题与城市问题也越来越交织在一起。特别是当前“三农”发展滞后的状况，不仅是长期以来实行的城乡差别发展战略及其相应的城乡二元结构造成的，也是市场机制按效率原则配置资源而同时政府职能转变不到位造成的。推进城乡一体化，有利于终结城乡差别发展战略，打破城乡二元结构，赋予农民公平的国民待遇、完整的财产权利和平等的发展机会，建立城乡平等的经济社会新体制。这也正是完善社会主义市场经济体制的客观要求。

重庆市为推进城乡一体化展开了多个方面的具体工作，主要包括推进城乡基础设施一体化、推进城乡经济发展一体化、推进城乡劳动就业一体化、推进城乡基本公共服务一体化、推进城乡户籍管理一体化。重庆市市长黄奇帆表示，2015 年重庆将建成西部地区重要的增长极，长江上游的经济中心和城乡统筹发展的大都市，城乡差距缩小到 2.5∶1，按照人均地区生产总值一圈和两翼间的差距缩小到 2∶1。[①] 政府的目标就是要让重庆在西部地区率先实现小康，协调推进社会经济发展城乡一体化和区域一体化进程。

相比东部地区，重庆地处西部内陆，经济发展相对落后，改革开放之后我国推动非均衡发展策略，使得东西部差距进一步扩大。就重庆市所辖区域来看，存在城乡差距和一圈与两翼之间的区域差距，这两个方面的发展呈现非均衡状况，而其中城乡差距是本质所在。显然在很大层面上，一圈为都市圈，两翼则是都市连带的大面积农村区域，其中还不乏连片的国家级贫困区域。由此可见，规划蓝图和现实之间存在现实差距，结合重庆实际找到一个实现统筹城乡区域发展的创新体制机制是亟待解决的问题，这也是本研究的实际意义所在。

二、研究方法与重点

(一)研究方法

针对本研究主题，本书主要采用的研究方法有：

(1) 理论研究和实证分析相结合。这要求研究以经济学理论为支撑，结合相关学科的研究范式，结合国内外城乡一体化的实践经验。基于重庆市城乡发展的现状和个体特征，在基本理论范式的指导下展开针对性研究。

(2) 定性和定量分析相结合。在定性分析基础之上，明确关键性特征经济变量，并对特征数据展开梳理，进而掌握重庆市有关城乡关系的基本情况和变化趋势。

(3) 比较分析的研究方法。对比不同国家和地区的发展经验，以此为借鉴探寻适合重庆实际的城乡一体化发展路径。

---

① 参见《重庆：探索城乡一体化的路径》，载《重庆日报》2011 年 7 月 17 日特刊第 4 版。

(4) 微观分析和宏观分析相结合的研究方法。既有的城乡关系是一个国家的经济发展历史、宏观经济制度、传统文化模式等相互作用影响的演化结果。因此，一方面从宏观视角考察更利于把握当前城乡社会经济运行的内在机制，另一方面在微观层面则需要深度解剖分析具体的制度环境、政策环境、人文环境。

(二)研究重点

本书研究的重点有以下几个方面：一是从理论上界定重庆市城乡区域一体化发展的内涵与外延；二是改革城乡二元体制，构建城乡区域一体化的体制框架及运行机制；三是提出具有前瞻性和可操作性的对策及政策建议。

第二章 城乡区域一体化基础理论

第一节 霍华德的“田园城市”理论

一、“田园城市”理论的设想

19世纪末的欧洲面临着工业化带来的严重的城市问题。工业化革命促进了城市化的进程，大量的农村劳动力涌入市区，使城市人口与用地规模急剧膨胀，也使城市原有的市政基础设施不堪重负，城市的居住生活环境持续恶化，贫富差别日益扩大，这一切都导致了社会矛盾的日渐尖锐。在这样背景下，1898年埃比尼泽·霍华德（Ebenezer Howard）在他的著作《明日：一条通向真正改革的和平道路》中提出了关于田园城市规划的设想，认为应该建设一种兼有城市和乡村优点的理想城市，称之为“田园城市”，即为健康、生活以及产业而设计的城市，它的规模能足以提供丰富的社会生活，但不应超过这一程度；四周要有永久性的农业地带围绕；城市的土地归公众所有，由委员会受托管理。

霍华德在书中对田园城市做了总体设想，建议田园城市总占地为6 000英亩[①]，包括城市和乡村两部分，城市居中（占地1 000英亩），四周为农业用地（占5 000英亩）。田园城市的平面为圆形，总半径约1 240码（1码≈0.914 4米），中央是一个面积约145英亩的公园，外边界则是环形铁路线。从中心公园出发有6条主干道路向外辐射，把城市分成6个扇形区，在靠近中心公园的核心部位布置一些独立的公共建筑（包括市政厅、音乐厅、图书馆、剧场、医院和博物馆等），在城市半径约1/2处设一条环形林荫大道，形成补充性的城市公园，两侧布置居住用地，并在居住用地中布置学校和教堂。在城区的外围地区建设各类工厂、仓库和市场，靠近最外层环形道路和铁路支线，交通便利，且方便城市与外部空间的产品运输。

① 1英亩≈4 047平方米。

对于田园城市的规模，霍华德也做了设定，即一个田园城市6 000英亩土地上，人口规模为32 000人，其中30 000人住在城市，2 000人散居在乡间。当城市人口超过规定数量后，就建设另一个新的城市。因此，霍华德对由多个田园城市组成的城市组群也进行了设想：由六个单体田园城市围绕中心城市，构成城市组群，他称之为“无贫民窟无烟尘的城市群”，其地理分布呈现行星体系特征，中心城市的规模略大些，建议人口为55 000人，面积也相应增大，城市之间以快速交通（铁路）和即时通讯相连，各城市经济上独立、政治上联盟、文化上密切联系。城市之间布置农业用地，农业用地除耕地、牧场、果园、森林外，还包括农业学院、疗养院等，农业用地是保留的绿带，永远不得改作他用，这也是田园城市明确的空间边界。霍华德田园城市的群体组合把城市和乡村统一成一个相互渗透的区域，形成一个多中心，整体化运作的城市系统。

二、“田园城市”理论的内涵

霍华德的田园城市理论并不单纯是一种形式上的或是图面上的城市规划，实质上是一种对社会的改革，是对构成社会并对社会发展起着关键作用的城市风貌、城市有机体的总体规划。它不仅包括城市的总体布局、周围城市的关系，同时也有很大一部分是针对影响城市发展的各有机体方面的规划及安排，从而解决不断畸形发展的大城市带来的种种问题，抑制大城市无节制地发展。田园城市理论深刻地阐述了城乡结合的发展模式。

首先，田园城市是城市和乡村的有机动态平衡。每个田园城市的规模是一定的，并以农业用地作为空间增长边界，永久不得改变，城市用地和农业用地组成比例为1∶5，这一方面城市为农村提供了广阔的市场，另一方面肯定了围绕城市的田野是支持城市发展、保持城市生态平衡、遏止城市无节制膨胀的关键。这与今天所提倡的城市的可持续发展是一致的。

其次，田园城市是一个功能完整的城市。田园城市是一个多种功能混合的城市，它为人们提供了从居住、工作、教育、购物到休闲的一整套生活方式。也就是说，田园城市可以不依赖其他城市而存在，形成独立自主的发展模式，以此来吸引大城市和农村的人口。同时，田园城市对城市人口、乡村人口规模的大体设定、城市功能的公平分配提供了可能，尤其是为城市人口的充分就业以及乡村人口从事农业生产的收入提供了保证。

最后，田园城市避免了传统单一核心的城市在发展过程中的恶性膨胀。田园城市的规模严格设定，一旦超出设定，则在外部有一定距离的空间建设新的田园城市。这是霍华德解决大城市问题的关键手段，即疏散大城市人口，保持城市的合理规模。当若干个田园城市发展到合理的规模时，就组合成社会城市，这也反映出霍华德的区域整体发展的观念。城市之间以绿地间隔，并通过快速铁路交通来联系，既保证每个城市的合理规模，又可以享受到大城市的优点，并避免了大城市资源浪费、效率低下的缺陷。用一系列小型的、精心规划的市镇来取代大都市，形成一个高效的城市网络，这样的设想具有极大的超前性，规划界称之为“现代城市规划的开端”。

三、“田园城市”理论的城乡观

霍华德的田园城市理论倡导的是“用城乡一体的新社会结构形态来取代城乡分离的旧社会结构形态”。他在《明日：一条通向真正改革的和平道路》序言中写道：“城市和乡村都各有其优点和相应缺点，‘城市—乡村则避免了两者的缺点。……这种该诅咒的社会和自然的畸形分隔再也不能继续下去了。城市和乡村必须成婚，这种愉快的结合将迸发出新的希望、新的生活、新的文明。本书的目的就在于构成一个城市—乡村磁铁，以表明在这方面是如何迈出第一步的。”他绘制了著名的三磁铁图，三块磁铁分别注明为“城市”“乡村”“城市—乡村”，三种引力同时作用于“人民”，便提出了一个耐人寻味的问题：“他们何去何从”“城市—乡村”，这无疑就是霍华德要引导读者得出的最佳结论，这充分体现了田园城市的城乡观。

关于当时欧洲大城市的种种问题，霍华德认为与城市过度膨胀关系密切，在思考城市问题时，他将乡村一并考虑在内，得出关于三个磁铁的思想。他提出，城市人口过于集中是由于城市具有吸引人口聚集的“磁性”，如果能控制和有意识地移植城市的“磁性”，城市便不会盲目膨胀。如果“城市—乡村”结合，它将兼有城、乡的有利条件而没有两者的不利条件，把城市与农村的优点融合在一起，构成一个统一的整体，这样就建立了一个城市生长发展的机制，为城市的进一步发展提供了广阔的空间。城市为农村提供了广阔的市场，围绕城市的田野是支持城市发展、保持城市生态平衡、抑制城市无节制膨胀的关键。“田园城市”描绘了“城乡融合”将带来的美好的空间画面：自然之美——水清洁、无烟尘、空气清新、田野与城市相融；社会公正——社会机遇平等、充分就业等；城乡一体——城市繁荣和乡村发展互动取代城乡分离。

第二节 城市扩散与新城发展理论

一、“卫星城”理论

（一）“卫星城”的起源

霍华德的“田园城市”理论设想在中心城市周围建立一圈较小的城镇，形式上有如行星周围的“卫星”，这可以称为卫星城镇的思想萌芽。1919 年霍华德在英国规划设计第二个田园城市——韦林时，即采用了“卫星城镇”这个名称。

20 世纪 20 年代，英国建筑师 R. 昂温为伦敦地区制定咨询性规划，提出大规模地把伦敦的人口和就业岗位分散到附近的卫星城镇去。当时，所以采用卫星城镇的名称，主要是因为田园城市已被用于泛指城市“开阔的郊区”或“田园式市郊区”；同时，也为了表明韦林之类城镇同伦敦在经济上有紧密的联系。之后，卫星城镇一词便流传开来，并被广泛运用，有时还被用于称呼大城市边缘那些规划良好的工业郊区。20 世纪 30 年代前后，伦敦郡议会又用过“准卫星城”一词，指的是伦敦郊区仅具有“卧城”性质（即只作为生活居住之用）的居住区。在 P. 艾伯克龙比 1944 年主持编制的大伦敦规划中，为疏散人口，计划在伦敦外围建设 8 个城镇，最初也称为卫星城镇，后来改称为“新城”。

卫星城镇是指在大城市外围建立的既有就业岗位、又有较完善的住宅和公共设施的城镇，是在大城市郊区或其以外附近地区，为分散中心城市的人口和工业而新建或扩建的具有相对独立性的城镇。这些城镇的建立旨在控制大城市的过度扩展，疏散过分集中的人口和工业。卫星城虽有一定的独立性，但是在行政管理、经济、文化以及生活上，同它所依托的大城市有较密切的联系；卫星城与母城之间保持一定的距离，一般以农田或绿带隔离，但有便捷的交通联系。

卫星城镇作为一种积极的城市规划理论出现，已经有近百年的历史。卫星城市是现代化大城市发展到一定阶段的产物。它可以分担中心城市的一部分功能，是中心城市职能的延伸。卫星城既与中心城市密切相关，又具有相对独立性。1924 年在阿姆斯特丹召开的国际会议，把它列为限制大城市恶性膨胀的方法之一。

（二）“卫星城”的发展演变

从20世纪初英国创建卫星城以来，卫星城便成为了各国大城市发展中人口郊区化、产业郊区化的重要形式，有的卫星城是为了疏散大城市人口、工业或科学研究机构等而建设，有的则是为了在大城市外围发展新的工业或第三产业而建设。随着经济社会发展，卫星城的内涵不断深化，大体上经历了四个阶段。

第一阶段是以人口郊区化为主要特征的“卧城”。当城市扩散作用超过集聚作用，城市人口外迁。因此，许多大城市在离城市中心不太远、有便利交通线相连、生态环境良好的郊区设立了部分卫星城，此时卫星城以居住为主要功能，城内居民的工作、商业、文化活动等要回到母城，卫星城对母城依附性较强。

第二阶段是以产业郊区化为特征的“辅城”。为了解决工作地域居住地分离的问题，许多城市在卧城基础上发展一定数量的工厂、企业与服务设施，满足一部分居民就地工作需求，此时卫星城已经相对独立。

第三阶段是完全独立的“新城”。卫星城在居住、产业功能基础上进一步扩大规模、完善功能，可以依靠自身的力量发展，不再依赖母城解决基本生活和工作问题，“新城”与已有的城市中心区保持一定的距离，由绿带或开敞的农业空间环绕，形态上有明确界线，起到一定“反磁力”作用。新城是城镇体系中的一个组成部分，对涌入大城市的人口起到一定的截流作用。

第四阶段卫星城功能实现多元化，人口更加密集，距离中心城市更远。卫星城之间、卫星城与母城之间均有快速便捷的交通设施相连，卫星城之间在空间上逐渐连接，出现城市带、城市群，大城市区域从单中心的城市结构过渡到多中心网络化结构。此时，卫星城自身也具有极强的辐射力，在其周边开始形成独特功能和适度规模的小城镇。

（三）“卫星城”理论的现实意义

卫星城理论反映了城市分散发展的思想，从其诞生开始，卫星城在世界城市发展实践中被广泛应用。伦敦、东京、巴黎等大城市地域以及美国大都市区、城市连绵带等区域形态的形成与发展，以及我国北京、上海等的特大城市的空间扩张，均以城市分散发展的思想作为指导。卫星城从起初功能单一的“卧城”，发展到当今功能完备、相对独立的“新城”，在城市空间扩展、城市功能扩散过程中发挥了巨大的作用，并将在未来城市发展中继续担当城市空间重构的主角。

我国已步入城市化快速发展时期，大城市地域空间结构处于分散与重构阶段，城市建设的重心由中心城区转向边缘区、外围地区，许多大城市在外围空间以各类产业开发区、新城建设等方式已经衍生了新的“卫星城区”。伴随着郊区化的过程，城市空间体系承受着区域交通网络的完善、新的边缘城市功能节点的兴起和发展而逐渐趋于完整，城市空间由单核同心圆圈层扩展的方式开始向多核多极型地域空间扩展方式转变。需要注意的是，我国卫星城发展存在着诸多现实问题，如卫星城与主城的区位关系、卫星城的规模与功能定位、卫星城基础设施建设等，仍然需要我们因地制宜地开展有针对性的分析，而不能盲目学习其他城市的做法。

同时，在我国进入到城乡一体化发展阶段时期，卫星城作为城乡之间联系和交流的中间环节，不仅可以为大城市提供从农村聚集而来的原材料、农副产品、各种劳务人员，而且可以为大城市向农村转移产品、技术、资金、人才，开辟广阔的市场。因此，卫星城作为连接城乡的纽带，要充分发挥其城乡经济的网络功能，促进城乡一体化的发展。

二、“广亩城”理论

（一）“广亩城”理论的提出

针对资本主义国家城市过度集中所带来的大城市病问题，赖特提出“广亩城”理论。1930 年赖特在普林斯顿大学所作的演讲中提出反对集中城市的否定：“城市是否都将最终陷入城市病?”1932 年出版的《广亩城市：一位建筑师的见解》首度提出“广亩城”思想。1932 年赖特的第一部关于城市规划的书《消失中的城市》正式出版发行，提出未来的城市将不存在而又无处不在，这将是一种与古代城市或任何现代城市差异如此之大的城市，以致我们根本不会把它当作城市来看待。同时他又指出美国无需建设广亩城，它会自己出现。随后他又出版了《宽阔的田地》，正式提出了广亩城设想，把城市向乡村扩散，把集中的城市重新分散在一个地区性农业的网格之上的方案，基本理念是“城市分散于广亩大地，人人拥有一片自然”。1935 年，赖特在纽约洛克菲勒中心展出广亩城的模型，并在《建筑实录》上发表论文《广亩城市：一个新的社区规划》，系统地阐述了广亩城的城市思想和建筑细节。

当时，美国城市人口正以史无前例的速度猛增，纽约人口从 1850 年到

1900年增长了近五倍，城市规模越来越大，城市布局也越来越混乱。城市土地成为地产商的投机买卖，为取得高租赁利润，他们尽量争取临街铺面，因而开辟了许许多多不合理的街道，造成交通混乱和环境恶化，而且产生了很多不堪的贫民窟。

对此，赖特深为不满，他声称："我们今天所知的美国城市不但将要死去，而且正在死去！""集中化的城市正在通过'租金'创造出来的压力消磨人的个性。"赖特把城市化看作是"过重的负担"。他认为人们会抛弃乡村所带来的机会而居住在过度拥挤的大城市中这一想法是十分可笑的。

赖特认为城市通常是为了文明而建立的，而历史表明，文明常常由于这些特大城市的建立而衰败，在这之前总是城市化的加剧。赖特的幼年生活经历、他的有机建筑思想十分自然地导致他对城市集中的厌恶，他明确地主张创造新的分散化的城市。基于分散主义的原则，赖特提倡把工业化的城市抛弃掉而转为一种农业化的景观，在这里每一个个体都可以拥有自己的一部分土地。

（二）"广亩城"理论的基本设想

20世纪30年代，北美的农户们开始广泛使用汽车，使城市向广阔的农村地带扩展成为可能。赖特论证，随着汽车和廉价的电力遍布各处，那种把一切活动集中于城市的需要已经终结，分散住所和分散就业岗位将成为未来的趋势。他建议发展一种完全分散的、低密度的城市来促进这种趋势。这就是他规划设想的"广亩城市"。

赖特对"广亩城"的设想非常系统，"广亩城"的组成元素有公路、非污染性的小型工厂、既生产又销售的小农庄、分散的住宅、学校、商场、摩天楼、屋顶花园、公园、仓库、汽车、空中飞行器等。广亩城市将为每个家庭提供至少1英亩土地，靠近农田、果园和游憩地，距离轻工业和城市其他公共设施的距离在10~20英里，平均人口密度为2.5人/英亩，而在美国一般认为城市的人口密度至少15人/英亩。这样，广亩城的每一个实体都被包围在某种"绿色空间"里面，它是伊甸园式的花园空间，有葡萄园、浴室、马戏场、植物园等。在广亩城中，生产方式是分散式的家庭生产，土地是公有的，分配给家庭使用，以生产供自己消费的食物。广亩城在整体上向水平方向伸展，只有少数几幢高层公寓。

广亩城与田园城市圈层结构不同，是以方格网形式在水平方向上进行分散布局各种城市实体的，这种大规模的分散需要靠广泛使用现代交通工具实现。在广亩城中每个市民都拥有自己的汽车，通过建设多车道之快速道路系统将农场、商店、学校、住宅等每一个单元连接在一起。区域内部交通系统由超级高速公路、主干道、居住区街道等级别的道路构成，对外交通则通过穿越城区的架空干道、铁路和飞机进行联系。架空干道十分宽阔，可容纳十辆小汽车和两辆卡车并行，干道下则建设连续的仓库。在广亩城市外围建设高速单轨铁路，火车站设在城市边缘。此外，小型飞机场也将被建立，用于安全着陆、起飞以及一些私人飞行工具的储藏。

同时，赖特对城市设施建设也提出了相应的要求，如把有用的线路都埋到地下去；马路上不能有开敞的排污管道；整个场地上要有大规模的绿化；所有的衰败建筑以及仓库都应该被限制在入口端或者道路下面；其他的元素包括燃油站及服务站，还有郡首府，它们都将安置在各种重要的十字路口；沿铁路或者铁路下的地下避难所在和平年代将一直作储藏空间用；高速公路将在安全的坡度下依地形而建；道路结构将由地方政府完成，但需要在建筑师、景观建筑师以及结构工程师的指导下进行。

三、“有机疏散”理论

（一）“有机疏散”理论的产生

1918 年，沙里宁为芬兰的赫尔辛基新区明克尼米哈格制订了一个 17 万人口的扩展方案，也称“大赫尔辛基”方案，在着手该方案时，发现单元中心城市存在中心区拥挤问题，而当时赫尔辛基已经在古城郊区开始建造的卫星城镇，因为仅仅承担居住功能，导致生活与就业不平衡，使卫星城市与中心市区之间发生大量交通阻塞问题，并引发了其他社会问题。因此，他主张在赫尔辛基附近建设一些可以解决一部分居民就业的“半独立”城镇，以此缓解与城市中心区通勤的矛盾。在他的规划思想中，城市是一步步逐渐离散的，新城不是跳离母城，而是有机地进行着分离运动，即不能把城市的所有功能都集中在市中心区，应实现城市功能的有机疏散，多中心发展，多功能布局；郊区的卫星城，应该创造居住与就业的平衡，这样不但可以减轻交通的负担，还会降低市民的生活成本，提高城镇居民的生活质量。这便是“有机疏散”理论的雏形。

1943 年，沙里宁出版的巨著《城市：它的发展、衰败与未来》，对有机疏散理论的整个理论体系及原理进行了系统的阐释。沙里宁全面考察了中世纪欧洲城市和工业革命后城市发展的历史，讨论了城市发展思想、城市经济状况、土地、立法、城市居民教育、城市设计等方面的内容分析了有机城市形成的条件，揭示了现代城市衰败的根源以及促进其进一步发展的对策。他认为城市混乱、拥挤、恶化仅是城市危机的表象，其实质是文化的衰退和功利主义的盛行；城市是一有机体，秩序优良是其活力所在，乱七八糟的聚集，导致城市秩序混乱，是城市衰败之根源，只有按城市的功能要求，将城市人口和就业岗位分散到可供合理发展的非中心地域，城市才能获得新生。有机疏散的城市发展方式能使人们居住在一个兼具城乡优点的环境中，这一结构方式既符合人类聚居的天性，便于人们过共同的社会生活，又不脱离自然。

在汲取了前些时期和同时代的城市规划的理论和实践的基础上，并在对欧洲、美国一些城市的发展中的问题进行调查研究和思考后，沙里宁认为卫星城确实是治理大城市问题的一种方法，但他认为并不一定需要另外新建独立于中心城市的卫星城，而可以通过建立于中心城市有密切联系的半独立的城镇，通过定向发展来达到同样的目的。因此，他提出对城市发展及其布局结构进行调整的有机疏散理论。

（二）“有机疏散”理论的基本思想

沙里宁认为，城市是人类创造的一种有机体，人们应从大自然中寻找与城市建设相类似的生物生长变化的规律来研究城市。大城市在向周围迅速扩散的同时内部出现了被称之为“瘤”的贫民窟，而且贫民窟也在不断蔓延，这说明城市是一个不断成长和变化的有机体。沙里宁将交通要道视为动脉、静脉将街区内道路视为“毛细血管”，将城市的不同功能区视为有机体的不同的器官。沙里宁以树木生长为例，树枝从树干上生长出来时就本能地预留空间，以便较小的分枝和细枝将来能够生长；以有机体细胞繁殖为例，细胞间存在间隙，有机体的每一个细胞都向邻近的空间扩展，这种空间是预先留出来供细胞繁殖时使用的，空间使有机体的生长具有灵活性，同时又能保护有机体。

沙里宁由此受到启示，认为城市作为一个有机体，它的内部秩序实际上是和有生命的机体内部秩序相一致的。如果机体中的部分秩序遭到破坏，将导致整个躯体的瘫痪和坏死。为了使今天城市免遭衰败，必须对城市从形体上和精神上进行全面更新。再也不能听任城市凝聚成乱七八糟的个体，而是要按照有机体的功能要求，将无序的集中变成有序的分散，把城市的人口和就业岗位分散到可供合理发展的远离中心的地域，才能让城市的健康、持续的生长并保持城市的活力。

他认为，应该把密集的地区分裂成一个个的集镇，集镇之间是用保护性的绿化带联系起来。重工业和轻工业都应该从城市中心疏散出去，腾出的大片土地可以用于增加绿地，以及提供给那些必须在城市中心地区工作的技术人员、行政管理人员、商业人员作为居住地，让他们就近享受家庭生活。原本拥挤在城市中心地区的许多家庭也应疏散到更适合居住的新区环境。很大一部分设施，尤其是日常生活部门，将随着城市中心的疏散而离开拥挤的城市中心，这样中心城市的人口密度得到很大降低。

有机疏散理论提出，城市中个人的日常生活应以步行为主，并应充分发挥现代交通手段的作用。同时其认为，并不是现代交通工具使城市陷于瘫痪，而是城市的机能组织不善，迫使在城市工作的人每天耗费大量时间、精力用于往返旅行，且造成城市交通拥挤堵塞。

第三节　城乡整合与一体化发展理论

一、芒福德的城市区域观

（一）芒福德城市区域观的提出

美国城市学家刘易斯·芒福德（Lewis Mumford，1895—1990）是一位具有世界声望的城市问题理论家，他的学术观点对现代西方城市规划的理论与实践都有十分重要的影响。孩童时，芒福德就在周末随继外祖父走遍曼哈顿，记录邻里生活，研究建筑、桥梁和街道，采集当地标本做业余的地质调查。1915年，他第一次读到了苏格兰城市规划理论家帕特里克·格迪斯（Patrick Geddes，1854—1932）的著作《演变中的城市》（*Cities in Evolution*），深深地被格迪斯的理论所折服，认为“研究城市就应该像生物学家对待自然环境那样把城市纳入更广阔的区域环境中去”，并开始了自我发展，“像达尔文研究生物遗传机理”那样去研究“城市发展”的人生道路。芒福德以十分丰富的学识为基础去研究城市，他通晓建筑、城市、艺术、宗教、历史等等学科，他认为，“从历史上看，城市是社区权力和文化的最集中点，生活散射的各种光芒在这里全面聚焦，并取得更大的社会效益和意义。城市是社会整体关系的形式和标志。”这样，芒福德怀着强烈的责任感，用渊博的知识和充满智慧的话语，对整个城市发展史进行了深刻的审视和批判。

他在1938年出版的《城市文化》（*The Culture of Cities*）和1961年出版的巨著《城市发展史：起源、演变和前景》（*The City in History*：*Its Origins*，*Its*

Transformation and Its Prospects）中，都对城市、人工环境和历史文明进行了深入的理论探索，在“人—文化—历史”的深度关联中对城市本质、城市发展过程和城市的价值和意义进行了反思，并以革命性的姿态提出城乡整体发展的“城市区域观”，从保护人居系统中的自然环境出发提出城乡关联发展的重要性。他指出：“城与乡，不能截然分开；城与乡，同等重要；城与乡，应该有机地结合起来。如果要问城市与乡村哪一个更重要的话，应当说自然环境比人工环境更重要”。

（二）城市区域观的基本思想

芒福德对城市的功能定义为“容器”“城市从其起源时代开始便是一种特殊的构造，它专门用来贮存并流传人类文明的成果；这种构造致密而紧凑，足以用最小的空间容纳最多的设施”。城市的另一种功能是“磁体”，这是芒福德收到霍华德田园城市理论的启示得出的观点。他认为，“与朴素、简单、平淡无奇的农村生活相比，熙熙攘攘的城市对个体往往具有不可抗拒的巨大诱惑力。”在某种意义上，城市的容器功能主要是针对乡村的分散与孤立状态而发的，同时也正是由于具有巨大的接受机制与超强的聚集功能，城市才可以把分散在乡村的人口、经济、文化与精神等高密度地汇集起来。“资产阶级日甚一日地消灭生产资料、财产和人口的分散状态。这使得人口密集起来，使生产资料集中起来，使财产聚集在少数人的手里。由此必然产生的后果就是政治的集中。”由于没有空间的容纳就不可能有城市，所以芒福德还认为，城市的“容器”功能要比“磁体”功能更重要。

芒福德对城市功能的清晰认识，从侧面反映了“城市来源于乡村”“区域是城市的生存环境”等观点，奠定了“城市区域观”形成的基础。所有的人本主义思想家者极其关注区域的问题，芒福德更是将区域理解为城市的生态环境，他认为人类社会和自然界的有机体有许多相似之处。有机体为了维持自身的生命形态，就必须不断更新自己，与周围的环境建立积极的联系，即使是最不活动的和处于休眠状态的生命也必须吸取能量以维持自身的平衡。因而，有机体和环境之间始终存在着作用与反作用，这种关系一旦失衡，生命就会暂时停止或永远死亡。与有机体生命活动相关的环境就是它的生态环境。因此，他把城市社区赖以生存的环境称为区域。他认为，“区域作为一个独立的地理单元是既定的；而作为一个独立的文化单元则部分是人类深思熟虑的愿望和意图的体现。”因而，芒福德所理解的区域事实上是人文区域（Human Region），它是地理要素、经济要素和文化要素的综合体。芒福德对区域的理解恰恰与大都市带的热情支持者相反，他坚持认为都市带并非一种新型的“区域/城市”空间形态，而是城市无限度生长和蔓延的结果，将会抹掉农村、模糊人类处境的真实状况，最终成为“类城市混合体”（Urban Oid Mishmash）。在区域空间结构的认识上，芒福德非常同意赖特的主张，并将霍华德田园城市中的“新市镇”作为正确的发展方向，即通过分散权力来建造许多新的城市中心，形成一个更大的区域统一体，以现有的城市为主体，就能把这种区域统一体引向许多平衡的社区内，就有可能促进区域整体发展，重建城乡之间的平衡，使全部居民在任何一个地方享受到同样的生活质量，避免特大城市在发展过程中出现的各种困扰，最终达到霍华德的田园城市发展模式。芒福德的城乡结构观是一种有机结构观，它由城市要素构成，被城市功能缔造，受城市目的支配。“或者，让我们从有机观点来阐述这个意思，即许多小小的原始公社性质的村落细胞，尚未发生分化，自身结构也较简单，各部门担当各自的职能，后来依照一种轴式原则组织，演进成一种复杂结构，具有分化特性的各种组织和专门器官，而且其中一个部分，中枢神经系统，承担为整个机体思考和指挥的职能。”

（三）城市区域观在我国的现实意义

我国进入到城乡一体化发展阶段，芒福德的城乡有机结合理论具有极强的现实意义。在芒福德城市区域理论产生的时代，美国社会在资本主义制度下，城市得到极大的发展，充分发挥了经济中心的作用。然而，这种发展过分强调了城市的中心地位，几乎不考虑乡村的利益，毫无节制地索取乡村土地、水、空气、劳动力和农副产品，不计后果地向乡村排放各种污染。城市对乡村的无情剥削不仅大大伤害了乡村，也大大伤害了城市。在这样的状况之下，芒福德与其他有远见的思想家一样都提出了城乡结合的主张。时至今日，“城市社会已经发展到了一个分岔路口”的历史语境在我国快速城市化发展进程中重现。当代中国大城市发展中所出现的交通拥挤、城市环境恶化、城市剥夺乡村利益等问题，与芒福德《城市发展史》中所描述的美国大城市20世纪经历的十分相似。当代中国走到了审视城市化发展现实命运，正视并解决城市问题的“岔路口”，进入到必须要将“城和乡有机结合起来”的发展阶段。因此，芒福德的城乡整体发展观正如他20世纪30年代的巨著《城市发展史》所说的那样——“依然处于现行思想的前列”。芒福德将“城和乡有机结合”的观点体现为多中心区域空间结构的形成，实现城乡均衡发展，市民和农民能享受到城市化和工业化发展的果实上。

我国城市化发展必须要重视保护乡村生态环境。芒福德认为，区域是城市赖以生存的环境，“城市是区域个性的一种表现”“区域是编织城市生活的经线”“即使在高度发展的城市中，也包含大地的形态，如木材、石料、粘土等建筑材料均来自于自然环境。区域中的河流提供了最自然的运输通道，即使是新建的铁路也往往顺着河岸选线”。在美国快速建立人类生活新区的过程中，滥用资源导致土地枯竭等问题。直到 19 世纪中叶，美国才逐步认识到荒野也是人类社区的组成部分，并划定了不准人们永久居住的保护区，公开确认原始荒野是文明生活的靠山，不能不顾后果地把自然环境用于经济开发。对于我国当前城市化发展极度忽视生态环境建设的状态，大大降低了城市与乡村居民的生存环境质量。芒福德对于生态环境的深层次思考体现了他对人类命运的深深关怀，同时对我们国家城市发展实践起到了警示作用。针对我国城市空间无限蔓延，大量吞噬农村土地、破坏生态环境等问题，芒福德所提倡的“有机规划”着眼于改善人类的处境，“永久绿地的保留，生态网络空间的永久建设”，必须要在我国未来城市的建设中加以借鉴。

二、麦吉的亚洲城乡一体化理论

（一）亚洲城乡一体化区域理论的形成

20 世纪 60 年代以来，东南亚国家的城市化进程呈现出一个显著特点，即巨型城市区域集合体成为主宰这些国家经济发展的主导力量。加拿大经济地理学家麦吉在 1985 年指出，在亚洲某些发展中国家的核心经济区域（如中国的上海）出现了与西方发达国家的大都市带相类似但发展背景截然不同的新型城市区域空间结构。

1987 年，麦吉在《城镇化还是乡村城镇化？亚洲经济交互作用新型区域的出现》（*Urbanisasi or Kotadesasi? The Emergence of New Regions of Economic Interaction in Asia*）一文中，用 Kotadesasi 一词描述了这种与传统城镇化机制完全不同的城乡联系空间结构，探讨了 Kotadesasi 的空间范围和基本特征。

1989 年，麦吉在《亚洲巨型城市区域的出现》（*The Emergence of Megaurban Regions in Asia*）和《亚洲新型城乡一体化区域的出现：对国家和区域策的启示》（*New Regions of Emerging Rural - urban Mix in Asia*：*Implications for National and Regional Policy*）两篇论文中，采用 Megaurban region 、Rural - urban mix 两词进一步完善该理论。1991 年，麦吉在《亚洲城乡一体化区域的出现：扩展一个假设》（*The Emergence of Desakota Regions in Asia*：*Expanding a Hypothesis*）一文中，用 Desakota Region 一词取代 Kotadesasi 等词，并阐述了 Desakota

Region 的形成条件和动力机制。

Desakota 是由印尼语创造的复合词。“Desa” 为 “乡村” （rural） 之意，“kota” 为 “城镇” （urban） 之意，两者合成词的含义是 “城乡一体化”。我国学者对 Desakota Region 一词有 “城乡一体化区域” “城市乡村结合体” “城乡一体地区” 等不同译称。麦吉认为，城乡一体化区域是指在同一地理区域内同时发生的城市性和农村性的行为。麦吉用它来描述亚洲大城市之间交通走廊地带的农村地区所发生的以劳动密集型工业、服务业和其他非农行业的迅速增长为特征，物流和人流相互作用十分强烈的发展过程。

(二)亚洲城乡一体化区域的特征与形成动力

在麦吉看来，城乡一体化区域的空间范围包括两个或两个以上的核心城市，当天可通勤的城市外围区域以及农业与非农业混杂的人口稠密的农村区域。麦吉认为，亚洲城乡一体化区域呈现出五大显著特征。

1. 城乡联系密切

亚洲城乡一体化区域一般是有较稠密的人口，过去主要从事水稻耕作，由于传统种植业的生产经营活动均具有季节性特点，加之人多地少的矛盾突出，大量的剩余农业劳动力需要寻找非农就业岗位，因此增强了城乡联系的内在动力，历史上通过交通网络与其他地区就有较多的联系。如我国长江三角洲区域，历史上就已经具备了较好的非农产业发展基础，如商业、轻工、纺织等工业部门。

2. 中心城市的扩散效应显著

城乡一体化区域是基于中心城市的工业向外扩散并逐步带动农村地区非农业化而形成的。在城乡一体化区域的形成过程中，政府产业转移政策的引导起到了不可忽视的作用。

3. 各种用地方式交错布局

城乡一体化区域内农业、农副业、工业企业、住宅业用地方式及其他各种土地利用方式相互交织，为农产品提供了便利的加工场所和广阔的消费市场，但同时伴随对土地需求的增加，土地的利用程度不断提高，也导致了可耕地的丧失和较为严重的环境问题。

4. 人流、物流频繁

亚洲城乡一体化区域人口并不是永久性地迁入市镇，而是依靠密集的交通网络进行频繁的流动与迁移，摩托车、卡车等非高技术运输工具的普及使得运费相对低廉，这促进了区域运输网络的不断扩展。

5. 跨越行政区划界限

城乡一体化区域与行政区划的边界范围不尽一致，跨越行政区划界限的城乡一体化区域成为政府行政管理的“灰色区域”。麦吉认为，促进城乡一体化区域形成的驱动力主要表现为交通、信息通讯革命以及国际分工力量的推动。20 世纪 80 年代以来劳动力、商品、资本和信息的流动方式都发生了巨大的变革，呈现出向城市区域集中的趋势。经济关系、社会关系等网络结构的变化影射到具体的区域，直接导致其空间结构的重组。城乡一体化区域就是沿发达的交通通讯网络而形成的农业与非农业混合交错的巨型城市区域集合体，其目的在于最大效率地利用交通网络。同时，20 世纪 70 年代开始的产业全球化转移为东南亚地区提供发展机遇，该地区劳动力丰富、成本低，具有良好的市场环境和便捷的通商口岸，促使跨国公司在该区域设立组装生产和出口基地，新一轮的国际分工促进了城乡一体化区域的发展。

(三)亚洲城乡一体化区域理论的现实意义

在我国人口密集、经济发达、基础设施条件较好的沿海地区，已经开始形成与 Desakota 类似的空间经济形态——都市连绵区。同时，我国中心城市的建成区范围迅速扩张，中心城市产业退二进三，郊区小城镇快速发展，城市周边各种形式的开发区层出不穷，可以说在中心城市的外围空间城乡相互作用程度始终较为激烈，也在一定程度上呈现出 Desakota 的特征。因此，麦吉的城乡一体化区域理论对于我国有效组织城乡经济活动具有一定的借鉴意义。

首先，麦吉对亚洲城乡一体化区域的调查、研究以及对亚洲城乡一体化特征的总结思路，均是从乡村区域入手，进而观察乡村区域如何在城市的影响与作用下发生空间变化和结构转变，这与我国长期以来的城市偏向、以城市为中心的城乡关系研究截然不同。

因此，我们需要借鉴麦吉的理论，充分重视乡村地区在我国区域发展中的作用，确立城市与乡村在区域中的平等地位，建立各具特色的区域经济模式。要从区域整体而不仅仅是从中心城市出发组织经济活动。要对城乡交接地带给予足够的重视，引导资金流向这里。对于乡村地区的发展，要从改善与外界的可通达性入手，致力于道路系统建设和其他基础设施建设。对城市边缘城乡交接地带“灰色区域”的基础设施建设和管理工作要纳入规范化，从总体上提高区域的经济和社会发展水平。

Desakota 区域的繁荣，并不意味着对农业问题特别是粮食问题重要性的否定。在农业劳动力减少，非粮食作物的产品和非农业活动的比例上升的情况下，生产足够的粮食和其他食物以养活日益增长的人口是至关重要的发展基础。在我国沿海自然条件优越的传统农业发达地区，由于农业投入不足，耕地毁弃撂荒的现象日益严重，农业的基础地位不断地被削弱。Desakota 区域维持经济繁荣的主要因素是混合型的土地利用方式，要保证区域的持续发展，必须控制其经济活动的密度和对环境的影响强度，注意尽量避免因土地过度使用和环境污染带来的问题。

第四节 城乡“二元结构”理论

一、刘易斯的城乡经济“二元结构”理论及发展

刘易斯于 1954 年在《曼彻斯特学报》发表了题为“劳动力无限供给条件下的经济发展”的论文，并指出二元经济是发展中国家在发展过程中最基本的经济特征。正因为二元经济结构的存在，城市现代工业部门如要扩大生产规模，它就应按略高于农业劳动者工资水平的工资源源不断地雇佣到所需的劳动力（在农业剩余劳动力被吸纳完毕前）。随着农村农业劳动者向城市现代部门转移，农业部门和剩余劳动力逐渐被工业部门完全吸收，农业劳动生产率提高，农业劳动者收入就会增加，直到农业劳动者的工资水平与城市现代工业部门劳动者的工资水平趋向一致，城乡差别逐渐消失，二元经济转变成一元经济，实现城乡一体化。刘易斯二元结构理论的突出特征是对劳动力无限供给的描述。他认为，二元经济发展的核心问题是传统农业部门的剩余劳动力向现代工业部门转移的问题，经济发展的重心是传统农业向现代工业的结构转换。

刘易斯认为，在不发达经济体中存在着这样两个主要组成部分，一是传统的、人口过剩的、仅可维持生存的农村部门，其边际劳动生产率为零，由于从该部门抽出劳动力将不会减少其产出，所以这些劳动生产率相对于该部门的需要而言是“剩余的”；二是劳动生产率较高的现代城市工业部门。根据产业结构理论，生产要素从劳动生产率低的部门向劳动生产率高的部门集聚，是一个社会经济增长的重要推动力量。刘易斯模型正是建立在这样一个基本的结论之

上的。该模型的注意力基本放在了劳动力从农村部门向城市部门的转移过程、现代部门产量和就业量的增长两个方面。从这一意义上看，这个过程既是一个经济发展过程，又是一个农村人口城市化的过程，同时也是一个不发达经济中二元经济向同质经济发展的转换过程。因此，刘易斯认为其对于不发达国家经济的发展具有“普遍”的指导作用。

刘易斯认为，上述劳动力的转移过程之所以能够进行，取决于这样一种条件：农村部门的劳动力过剩和城市就业的增长，而劳动力的转移和现代城市部门就业的增加都是由该部门产量的增加带来的。刘易斯模型最引人注目的地方在于，它在对第三世界国家广泛存在的二元经济分析的基础上，为我们揭示出了在不增加外部投入的情况下二元经济结构本身存在着的一种积累机制。如果条件具备，这种经济机制就可以自动作用，经济系统的这样一种自组织过程开始，直至走出二元困境，使社会经济结构发生根本的变化。刘易斯模型为第三世界国家走出二元经济困境、推动经济结构升级提供了新的思路，而且按照他提供的思想，国家的经济升级和发展可以免受因依靠外国资本输入而带来的社会政治和经济损失和对外的严重依赖。因此，这一理论对于发展中国家具有很大的吸引力。

尽管刘易斯二元结构理论揭示了传统农业部门与现代工业部门的消长机理，但是他忽视了农业劳动力转移对农业作用、工业化技术选择、城市就业状况和人口增长的影响，因而受到了一些发展经济学家的批评。在有关现代部门和传统部门的相互关系方面，刘易斯的二元论也受到指责，被认为忽视了传统农业在经济发展中的重要性。其实，刘易斯不是全然未意识到传统农业状况对现代经济形成的重大作用。问题在于，他对于“在不能完全满足资本主义部门迅速扩大的条件下，传统农业经济在一个国家占据重要地位时，如何才能使二元转变为一元”的问题不予讨论，即这一问题不在他的二元结构模型范围内，而这一问题正是包括中国在内的众多国家最需要解决的。刘易斯的二元论对中国不完全适用，在于他的理论基础，他的“二元变为一元”的依据是古典时期以英国为代表的资本主义国家的经济发展史和在此上发展起来的古典经济学。凡不合于古典西方国家资本主义发展历史的情况和条件，均被作为模型的例外或限制条件而不予讨论。

美国发展经济学家拉尼斯（G. Ranis）和美籍华人发展经济学家费景汉在 1964 年出版的《劳动剩余经济的发展》一书中提出了“拉尼斯 - 景汉的二元结构理论”。该理论发展了刘易斯的理论，人们将之与刘易斯的理论合称为刘易斯 - 拉尼斯 - 费模式。这一理论认为，二元结构的不发达国家的经济发展过程，就是从落后的维持生计部门向发达的资本主义部门，或者说由农业向城市工业不断地转变的过程。在不发达经济的两个部门中，现代城市工业部门被看作是经济增长的主导部门。与刘易斯不同，拉尼斯和费景汉不仅分析了农业劳动力流向工业部门的过程，而且考察了农业劳动力流出引起的农业部门的变化。他们指出：第一，边际生产力等于零的农业劳动力流出不影响农业总产出。他们把边际生产力等于零的这部分农业劳动力称为“多余劳动力”。这部分劳动力从农业部门抽出，不影响农业产出。第二，边际生产力大于零的农业劳动力流出则会影响农业部门的产出量。在边际生产力等于零的“多余劳动力”完全被工业部门吸收的情况下，如果农业劳动力继续流出农业部门，农业部门的总产出就会受到影响。因为这时农业劳动力的边际产出为正数，农业劳动力的抽出，则意味着总产出的减少。随着劳动力抽出量的增加，劳动力的边际产出递增，农业总产出的减少会加速。这说明，工业部门的扩张不会自然而然地带来农业部门的发展，一个国家在经济发展过程中如果把注意力全部放在工业化程度提高上，则可能导致农业部门的停滞甚至萎缩。拉尼斯和费景汉关于农业劳动力流动对农业部门影响的分析得出的正面结论是，在工业化过程中，必须同时重视农业部门本身的发展，促成工农两个部门的平衡增长。该理论清楚地说明了工业部门发展与农业部门发展之间的关系，强调了传统经济向现代经济转化中农业剩余对工业部门扩张和对农业剩余劳动力转移的重大意义。拉尼斯和费景汉指出，不重视农业在促进工业增长方面的重要性，就会造成农业的停滞。农业剩余劳动力转移的同时伴随着农业剩余的转移，而农业剩余的增长和农业劳动生产率的提高是农业劳动力向非农产业转移的前提条件。

二、缪尔达尔的地理空间上的“二元结构”理论

区域上的二元性是发展中国家二元经济结构的空间表现。在发展中国家，现代工业部门往往是集中在一个或少数几个地区建立起来，而余下的空间则成为传统农业部门滞留的不发达地区。发达地区的主要特征为经济发展水平比较高，从事制成品的生产，政治机构集中；落后地区则经济发展水平较低，主要从事初级产品（农产品）的生产，政治力量分散。这样，在地理空间上表现为一种“二元结构”，即现代工业部门集中的发达地区与传统农业部门集中的落后地区。发达地区往往是大中城市集中的区域，不发达地区则多在边缘的农村。

最早提出区域二元理论的是瑞典经济学家、1974 年诺贝尔经济学奖得

主冈纳·缪尔达尔，他运用一系列概念，如“扩散效应”“回波效应”“循环积累因果关系”，说明了发展中国家区域二元经济结构形成的机制或原因，并提出了克服这种二元结构的政策性建议。他指出，在发展中国家经济发展初期，地区间的发展水平是大致相等的，有些地区在外部因素的影响下，先行一步发展起来，这会打破地区发展的固有平衡。这种地区发展的不平衡将在“循环积累因果关系”的作用下不断加强，使得先进的地区进一步发展，而落后地区更加落后。缪尔达尔通过生产要素在两个地区之间流动的例子说明了“循环积累因果关系”的作用过程。他指出，在发展中国家的不同地区之间，生产要素流动的结果不像新古典主义所描述的那样，将使要素价格或要素收入以及经济发展水平趋于一致。相反，由于相当长时期内，发达地区对落后地区的影响主要不是表现为“扩散效应”而是表现为“回波效应”，因此地区间的发展不平衡不是缩小了而是扩大了。其原因在于：发达地区对生产要素（特别是对劳动力）的吸收是有选择的。这样，经济发展过程实际上是落后地区高质量生产要素不断流失并向发达地区集聚的过程。只有经过相当长的一段时期后，发达地区由于人口过密、基础设施紧张、生产成本递增、资源不足、资本过剩以及外部不经济等因素而减缓发展速度时，“扩散效应”才会发生作用，要素流动方向才会发生逆转。缪尔达尔认为，为了避免“循环积累因果关系”的影响，防止区域发展中出现两极分化，不能消极地等待市场力量发生作用，必须由政府制定相应的政策和措施，刺激和帮助落后地区快速发展。

缪尔达尔通过观察和分析发展中国家经济发展过程中区域发展不平衡的形成原因和作用机制，提出了与新古典主义理论不同的理论及政策结论，对发展中国家经济发展是十分有意义的。后来，威廉姆森根据截面和时间序列数据的分析方法，采用“人均收入差量系数”衡量地区发展不平衡的程度，完成了对缪尔达尔理论的一个经济验证。其截面数据分析表明，一国经济发展水平与地区经济发展水平的不平衡突出表现在那些正在经历发展和结构变动的国家和地区上。时间序列数据的分析表明，发达国家在其发展的较长时期中，地区发展的不平衡呈现出“倒U型”曲线变化，即开始时不平衡程度增大，当达到一定程度之后，开始逐步缩小。缪尔达尔的区域二元理论后来用来分析发达国家与发展中国家之间在国际交往中的政治、经济关系，被发展为“国际二元结构”理论。

第五节　国内相关研究

20 世纪 80 年代以来，随着我国经济发展，特别是沿海发达地区城乡经济关系日趋紧密，城乡功能转型加速进行，二元体制的弊端日益显现。针对我国二元结构弊端，受马克思主义经典作家有关城乡关系论述、空想社会主义的提出城乡融合发展的理论的启发，吸收英国伟大的城市学家埃比尼泽·霍华德（Ebenezer Howard，1850—1928）“田园城市”（Garden City）的思想、美国城市理论家刘易斯·芒福德（Lewis Mnmford）于 20 世纪 60 年代，关于城乡关系的精辟阐述，和日本学者岸根卓朗的“混沌思维”精华，我国许多学者创造性地提出了“城乡一体化”一词，并围绕城乡一体化的概念、内容、目标、实质、动力机制等展开了热烈讨论，部分学者还就城乡一体化的测评指标体系的建立和进程的推进进行了实证分析，取得了丰富的理论成果。

一、城乡一体化的概念

国内社会学、经济学、生态学、城市地理学、城市规划学等专业的学者分别从各自专业的角度，对城乡一体化的概念展开了研究，但还没有形成一个公认的标准定义。社会学和人类学界从城乡关系的角度出发，认为城乡一体化是指发达城市和相对落后的农村打破相互分割的壁垒，城乡经济和社会生活紧密结合与协调发展，逐步缩小至消灭城乡之间的基本差别，从而使城市和乡村融为一体；规划学者从空间的角度对城乡发展做出统一规划，在具有一定内在关联的城乡交融地域上，对物质与精神要素进行系统安排；生态、环境学则是从生态环境的角度，认为城乡一体化是对城乡生态环境的有机结合，保证自然生态过程畅通有序，促进城乡健康、协调发展；经济学界则从经济发展规律和合理布局角度出发，认为城乡一体化是现代经济中农业和工业联系日益增强的客观要求，是统一布局城乡经济，加强城乡之间的经济交流与协作，逐步实现生产要素的合理流动和优化组合，促进生产力在城市和乡村之间合理分布，实现协调发展，以取得最佳的经济效益。

二、城乡一体化的目标

从城乡差别是否消失的角度来定位，大多学者认为城乡协调发展的目标就是在生产力高度发达的基础上，城乡差别完全消失、城乡关系达到完全融合，也有学者认为城乡协调的目标不是城乡差别消灭，而是实现城乡资源的优化配置及城乡社会、经济、文化的持续协调发展。

从城乡生产要素的合理配置来定位，许多学者认为其目的在于改善城乡结构和功能，协调城乡利益和利益再分配，实现城乡生产要素合理配置、城乡经济、社会、文化持续协调发展。把满足人的需求和追求发展作为城乡协调发展的目标，有人认为城乡协调发展是在保存城市和乡村鲜明特色的前提下，城乡经济高度发展和给人极大满足；还有人认为城乡协调发展的目标是平等发展，且平等发展的核心是城乡经济利益平等。

三、关于城乡关系的阶段划分

美国城市地理学家诺瑟姆（Ray. M. Northern）在 1979 年提出逻辑斯谛生长曲线（Logistic Growth Curve），把城市化全过程分初级阶段（城市化率在 30% 以下）、中级阶段（城市化率在 30% ~70%）、高级阶段（城市化率在 70% ~90%）。杨培锋认为，从人类发展史来看，城乡之中存在三种关系：城乡隔绝、城乡对立、城乡融合（城乡一体）。这三种关系随着经济发展水平与经济阶段的不同而存在着，从世界发展趋势看，无论发达国家还是发展中国家，都有向城乡融合逼近的趋势，虽然在具体的动力结构与融合特征上存在较大的差别。还有学者提出，就人类社会城市化的进程而言，城市化可以分为依次渐进的三个基本阶段或者三种不同的模式：近代以前的模式、现代模式和未来模式。陈光庭研究员认为，人类的发展历史可以概括为乡育城市—城乡分离—城乡对立—城乡融合等阶段。这部分学者认为这个公式把人类的历史分成四个阶段，而最高阶段是城乡融合，这就是我们所说的“城乡一体化”。应该看到，城市化是一个连续的动态过程，不管如何划分，阶段性只是相对而言。

四、关于城乡一体化的动力学机制

目前有内因决定论、内外因合力论等不同看法。有学者强调城市的向心力和离心力是城乡一体化的动力，有学者强调制度创新才是成形协调发展的基本思路，李同升提出中心城市的扩散效应、乡镇企业发展、农业产业化和小城镇建设是城乡一体化的主要推动力，在不同历史阶段其作用机制和形式不同。薛凤旋认为珠江三角洲的城市化是外资影响下的城市化。宁越敏从政府、企业、个人三个城市化主体的角度分析了20世纪90年代中国城市化的动力机制，认为多元城市化动力代替了以往的一元城市化动力。张安录将城乡相互作用的动力机制归纳为：自上而下型的扩散机制、自下而上的集聚力机制、外资注入的驱动力、自然生态动力。曹广忠则将城乡一体化的动力归结为自上、自下、外引、内联动力机制。论文将在以上研究基础上，分析城乡互动协调发展的机制，重构城乡一体化发展的动力机制，并定量分析各种动力对城乡一体化水平的作用大小，以期更好地指导城乡建设。

从对整个城乡一体化的认识来看，可以将其分为："手段论"即在经济转型期，将城乡一体化作为手段，通过生产要素的时空优化配置，促进城乡协调发展；"过程论"认为城乡一体化是实现乡村城市化的过程；"结果论"则将城乡一体化看成是生产力水平发展的必然结果。

第三章 城乡区域一体化概念与机制辨析

第一节 城乡一体化的三种经典理论形态

城乡一体化是生产力发展到一定高度的产物，是人类历史长河中的必然现象，或者说是人类社会的自然历史过程。目前，人们对城乡一体化涵义的界定并不统一，可以说是“仁者见仁，智者见智”。比较有典型意义的理论形态主要有三种。

一、社会历史形态

从社会发展史角度看，城乡一体化是指随着人类社会的发展，由城乡对立走向城乡融合的自然历史过程。从空想社会主义者到马克思主义经典作家，对城乡关系问题都有许多经典思想。例如，傅立叶曾对未来理想社会有过非常详细的描述。在他看来，未来的“和谐社会”就是一种没有工农差别和城乡对立的社会；工业和农业不再成为划分城市与乡村的标志；城市不是乡村的主宰，乡村也并不是城市落后的郊区与附庸，两者是平等的；城市和乡村是通过工农结合的差别逐步消失的统一的社会有机整体。这可以说是城乡一体化思想最早的学说论述。马克思主义经典作家则认为，城乡关系是社会经济生活中影响全局的关键环节。正如马克思和恩格斯所指出的：“一切发达的以商品交换为媒介的分工基础，都是城乡的分离。可以说，社会的全部经济史都概括为这种对立的运动。”然而，随着社会经济的进步与发展，城乡对立将会走向城乡融合，城乡关系的面貌改变，整个社会的面貌也跟着改变。从城乡对立走向城乡融合，这可以说是马克思主义经典作家对城乡一体化理论的基本概括。恩格斯是最早提出“城乡融合”概念的人。他曾经指出，在按照共产主义原则组织起来的社会里，城市和乡村之间的对立将“消失”，城市和乡村将“融合”。这种融合就是“要使现存的城市和乡村逐步演变为既有城市的一些特征，又有乡村的一些特征的新社会实体。”总之，从城乡对立走向城乡融合，无疑是马克思主义经典作家对城乡一体化理论的重要贡献。

二、区域空间形态

从空间区域发展角度看，城乡一体化是指随着经济和社会发展，城市和乡村的空间界限及其传统差别逐渐模糊和缩小的发展过程。一般认为，传统城市化理论基本上是一种以城市为基础的城市化理论。其基本假设是：城市和乡村聚落之间存在着清晰的界限、明显的差别，而且这种城乡差别在城市化推进过程中会永久存在。然后，麦吉通过对亚洲地区的考察研究，却发现了一种以区域为基础的城市化现象，提出了亚洲城乡一体化理论。麦基认为，最近30年来，包括我国珠江三角洲和长江三角洲在内的许多亚洲地区的社会经济发生了重要变化。随着城市和乡村之间的联系日益密切，城乡之间的传统差别逐渐模糊，并在地域组织结构上出现了一种独具特色的地域类型——“城乡融合区”，即从农业活动和非农业活动并存与融合为特征的空间区域。麦吉所提出的城乡空间结构模式或者说城乡一体化的空间模式，主要描述的就是在同一地域上同时发生的城市性和农村性的双重行为。而正是这种双重行为的存在，使得城市和乡村的概念在这类地区趋于模糊。麦基所提出的亚洲城乡一体化理论，是对欧美传统城市化理论的一种挑战，这无疑具有开创性的理论意义。这种城乡空间结构模型，为发展中国家和地区制定发展战略提供了一条新思路。

三、经济社会形态

从经济社会协调发展角度看，城乡一体化是随着社会生产力的发展，城市与乡村之间差距明显缩小的发展过程。在这方面，我国许多学者从改善城乡社会经济关系的角度出发，做了许多理论探索。特别是我国改革开放以来，国民经济进入持续快速增长新的历史阶段，城乡经济和社会面貌发生了一系列深刻变化，一种谋求协调发展和共同繁荣的新型城乡关系开始出现。这为我国学者探索城乡一体化发展理论提供了实践的依据。从总体上讲，在我国主要是从城乡关系的角度涉及城乡一体化的。在这方面，与马克思主义经典作家的城乡关系理论有着很大的影响。国内许多学者认为，城乡一体化是与生产力水平相联系的，换言之，只有生产力的高度发展，才有可能从根本上消除城乡二元结构，才有可能实现真正意义上的城乡一体化。于是，城乡一体化的基本内涵常常被定义为一种协调发展和共同繁荣的新型城乡关系，也常常被定义为城乡关系发展进入理想状态的一种目标模式。事实上，这种强调城乡经济社会协调发展的城乡一体化理论模式，主要是强调对城乡之间二元经济体制结构的现代化改造，从而形成“以城带乡，以乡促城、城乡结合、优势互补、共同发展”的城乡一体化发展道路。

第二节　城乡一体化的基本内涵与内容

一、基本内涵

上述三种有关城乡一体化的理论模式，从不同的视角对城乡一体化问题做出了深刻的阐述，这对于我们认识城乡一体化的内涵具有重要意义。综合上述各种理论形态的内核，着眼于现实中城乡关系发展的大势，我们可以得到城乡一体化的基本内涵：城乡一体化是一种在现代条件下，城乡互补、融合、协同发展和共同繁荣的新型城乡关系的选择；是一种城乡关系进入以互补、融合、协同发展为基本标志的理想状态的目标模式；是城乡互动协调发展的过程和结果的统一。城乡一体化表现为城乡地域之间诸要素优化组合、协调发展的过程，即在一定范围内城乡两个系统在空间、人口、经济、社会、生态等诸基本要素交融与协调发展。这一过程既是特定地域内城乡诸要素相互渗透、合理配置的过程，也是城乡诸要素协调度、融合度日益提高的过程，强调城乡互动与协同发展。作为城乡发展的一个终极目标，城乡一体化又体现为在一定的地域范围内城乡空间、人口、经济、社会、生态这个复合系统演化的终极状态，表达了城乡社会经济高度发达、高度协调。因此完整地理解城乡一体化，应该是其特定的发展过程与发展结果的统一。说到底，城乡一体化的本质就在于彻底消除现存的城乡二元结构，最大限度地缩小现存的城乡差别，使高度的物质文明与精神文明能够城乡共享。

二、目标取向

就城乡一体化的目标而言，有学者认为应以城乡差别完全消失、城乡关系达到完全融合为目标；也有学者认为城乡协调的目标不是城乡差别消灭，而是实现城乡资源的优化配置及城乡社会、经济、文化的持续协调发展；还有人认为城乡协调发展的目标是平等发展，而平等发展的核心是城乡经济利益平等。杨培峰提出，应把满足人的需求和追求发展作为城乡协调发展的目标，其内涵取向是保存了城市和乡村鲜明特色前提下的不同自然要素和空间因素的组合优化，是物心俱丰的社会系统。这一观点能较全面地反映城乡一体化的本质和内涵。

城市和乡村作为人类生活的两种特色鲜明的聚落形态，从可持续发展的观点看，农业不仅为人类提供粮食，还有保持和改善生态平衡、创造良好的生活环境等功能，是人类生存和发展必不可少的行业不可能消亡，与此相伴，农村聚落也将长期存在。城市和农村的发展在推动城乡各自职能之际，必定要实现其根本职能，即为人创制一种良好的生活和工作环境，包括社会环境和生态环境。同时城乡一体化更是一种谋求社会发展的模式，社会发展的根本在于发展社会生产力；因此城乡一体化应是城乡经济高度发展和给人极大满足的“自然—空间—人类”系统。

目标之一：满足人的需求。人与社会环境相互作用，人的行为是内化了的社会环境，是人和环境相互作用的结果。满足人的需求，就要使人格结构向有利于社会进步的方向发展，就需要使人和社会环境之间形成一种良性循环。因此城乡二元体制的打破、城乡平等的社会环境的创建和优美的自然生态环境的形成是城乡一体化的重要内容和标志之一。

目标之二：追求发展。城乡一体化可谓一种社会发展模式，社会发展的根源在于发展社会生产力。经济发展的历程中，城乡经济发展总是处于不断变化、起伏中，形成了城乡经济发展的不同阶段。起初城市以其聚集经济和规模经济优势而吸引农村的土地、人才、资源而取得快速发展，而农村则处于相对落后的境地，形成城乡二元经济阶段。随着经济的发展，特别是信息，交通技术的进步，城市经济向乡村渗透加快，城乡产业结构不断优化升级，从而促进城乡走向繁荣。故而城乡富裕的经济水平，协调的产业结构等也必然是城乡一体化的必然内容。

目标之三：物心俱丰的生存空间。城乡一体化是基于保持城市与乡村两种不同的地域景观的前提下，对人性的追求，对发展的追求。城乡一体化的地域系统应该是保存了城市和乡村鲜明特色的前提下不同的自然要素和空间要素的组合优化，是人类物心俱丰的生存空间。

三、主要内容

城乡一体化是一种广泛而复杂的地域发展过程，不同的区域在不同的发展阶段有不同的表现内容。一般而言，它涉及城乡空间结构变化、经济结构变化、社会结构变化、人口结构变化、生态结构变化等诸多方面，可以分解为城乡空间结构一体化、城乡人口结构一体化、城乡经济结构一体化、城乡社会结构一体化、城乡生态结构一体化等等。其中经济一体化是基础，人口一体化是依托，空间一体化是载体，社会一体化和生态环境一体化是城乡区域高效率运行的条件和可持续发展的保障。这五个方面相辅相成，共同组成城乡一体化发展的主要内容和目标。

(一)城乡人口一体化

人口是经济社会发展的主体，统筹城乡人口协调发展是推进城乡一体化发展的重要依托。城乡人口发展与经济社会发展是相统一的，随着我国经济社会持续、健康、快速发展，农民向市民转变的速度、强度和力度不断提升，发达地区已经呈现出显著的城乡一体化的人口地域分布变动趋势和现代城市化的发展特征，中心城人口向郊区扩散和农村城市化的步伐明显加快。因此，顺应城乡人口分布的新变动，高度重视中心城人口向郊区的有序扩散，因势利导，优化人口空间分布。与此同时，还应不失时机地推进农村人口城市化，继续推进人口向城镇集中。在推进城乡一体化进程中，把城乡人口协调发展作为一项重要的指导思想，统筹城乡人口发展政策和发展规划，注重未来经济社会发展对人口质量、人口结构的要求，特别是性别结构、年龄结构的要求，加强城乡人口的综合管理、综合协调，促进城市与农村同发展、共繁荣。

(二)城乡空间布局一体化

城市和乡村是两种典型的社会经济活动的空间组织形式。城乡一体化不仅涉及城乡经济转型、产业分工和资源流动，还涉及城市和乡村空间结构的调整与优化。一般来说，城乡空间结构是由点（城镇等点状设施）到线（交通等线状设施）构成的拓扑结构。推进城乡一体化，必须研究点和线如何布局、如何紧密相连，即城镇体系与交通、信息体系的空间构建问题。科学、合理的大中小城市与小城镇配置，通畅、便捷的城乡交通和信息网络连接，不仅有利于促进城镇繁荣，而且能从根本上破解“三农”难题，达到城乡优势互补、协调共进的预期目的。判断城乡空间一体化最重要的有三个方面：一是城市空间和乡村空间的景观对比在一个更大的尺度上呈均质状态，这是城乡一体化的空间景观；二是城乡之间建立完善通达、快捷的交通和通信网络，城乡联系有序，这是城乡一体化的条件；三是城市群的发展，这是城乡一体化的典型形式，体现了集聚与分散的良好结合。

（三）城乡经济发展一体化

城乡经济发展一体化是指城市和农村在平等经济政策下，通过城乡间资源和生产要素的自由流动，相互协作，优势互补，以城带乡，以乡促城，实现城乡经济持续协调和共同发展的过程。改革开放前，我国城乡之间一直没能建立起均衡增长和良性循环的关系，导致城乡二元结构凝固。改革开放以来，随着市场机制的引入，城乡联系显著增强，但城乡分割的二元结构体制尚未从根本上改变，城乡经济仍未步入良性循环的轨道。农村的发展离不开城市的辐射带动，城市的发展也离不开农村的促进和支持，建设城乡经济高度融合的经济循环，就是要彻底打破城乡经济循环的壁垒，构建城乡经济之间相互联系、相互依存、相互支持、相互促进的良性循环关系。不仅要彻底改变过去那种资源向工业和城市倾斜的做法，而且应该有意识地创造条件鼓励资源向农村回流，制定向农业和农村倾斜的政策。在加快城市化与非农化的进程中，高度重视与之相适应的产业结构高度化演进的客观要求，以及城乡三大产业之间、每一产业内部及产业布局空间等三个方面结构的变化演进。同时，打破原有的各种体制障碍，全面引入城乡一体的市场机制，通过市场机制使资源、资金、技术在城乡地域空间上，在不同产业间有序流动和优化组合，形成区域整体的市场竞争优势，促使城乡经济持续快速协调发展。

（四）城乡社会发展一体化

经济、社会、人口是一个不可分割的整体，城乡一体化理所当然也应包括城乡社会一体化。城乡社会一体化就是要求城乡社会事业协调发展，确保城乡居民在居住、就业、教育、医疗和文化卫生等方面享受同等待遇，最大限度地缩小城乡差别，使高度发展的物质文明与精神文明达到城乡共享。社会发展一体化是城乡一体化发展最重要的理念和价值趋向。如果城乡社会发展不均衡，政策取向不一致，城乡居民待遇不统一，地位不平，那么要想实现城乡一体化也只能是一句空话。推进城乡社会一体化，关键是在城市社会事业不断发展、居民文明程度不断提高的同时，着力加快农村社会事业的发展。政府必须像抓经济那样抓社会事业发展，加大投入，实行制度创新，彻底改变农村社会事业落后的面貌，使城乡社会发展相互适应和相互协调，最终实现城乡社会一体化。

（五）城乡生态环境一体化

生态环境一体化就是要将城市与农村生态环境统一纳入到一个大系统中考

虑，全面治理，彻底改变城乡生态现状，努力形成城乡生态环境高度融合互补、经济社会与生态协调发展的城乡生态格局，让城市与农村、人类与自然生态和谐相处。城乡一体化离不开生态环境一体化，生态环境一体化是城乡一体化进程中最为重要的内容之一，这对于推进城乡经济与社会可持续发展至关重要。对于我们这样一个发展中国家来说，要净化城乡环境，实现城乡生态一体化，必须破除把经济与生态环境对峙起来的旧观念，破除把城市与乡村对立起来的旧格局，这需要城乡达成共识，共同努力，强化城乡生态功能，以保全生态系统为重心，统一规划，统一标准，统一对环境保护的实现机制，健全城市、乡镇、农村生态环境协调体系，加速推进城乡有机融合的生态系统建设。

总之，城乡一体化是空间、人口、社会、经济、生态环境等各方面组织最完善的一种状态，也是一种城乡关系进入以互补、融合、协同发展为基本标志和理想状态的目标模式。在经济社会高度发展的今天，城市与乡村之间的联系及其相互作用日益加强是一种必然的大趋势，任何城乡之间的封闭形式都是违背客观规律的，开放和融合才是城乡一体化发展的真谛。

第三节　城乡一体化形成与演变的动力机制

所谓城乡一体化的动力机制，是指城乡两大社会经济系统相互关联的原理、原则和具体方式。机制原本是机械学中的名词，意指机器运行的机理，包括各个机体，相互配合，靠传输及动力系统使之有效运转。城乡一体化动力机制同样包括城乡两大系统要素及功能，靠相应的激励、传递及动力因素，使之有效配合、高速运转。归结起来看，城乡一体化动力机制具体包括城市发展机制，城乡经济互动机制，城乡差别及城乡利益关系机制等相关内容。

一、城市发展机制

从城市中心来考察城市发展过程，存在两种类型的作用力：向城市中心集聚的向心力和从城市中心向外扩散的离心力。一般说来，中心城市的向心力和离心力同时存在，但由于它们的非平衡运动，产生极化效应和扩散效应。在城市发展前期，中心城市凭借自己优越的自然、社会、经济条件，对广大乡村腹地形成强大的吸引力，使得其外围（包括其他区域）的资源、资金流入，为企业和城市进一步发展提供强有力的支持。中心城市的极化效应，使城市成为国家的物质和精神财富的主要生产中心、人口和资源积聚地。正如列宁所说，“城市是经济、政治和人民的精神生活的中心，是前进的主要动力。”随着城市化水平的提高和城市的平面扩张，将使更多人的口分享现代的城市生活方式。

由于中心城市与乡村发展的巨大差异和中心城市发展空间的有限性，必然产生离心力，出现郊区城市化和乡村城市化现象。城市发展中后期，以扩散效应作用为主，中心城市的资源、资金、技术、产品、产业向乡村地区扩散，中心城市与乡村腹地交流大大加强，推动农村产业结构调整和经济的发展，同时伴随工业文明向农村的扩散，农村文化、农民观念也发生变革。城市的扩散效应使其极化效应进一步发挥，必将促使小城镇和农村地区的全面发展，使乡村人口在乡村地域享受城市文明。

二、城乡经济互动机制

城乡经济互动机制主要研究城乡经济相互依存、相互促进的发展变化规律。乡村对城市的推动表现为乡村为城市提供廉价的工业原料和食品，输送工商业扩张所需要的劳动力，以及通过外在的或隐含的形式为城市工商业提供资本积累。通常说：农业是国民经济赖以发展的基础，农业作为最原始最古老的产业，也是一切产业分化和发展的基础。农业的基础作用可分为两个层次：一是提供人类的基本生存资料，首先是衣食，衣食是人类生存和一切生产活动的先决条件；二是对社会分工和产业发展的推动作用，因为只有当农业形成一定的超过自身需要的剩余劳动和剩余产品时，才能推动社会分工，使其他产业部门分化、发展成为独立的产业组织体系。正如马克思所说：“超过个人需要的农业劳动生产率是一切社会存在和发展的基础。”

同时，城市的发展对乡村的发展和社会生产力的进步起着推动作用，主要表现为以下几点：城市为乡村提供农产品市场，从而刺激了农业商品生产的发展；城市工业的发展，为农业劳动生产率的增长提供了雄厚的物质基础和技术条件；城市工业的扩张还为农业劳动力提供了越来越多的就业机会，吸纳了农业富余劳动力；城市文化和生活方式必然涉及和影响着农村文化和生活方式，促进农村文化生活方式向科学化、现代化、文明化发展。因此，城乡经济互动机制，是实现城乡一体化的重点，做到城乡之间产业分工与协作，资源的（就业、技术、市场等要素）优化配置，社会文化生活方式，不断改善和优化整个社会生态环境。

三、城乡差别与城乡利益关系机制

城乡差别是指城乡间在货币收入、生活、就业和文化教育环境等方面的差距，城乡之间的差别可通过城乡居民收入水平、消费水平、消费结构、就业水平、受教育水平、人均占有的社会设施情况以及生活环境质量等指标来反映，城乡之间差别是表现城乡之间利益关系的具体表象。城乡利益关系是指从公平的角度研究城乡经济利益分享的差别和对立，这种差别与对立是受社会生产关系和社会政治制度的影响。城乡差别必然带来城乡矛盾运动，推动了城乡关系的进展。

在比较利益的驱动下，农民为了以较少劳动耗费取得较多经济成果，必向城镇流动。而大中城市的企业以市场为导向，追求规模经济效益，不断向郊区和农村扩散，不仅推动着周边地区的经济发展，而且刺激了农民向城镇的快速流动。

因此，伴随着经济的发展和农民自身观念的变化，人们不仅追求更高劳动报酬，而且渴望城市文明的熏陶，以改变封闭、落后的生活条件，是贯穿于整个城乡一体化进程的最根本的内在动力。

第四章　城乡区域一体化国际国内经验

第一节　城乡一体化发展体制机制运行的国际经验与启示

(一)美国城乡一体化经验

作为西方最发达的国家之一，美国城乡统筹的成功经验具有一定的借鉴价值。美国缩小城乡差距主要采取了如下措施。

1. 促进农业规模经营

第二次世界大战后，美国经济发展达到顶峰，工业、交通、服务业迅速发展，并且吸收了大量农村剩余劳动力，同时，工业发展和交通基础设施改善又为农业机械化奠定了基础。20 世纪 30 年代末，美国农业人口占比为 25%，农民年人均农业产值约 6 000 美元。到 1950 年，农业人口占比下降到 17%，农民年人均农业产值接近 1 万美元。到 21 世纪初，尽管家庭农场数量从 1935 年的 680 万个减少到 20 世纪 90 年代初的 200 万个左右，但经营规模逐步扩大，农民年人均农业产值提高到 2.3 万美元。

2. 加大对农民的直接经济补贴

从 20 世纪中期起，美国农业固定投资比重呈上升趋势，对农民的各种形式直接经济补贴不断增加。根据 1996 年《联邦农业改进与改革法案》，仅 2000 年联邦政府对农民农作物种植补贴就超过了 100 亿美元。

3. 鼓励农民兼业经营，增加农业兼业收入

美国农场的非农收入不断增加，除了 16% 的大农场以农业收入为主外，其余 84% 的中小农场均以非农业收入为主要收入来源。

4. 加强农村基础设施和社会事业建设，重视职业技术教育

20 世纪 30 年代以来，美国一直重视农村基础设施及社会事业建设，为缩小城乡差距提供了基础保障。美国的“工读课程计划”对提高农民的技能和

素质起到了很好的效果。

5. 运用税收手段推进城乡协调发展

20 世纪 50 年代后期，为鼓励工厂和居民从都市迁往郊区，美国政府制定了一系列优惠的郊区税收政策。农业投资被认为是农户合法的“避税所”，采用合法途径获得的税收减免最高可达应税收入的 48%。美国政府通过几十年的努力，到 1970 年，农业人口年均收入达到非农人口年均收入的 75%。进入 21 世纪后，美国基本消除了城乡收入的差距，基本公共服务也实现了均等化。

表 3-1 美国城乡一体化的发展阶段及主要特征

阶段	初始阶段	加速阶段	郊区化雏形阶段	城乡一体化阶段	城市与农村融合阶段
时间	1880 年以前	1880—1920 年	1920—1950 年	1950—1990 年	1990 年至今
产业	农业占据主导地位	工业	汽车和石油	第三产业崛起，制造业衰落	第三产业为主导产业
发展状况	城市迅速发展	城市化发展的迅猛时期	中心城市规模扩大，城市集聚达到顶峰	农村发展速度第一次超过城市	城市网络化发展，城市化趋于平衡
城市人口	1870 年为 25.7%	1920 年为 51.2%	非农劳动力占 87% 左右，城市化水平位 64%	郊区人口在总人口中的比例越来越大	1990 年超过 45% 的美国人居住在郊区

资料来源：高强、王富龙：《美国农村城市化历程及启示》，载《世界农业》2002 年 5 第期，第 12-14 页。

(二)德国城乡一体化经验

德国城市化相比英、法、美起步较晚，但是速度更快、水平更高，到 1996 年，德国城市化水平已达 94.6%。其独特之处在于城乡之间、地区之间，经济、社会、环境协调发展，城市的发展与资源配置和产业结构的变化紧密相连。德国城乡一体化的经验包括：

1. 均衡持续的发展机制

德国在联邦宪法中规定，追求全德国区域的平衡发展和共同富裕。因此在城乡建设和区域规划政策上，有两项最高宗旨：一是在全境内形成平等的生活环境，减小各地区的差异；二是追求可持续发展，使后代有生存和发展的机会。德国的政治、经济和文化中心职能分散在全国各地城市，有利于形成全国城市均衡分布的局面。政府和企业通过技术改造和加大环保投入，不仅改善了环境，更提高了土地利用效率，实现了资源的优化配置、持续发展，创造更高的综合效益。

2. 城乡“等值化”建设

赛德尔基金会所倡导的“等值化”理念，自20世纪50年代以来，主要通过农村革新、农田整理等方式，实现城乡生活不同类但等值的目标，使城乡经济得以均衡发展。“等值化”理念的核心在于让农民与市民在工作条件、收入水平、就业机会、社会待遇、居住环境等方面不同类但等值。

3. 开展全国性农村建设运动

德国根据农业发展、乡村更新和公共建设等需要，依轻重缓急选择土地整理地区先期规划，然后将先期规划及基本原则，在规划区内广泛征求公众意见，最终按照规划逐步实行土地整理，包括公共设施建设、土地修理平整工程等。与此同时，在全国范围内实施“村落更新计划”，通过财政资助、村民积极参与，推进多种形式的乡村建设。

4. 健全统一的社会保障体系

在德国，宪法规定城乡居民在选举、工作、迁徙、就学、社会保障等方面拥有平等权利。农民只要进城工作，按章纳税并参加社会保险就可以成为城市居民，在政策上保障了人口的自由流动和农业人口向城市转移。出台了农民养老机制：为促进土地流转，集中土地，提高农业效率，鼓励农民脱离传统农业，政府出台了农民卖地退休补贴政策。

5. 方便的交通系统

德国在推进城市化过程中，既重视大中城市间的铁路、高速公路相通，又十分注重城乡间公路的联结。特别是在近10年来，德国更加注重向小城镇与乡村道路建设的投入。公共交通网络的形成以及小轿车的普及，将各个市镇连接起来，扩大了人们的活动半径，使人们在城乡之间工作和生活的流动性更加自如，为城乡间跨区域流动提供了条件。

（三）韩国城乡一体化实践

20世纪60年代，韩国迅速推进了国家的工业化和城市化，导致工农业发展严重失衡，城乡差距扩大。为改变农业农村落后状况，促进城乡协调发展，自 1970 年起韩国政府开始实施新村运动，着重通过农村发展来协调城乡关系。新村运动大致可以划分为五个阶段。

第一阶段：基础设施建设阶段（1970—1973 年）。主要进行农村基础设施建设，改善农民的居住条件，改变农村的落后面貌。

第二阶段：农村全面发展并向城市扩散阶段（1974—1976 年）。新村运动不再局限在农村地区，开始逐渐向城市扩散，新村运动成为了全国性的现代化建设运动。政府修建公用设施，建筑住房，发展多种经营，进行新村教育；提供贷款、优惠政策；推广科技文化知识和技术。

第三阶段：充实提高阶段（1977—1980 年）。大力发展以农产品加工为主的农村工业，推动乡村文化建设与发展，支援农村文化住宅和农工开发区建设。

第四阶段：国民自发运动阶段（1981—1988 年）。政府调整了新村运动的措施和政策，进一步建立和完善了全国性的新村运动民间组织，提供财政、物资、技术服务，调整农业结构，发展多种经营和农村金融流通，新村运动转变为民间主导型运动，并达到高潮。

第五阶段：自我发展阶段（1989 年至今）。自 1998 年起，又开展了以“生活改革运动”和“构建新的地区共同体”为核心的第二次新村运动，致力于社区文明建设，推动城乡流通业的健康发展。

新村运动在推动城乡统筹发展和区域平衡发展中发挥了巨大作用。自 1970 年到 1997 年，韩国农业人口从 1 440 万人减少到 450 万人，农业总产值从 77.7 万美元增加到 2 844.7 万美元。1998 年农户平均收入达到 19 897.10 美元。2001 年农业人口比重下降到 7.7%。

(四)主要启示

纵观国外城乡协调发展的实践演变，我们可以发现，在推进工业化、城市化进程的起步及其发展阶段，城乡收入差距明显，而且这种差距在较长的时期内会进一步扩大，这是世界工业化进程中存在的一种普遍现象，是工业化发展过程中存在的客观经济规律。但是这种现象导致了二元经济结构的形成，使农村居民与城市居民收入差距加大，农村居民的生活水平落后于城市居民，造成城乡之间发展不平衡问题的存在。

面对上述问题和现象的产生，多数国家在工业化进程中都不失时机地推进城乡一体化发展，采取一些措施来缩小城乡差距，协调城乡发展。在城乡一体化阶段，城乡之间相互促进、互为资源、互为市场、互相服务，形成了空间一体化、职能一体化和社会管理一体化，城乡在经济、文化、生态等要素上有效优化组合、协调相融、和谐发展。国外城乡一体化发展经验给我们的启示是：

1. 充分发挥政府在统筹城乡发展过程中的主导作用

世界上许多国家，尤其是发达国家的经验表明：对于城乡发展不平衡的问题，单纯依靠市场机制去解决，反而会进一步扩大使城乡差距，为此应充分发挥政府在城乡统筹中的主导作用，发挥“政策干预”的作用，将政策干预和市场调节相结合，推行有利于城乡协调发展的倾斜政策，加快农村经济社会的发展。市场配置资源是城乡统筹发展的基础，政府的调控则是实现城乡统筹发展的重要保障。

2. 实现城乡工业一体化与城镇发展多元化战略

发达国家实现城乡统筹发展的一个重要方面在于实现城市化与工业化的有机统一，通过劳动力、资本、技术等的相互交流，特别是对农村剩余劳动力的吸收，实现了工业化对农村经济社会发展的有效拉动。

3. 充分调动各种因素积极参与统筹城乡发展

统筹城乡经济社会的协调发展，需要大量长期的资金投入，如果仅靠政府的资金，城乡统筹难以实现。国外经验证明，在统筹城乡发展和城乡一体化发展进程中，应调动多方力量，拓展各种筹资渠道，加快城乡经济社会一体化。如韩国的新村运动，政府用“看得见”的事实，引导农民在思想上产生共鸣，在行动上积极参与。

4. 加大对农业的支持和保护力度，加大对农村的财政支付力度

为了弥补市场机制的缺陷，国际上通行的一种做法是财政投资、公共部门投资向落后地区和广大农村倾斜，同时注重发展农村社会事业，这项重要举措的资金来源是公共财政。同时，通过建立完善的农村金融体系加大对农业的资金支持。农业是弱质产业，其融资难是世界各国普遍性问题。各国在解决农户和农村中小企业贷款难的问题中，逐步形成了商业性、政策性和合作性三位一体完善的农村金融体系。

第二节 城乡一体化体制机制运行的国内经验与启示

(一)上海城乡一体化经验

上海是我国最大的经济中心城市，也是国内探索城乡一体化发展最早的城市之一。上海城乡一体化发展，其实质是缩小上海城乡差别，实现城乡融合，共享完善的基础设施与公共服务，共享改革开放带来的文明成果，赋予农民平等的生存发展权利。

1. 提出产业强镇，产城融合

上海提出的产业强镇，以产业的大发展推进新市镇建设；同时培育上海郊区产业转型升级的典型示范镇，推动全市百镇的改革与发展。2009 年，上海市委明确提出，引导城市资金、技术、人才、管理要素向农业、农村流动，大力发展以现代制造业为主的第二产业，积极发展以生产性服务业为主的第三产业，扶持商贸业发展。2011 年，上海市政府《关于本市加快城乡一体化发展的若干意见》中提出："强化产城融合"，即统筹工业园区、产业基地、大型居住区与新城建设，加强产业发展与新城建设互动融合，创造有竞争力和吸引力的投资、工作和生活环境，引导居民本地居住、本地就业。

2. 实施一系列强农惠农政策，促进农民增收

沪郊实行的农民就业专项补贴政策，推进了农民的非农就业。2011 年，郊区新增农村富余劳动力非农就业岗位超过 13 万个，有力地促进了农民就业增收。"十一五"期间，上海大幅提高财政支农资金的投入力度，占全市财政支出的比重从2003 年的5.1% 提高到"十一五"末的7.3%。完善了粮食种植直接补贴、良种补贴、设施农业补贴、高效低毒农药补贴等支农惠农政策。2009 年，郊区开展村级集体产权制度改革，将集体资产量化到集体经济组织全体成员，按集体与成员拥有股权的比例进行收益分配。闵行区还积极探索了"征地留房"模式，促进征地农民增收。2010 年，上海农村居民人均可支配收入达到 13 746 元，比 2005 年增长 64.8%，年均增幅 10.5%。2011 年，农村居民人均可支配收入为 15 644 元，扣除物价因素后的增幅为 8.6%。

3. 产权制度改革创新探索

一是“两个流转”，即农村土地承包经营权流转和农村集体建设用地流转。上海农地流转工作主要有以下特点：一是强化政策扶持，引导进入平台流转，凡通过乡镇流转平台规范流转的，每亩给予一定的流转费补贴；二是严格准入条件，提升经营者综合素质；三是加强平台管理，引入协调和仲裁机制，调解流转中的纠纷。农村集体建设用地流转的基本做法是：凡依法取得的农村集体建设用地使用权，经集体经济组织成员大会2/3以上成员同意，可以通过租赁、出让方式进行流转，用于工业、服务业等经营性项目；通过土地整治将农村集体建设用地复垦为耕地，其建设用地指标可在全市范围内流转。2010年以来，上海郊区共有5个镇的6个村进行了试点，初步取得了双赢的效果。

二是“一个置换”，即农民宅基地置换。在实施置换的试点区域要有85%以上的农户签字同意置换，依托市场机制运作，依据城乡建设用地增减挂钩，确保宅基地转换项目内的建设用地总量不增加，耕地面积不减少。

三是“一个推进”，即推进农村村级集体经济组织产权制度改革。2009年5月，上海市农委、市发改委、市工商局联合出台《关于本市推进农村村级集体经济组织产权制度改革工作的指导意见》，提出建立农村社区股份合作社，创新村级集体经济组织形式，促进集体资产保值增值，增加农民财产性收入的目标。至2011年，全市先后有36个村启动产权制度改革工作。

4. 基本公共服务均等化

“十一五”以来，上海加强制度建设、规划布局和资金投入，在改善农民社会保障、完善农村公共设施建设，提升农村社会事业等方面实现了新的跨越。“十一五”期间，上海农村建立了“三级”养老金保障制度（城镇职工养老保险简称“城保”，小城镇职工养老保险简称“镇保”，农村养老保险简称“农保”），三级平均养老金水平逐年提高；上海基础设施投资布局开始向郊区农村倾斜，中心城区和郊区基础设施投资强度比降低至“十一五”的1.6∶1，城乡一体大交通框架基本形成；市级财政累计投入专项奖补资金6亿元进行村庄改造，各区县财政投入专项配套资金6亿元，带动改造区域的农村基础设施和生态环境总投入达50多亿元，沪郊农村的公共基础设施和居住环境大幅改观；“5+3+1”工程使上海郊区每个区县至少有一家三级综合性医院，为郊区居民就近享用优质医疗资源提供了有力保障；积极推进城市优质教育资源向郊区农村辐射，启动了第三轮农村义务教育学校委托管理工作，109所农村中小学受优质强校托管。

（二）长沙城乡一体化实践

2009 年以来，长沙以统筹城乡发展的生动实践走出了一条体现时代特征、符合“两型”特点、具有长沙特色的城乡一体化发展道路。

1. 科学谋划城乡发展的顶层设计

长沙制定了《中共长沙市委推进城乡一体化发展工作纲要》，确立了尊重规律、惠民为本、协调发展、有序推进的发展原则；科学划分了启动试点、重点突破、全面实施三个推进阶段；确定了跳出农村建设农村、转移农民富裕农民、调整农业发展农业的基本思路；指明了推进城乡规划、基础设施、公共服务、产业发展、生态环境和管理体制一体化的努力方向；明确了要构建新型的城乡、工农、镇村“三大关系”，转变经济增长、农民生活和社会管理“三大方式”。

2. 规划引领，优化城乡发展的空间布局

实施新一轮城市总体规划修编，编制了《城乡一体化规划纲要》，开展了市、县、乡、村四级一体化规划编制工作，加速了城乡规划对接。对镇村规划进行了全面优化调整，扩大小城镇规模，引导农民向城镇转移，向中心村和集居点集中居住。目前，长沙乡镇规划覆盖率为 100%，村庄规划覆盖率为 75%，居全国先进行列，实现了国民经济和社会发展规划、土地利用规划、城市总体规划“三规”融合，使集镇和村庄规划建设水平不断提高，农村社区规划布局更加合理，城乡资源配置更趋优化，规划引领发展的作用日益凸显。

3. 统筹城乡基础设施规划建设

坚持城市设施建设与农村设施建设并重、生产设施建设与生活设施建设并重、产业设施建设与生态设施建设并重，加快城乡基础设施对接延伸，做到布局统一规划、项目统筹安排、功能同步发展，实现了城乡基础设施联合共建、联网共享。针对农村发展中的薄弱环节，加快以农村公路通达、电网扩容、安全饮水、环境整治、校舍改造为重点的“五大工程”建设，不断改善农村基础设施条件。

4. 促进城乡产业融合

第一产业与第二产业融合方面，突出现代农产品加工业的发展，引导农业龙头企业做大、做强、做优，不断拉长农业产业链条，推动农产品由初级产品向次级产品转型。第一产业与第三产业融合方面，突出完善现代农产品物流体系，加快推进农超对接，减少了物流中间环节，降低了物流综合成本。大力发展都市休闲农业，积极扶持会展农业、连锁经营、生鲜配送等新兴业态。与此同时，城市资本和工商资本不断涌入农村，各示范点基础设施、公共管理服务、产业优化升级、商贸旅游项目等吸引了省内外知名企业和个人投入大量资金开展建设。

5. 大力推进体制机制创新

推进土地管理制度创新，成立了农村土地流转交易中心，搭建土地流转交易平台，规范农村土地流转，推动土地资源由不动向可动转变、土地整理从节约向集约转变、土地利用从低效向高效转变。实行城乡建设用地增减挂钩，将土地收益增值部分用于农村建设，实现保障发展、保护资源、保持生态的和谐统一。推进农村金融制度改革，打造城乡一体化发展的项目、土地和招商等融资平台，拓宽城乡一体化发展的投资领域。加快户籍制度改革，在鼓励农民通过土地权益换户口、换身份、换保障的同时，放宽农民工进城落户条件，凡有稳定收入来源并缴纳三年以上社保即可登记为城市户口。

6. 促进城乡公共服务一体化

长沙市坚持以城乡公共服务均等化为取向，逐步建立健全覆盖城乡的保障体系。逐步完善了“县（市）医院—乡镇卫生院—村卫生室”农村三级卫生服务网络。积极实施农村“中小学教师继续教育工程”，加强教师全员培训，不断提高农村义务教育水平。加快推进城乡社会保障体系建设，完善农村最低生活保障、社会救助、新型农村合作医疗和农民基本养老保险等制度，加快解决失地农民和农民工社会保障问题，率先中部地区全面实现城乡居民养老保险全覆盖，率先全国实现城乡居民医疗保险并轨。

(三)成都城乡一体化经验

成都市从2003年开始着力推进城乡一体化，并将其作为促进城乡统筹发展、打破城乡二元结构、实现社会和谐稳定的重要手段。

1. 建立产业互补机制，以圈层融合促进经济发展

在第一圈层（即中心城区）实现“转二优三”，即第一圈层逐步退出制造业，打造经济创新增长极，主要发展创意产业、金融业、商贸服务业、软件信息产业以及生物医药高科技产业，传统的工业产业将向第二、三圈层转移。在第二圈层（即近郊区）实现“强二兴三”，即第二圈层成为先进制造业主要承

载区，打造产业发展增长极，承接第一圈层产业转移的同时注重第二产业的升级，规范产业园区建设。在第三圈层（即远郊区）实现“兴二优一”，即第三圈层大力发展有比较优势的先进制造业，打造产业自然增长极。吸收第一二圈层溢出的生产要素，大力发展有比较优势的先进制造业，逐步弥补经济发展差距。其中，尤为重要的是加快发展现代农业和特色旅游业。为了保证圈层之间无缝衔接，成都市正在建设“半小时交通圈”。2012 年上半年成都市经济增长迅速，GDP 达到 3 951.4 亿元，同比增长 13.3%，增幅跃居全国副省级城市之首。

2. 促进教育一体化

第一，义务教育教师双向交流机制。名校与普通学校对接，每年互派教师交流。第二，义务教育学校干部交流机制。城区（含县城所在地）学校校长任职时间超过 9 年的，首先到农村学校或相对薄弱学校任职交流；其次有计划地选拔农村学校、相对薄弱学校后备干部，到城区学校任职交流。第三，教育资源对口帮扶机制。教育优质区域与教育落后区域签订对口帮扶协议。第四，名校集团化发展机制。名校的分校设置在教育薄弱区域，形成名校集团，实施统一管理，引导优质教育资源向薄弱区域流动，整体提升教育的质量和水平。第五，教育信息化共享机制。以教育的信息化为基础实现资源的城乡共用共享。第六，城乡教育管理一体化机制。实行一元化的户籍制度，严格执行义务教育公办学校免试就近入学制度，薄弱地区学前教育向中心村集中，小学向乡镇集中，初中向县城集中。第七，实行“区管校用”“县管校用”“市管校用”的教师管理机制。打破学校对教师的“一校所有制”，各区（市）县对教师实行统一管理、统一调配，一举消除了城乡之间、区域之间教师交流在体制上的障碍。2010 年成都各县（区、市）义务教育均衡总指数平均值为 0.41，城乡中小学多项监测指标旗鼓相当，农村学校部分指标已超过城市学校。

3. 促进收入城乡一体化

第一，成都市着力推进企业工资集体协商制度，形成了企业普通职工工资增长机制。鼓励劳动者通过资本、技术、管理等要素参与分配，通过自主创业、技术创新等方式提高收入，逐步扩大中等收入者比重。第二，完善个人收入申报制度和信息体系，加强个人收入税收征管。积极发挥税收、捐助等制度对社会收入和财富的调节功能。第三，挖掘农业增收潜力，切实增加农村居民收入。积极发展品种优良、特色明显、附加值高的优势农产品。延长农业产业链条，支持发展农业产业化经营，增加农村居民经营性收入。引导农村富余劳动力向非农产业和城镇有序转移，增加农村居民务工收入。明晰农村各类产权，打破农村产权流转中的制度障碍，增加农村居民财产性收入。加大财政对农村的转移支付力度，增加农民的转移性收入。2010 年成都城镇居民人均可支配收入达 20 835 元，比 2005 年增长 83.4%，年均增长 12.9%；农村居民人均纯收入达 8 205 元，比 2005 年增长 82.9%，年均增长 12.8%。基本实现居民收入增长和经济发展同步、劳动报酬增长和劳动生产率提高同步，城乡居民收入差距进一步缩小。

4. 促进就业城乡一体化

成都市在全国率先提出就业优先战略，建立了促进城乡充分就业的新一轮积极就业长效政策体系。第一，率先建立就业培训券制度，全面实施十大培训就业行动计划。第二，率先开展城乡就业实名制动态管理，将公共就业服务延伸到乡镇（街道）、村（社区）和农民集中居住区。第三，首创城乡就业督导督察机制。第四，搭建圈层互助平台，畅通交流渠道。2010 年成都市城镇登记失业率保持在 4% 内，低于全国平均水平。全市农村富余劳动力新增转移就业 77.64 万人、转移输出 221 万人，开展城乡劳动者培训 148.31 万人次。基本形成了城乡一体的就业格局，城乡充分就业基本实现。

5. 促进社会保障城乡一体化

成都市先后建立了农民工综合社会保险、被征地农民社会保险、农民养老保险、城镇老年居民养老保障、城乡居民一体化养老保险、一体化医疗保险和一体化社会救助等覆盖城乡所有人群的社会保障制度。通过一体化的城乡公共财政保障政策，截至 2012 年 11 月，全市有 324 万人参加了城镇职工基本养老保险，116 万农民工参加了综合保险，115 万人参加了城乡基本医疗保险，基本实现了应保尽保。全市城镇企业退休人员月人均养老金达到 1 269 元，与 2003 年相比实现了翻一番的目标；被征地农转非人员月人均养老金达到 714 元；通过实施大病互助补充医疗保险制度，城镇职工和城乡居民基本医疗保险参保人员每年最高报销额度分别达 56 万元和 51 万元，居全国领先水平。

6. 促进社会管理城乡一体化

第一，成都市打破城乡分治的行政管理格局，对规划、农业、交通、财政、水务等 30 多个部门进行职能调整和机构合并；加快政府职能转变步伐，实施规范化服务型政府建设，初步建立了城乡一体的行政管理体制。第二，推动公共财政体制改革，建立完善了财政一般转移支付制度，确保对“三农”

投入的稳定增长，初步形成了以城带乡的城乡一体化财政管理体制。第三，破除城乡分割的户籍制度，实行城乡户口一元化登记管理，推进公共服务和社会管理向农村延伸，探索完善农村新型社区管理模式，初步构建了城乡一体的社会管理体制。第四，通过市场机制推动生产要素的跨圈层自由流动。设立了市、县、乡三级农村产权交易中心，推动农村产权规范、有序流转；在全国率先创设了耕地保护基金，建立起充分调动广大农民积极性的新型耕地保护补偿机制。在此基础上，积极推动农村投（融）资体制改革，构建政府引导、市场运作、社会参与的多元化资金保障机制，解决了农业发展的资金问题。

(四)主要启示

无论是快速城市化还是城乡一体化，都是实现城乡结构转变和社会关系和谐的特定途径。在不同的发展道路下，构建一个和谐发展的社会是各种发展模式的基本目标。然而，在不同的社会经济条件下，如果改变城乡关系的手段选择不当，其后果要么就难以达到发展的目标，要么就是在达到目标过程中付出巨大的代价。从如何科学、协调推进城乡一体化工作的层面看，国内的成功经验给了我们许多启示。

1. 高度重视城乡统一规划

按照“城市现代化、农村城镇化、城乡一体化”的基本思路，把城市和农村作为一个整体，统筹规划、合理布局、协同推进。明确各个区域的功能定位，有效整合城乡资源，立足现有产业发展、基础设施、公共服务等城乡发展基础，把广大农村纳入城市规划范围，把城市的基础设施延伸到农村、社会服务设施配套到农场。

2. 大力改善农村基础设施

统筹城乡交通设施建设，完善交通路网，推进重要道路在城乡间的互通连接。完善城乡信息设施建设，完善农村广播电视、农业、气象、水利、农机等信息化服务，逐步形成覆盖城乡的共享性、集约化信息网络。加强城乡人居环境建设，通过生态保护、污水治理、燃气普及和农村环境综合整治，提高城乡环境质量。

3. 产业协调发展

顺应城乡经济不断融合和三次产业联动发展的趋势，统筹规划和整体推进城乡产业的发展，不断提供产业竞争力。完善城乡产业布局，大力推进工业向城镇集中，土地向规模集中，着力形成城乡分工合理、区域特色鲜明、生产要素和自然资源禀赋优势得到充分发挥的产业空间布局。

4. 建立城乡共同发展的教育、医疗和社会保障体系

必须承认城乡发展中教育、医疗和社会保障的差距，这种差距在短时期是无法解决的。因此在城乡一体化建设中，要加大公共财政向农村基本公共服务领域的投入，逐步缩小城乡差距，最终实现城乡教育、医疗、社会保障同步、协调发展。要加快推进职工基本养老保险、失业保险、基本医疗保险、工商保险和生育保险的全覆盖，提高城乡最低生活保障水平，加快新型农村合作医疗及医疗救助、被征地农民基本生活保障、农村五保对象和城镇“三无”人员集中供养、资助贫困家庭子女入学和廉租房等的制度建设。

第五章　构建城乡一体化的土地制度

第一节　国内外土地制度研究综述

一、国外研究回顾

国外土地流转立足本国经济社会发展条件，注重农地流转与土地规模经营的结合，由政府引导，通过明晰产权、创新土地制度，培育流转中介，出台政策法规，规范土地流转。国外关于土地流转具有代表性的研究成果主要是地租理论、产权理论、农地流转市场等。

（一）地租理论研究

英国古典政治经济学家威廉·配第首次提出了地租理论，配第认为地租是使用农地生产农作物的一种剩余或者净报酬，他有创见地确定了土地价格。

18 世纪 50 至 70 年代的法国资产阶级古典政治经济学学派重农学派，以自然秩序为最高信条，视农业为财富的唯一来源和社会一切收入的基础，该理论的代表人物是魁奈。重农主义理论的核心是纯产品学说，它是重农学派的剩余价值学说。重农学派实际上是以农业资本来概括一般资本，以农业资本主义经营来概括资本主义生产。租地农场主作为产业资本的实际代表，指导着全部经济运动。农业按资本主义大规模经营方式经营，土地直接耕作者是雇佣工人。生产不仅创造使用价值，而且也创造价值；生产的动机则是为了获得“纯产品”即剩余价值，而地租则是其具体的表现形式。在“纯产品”的基础上，重农学派提出了废除其他赋税只征收一种单一地租税的主张。他们认为“纯产品”是赋税唯一可能的来源。“纯产品”归结为地租，于是地租就是唯一能负税的收入。在复合税制下，赋税的负担即使不直接加在地租上，也会通过转嫁间接地归于地主。因此不如直截了当地取消一切杂税，改而征收单一地租税。由于简化租制会减少征收费用，这种改革实际上减轻了地主的负担。

1776年《国富论》的出版给重农学派以致命的打击，在理论上和政策主张上，斯密的经济思想成为以后的资产阶级古典经济学的传统思想。亚当·斯密系统地研究了地租理论，从劳动价值论出发，指出地租是劳动所有者所创造的生产物的一部分，是产品价格超出补偿生产资本和提供平均利润的剩余。大卫·李嘉图在前人研究的基础上，建立了比较完备的理论体系，他认为地租是劳动创造价值的一部分。马克思指出资本主义地租的本质是剩余价值的转化形式之一，并指出了资本主义地租的三种形式：级差地租、绝对地租、垄断地租。马克思指出地租是土地使用者由于使用土地而缴给土地所有者的超过平均利润以上的那部分剩余价值。马克思按照地租产生的原因与条件的不同，将地租分为三类：级差地租、绝对地租和垄断地租，这三种地租形式构成了马克思地租理论的一个严密整体。

(二)产权理论研究

西方学者认为土地资源退化的根本原因是土地产权的不确定性和它的外部性。所以如果能够清楚地界定农地权利，并且能保证这些权利能在合理的成本下自由流动，那么就能够实现帕累托最优，保障土地安全。新制度经济学认为，产权安排直接影响资源配置的效率，一个社会的经济绩效如何，最终取决于产权安排对个人行为的激励效果。科斯论证了在交易费用为正的情况下，产权制度选择的重要性，揭示产权制度安排与资源配置效率之间的关系，他强调产权的界定是市场交易的必要前提。诺斯认为，一种能够对个人提供有效激励的制度是保证经济增长的决定性因素，制度因素是经济增长的关键，而其中产权又是最终要的。

(三)土地流转市场化理论研究

Carter谈到，不少发展中国家由于农村金融和保险市场以及社会保障制度的缺失，农地买卖市场不但无法使贫穷和无地的农户获得土地，反而可能使其失去土地。Douglas C. Maclnillan从经济学的角度分析土地市场，认为土地可以在公开市场进行自由交易；但是在交易过程中会发生市场失效，造成土地利用的动荡。因此，他认为财政部分应支持政府干预市场以弥补市场缺陷。Terryvan对中欧国家的农村土地流转作了深入调查研究，认为农村土地市场之所以受到阻碍是因为有许多持有小地块的农户，由于害怕市场经济所带来的风险，为了将来的安全而不愿意交易自己的土地。

二、国外土地流转的实践模式

在西方一些国家，它们根据自己的本国国情也制定了土地流转的制度，提高了土地利用效率，促进了农业生产的发展，这些土地流转模式为我们进行土地流转的改革提供了借鉴思路。

(一)美国土地流转模式

在美国，这种模式被称为土地发展权交易制度。该制度是从 20 世纪 50 年代初开始，在英、美、法等国相继设置的一项重要土地产权制度。如果想对一块土地进行非农化的开发，必须要从权利发送地区的地块购买土地的发展权，当购买了土地开发权后，对土地开发的权利便从权利发送区的地块转移到了权利人购买的即将开发的地块，土地权利人由此可以获得更高的开发强度，而权利的发送地区在出售土地发展权后，其土地的开发将受到严格限制。

这项制度的优点在于：首先，该制度在本质上属于市场主导型的土地使用管理手段，而不是依靠传统的行政控制。其次，移出地区，即出售土地发展权的土地所有者获得了补偿，而移入地区即购买土地发展权的土地所有者削弱了其“暴利”所得（James T. Barrese，1983），土地收益分配更公平。最后，土地发展权转移给政府提供了一种低成本且可以有效保护大面积区域的方法，尤其是经济迅速发展的区域。最后，计划的用途不断拓展，包括环境保护、农地（耕地）保护、社区振兴、历史遗迹保存以及经济发展等。

它的缺点在于：第一，应用相对复杂，尤其是对于地方政府的能力、金融机构的参加、规划的科学性等要求较高，还需要对公众进行大量培训。第二，适用的局限性，更适合经济迅速增长的地区，对于发展压力小的地区，很难构成发展权市场。Rick Pruetz（2003）归纳了实施土地发展权转移的步骤：形成公民咨询委员会；集合土地发展权转移计划的信息；开发可供选择的目标；接受公众意见；规划出移出和移入地区；形成可选择的方案概要；选择偏好的方案；完善已选中的方案；环境评价和计划的重新修订；执行；监测转移和整体开发。美国土地发展权转移制度对我国的启示是：要从概念和内容上不断拓展土地发展权的研究领域；要涉及土地发展权转移制度实践时，应先谨慎选择区域和程序，增强其操作性。

(二)英国土地流转模式

第二次世界大战后，为了解决城市重建和土地开发所带来的土地征收问题，英国政府将土地发展权国有化。在英国，一切私有土地将来的发展权（亦即土地变更使用类别之权）收归国家所有。拥有私有土地的任何人如想变更土地的使用类别，在实行开发之前，必须先向政府购买土地发展权。它的理论价值在于推进了土地权利体系法制建设；实践价值在于传统土地权利不能解决的现实问题。其在制度设计的价值取向上关注公平，权利具有公权性。它对我国的启示是：我国应当建立土地发展权制度，坚持效率与公平相统一的价值取向，应当将其作为一种私权。

（三）日本土地流转模式

日本人多地少，人地矛盾紧张，是典型的小农制模式。第二次世界大战后，日本对农地制度进行了改革。1947 年至 1954 年期间，日本实施农地封建土地所有制改革，中央政府强制收买地主土地，然后按国家统一规定价格再卖给佃农。1952 年，日本《农地法》从法律上确立农户对土地所有的永久地位，从而完成农地所有权的第一次集中到分散的流转。20 世纪 70 年代至今，日本的农地流转主要通过租赁方式进行经营权流转，通过经营权由农户向企业或合作组织流转，实现农业经营规模化和农业现代化。

通过以上的措施提高了土地利用的经济效率，促进了农业的生产发展。一些学者指出，日本的成功经验在于，它一方面建立了合作经济组织等中介机构，而且规定对农民的 10 年租金一次性付清；另一方面建立了农业认证者制度。

（四）法国土地流转模式

法国是一个拥有传统小农经济结构且人地矛盾突出的国家。法国政府通过改革继承制度，以保证土地不再继续细碎化；此外，支持中小规模的农场发展，促进小规模农场转移，稳定大农场，来解决这个问题。其实法国政府从 1920 年代起就十分重视土地流转，相继出台一系列措施促进规模经营：一是减少农村富余劳动力；二是建立完善的市场中介组织；三是建立完善的法律、法规以及政策保障体系，规范双方的权利义务，降低交易费用。

（五）俄罗斯土地流转模式

1990 年初，俄罗斯农民以股份的形式获得土地权利，但土地仍由农业生产单位来管理，而土地流转机制并未很好地建立或虽建立却无法律保障，阻碍其农业发展。普京执政后，积极探索适合俄国国情的农业生产组织形式。2001

年，俄罗斯颁布了《俄联邦土地法典》，解决了土地所有者、使用者权利义务以及土地流转等问题。在随后的2001年俄罗斯政府又出台了《农用土地流通法》，它规定农地可以自由流通，明确了农民所获土地份额及所有权。2007年三审通过了《农村土地流通法》修正案，延长土地合同租赁期，提出了简化农民办理土地权手续的新规则，有利于农地流转。

国外的这些相关理论和实践经验都侧重于本国的国情，按照经济规律的客观要求制定出符合本国国情的土地流转制度。尽管这些土地流转模式会依据本国国情而不同；但是这些模式都有其相似规律，对于我国实现城乡的土地流转的启示和借鉴在于：在土地流转中要立足国情，因地制宜；在进行土地流转之前要明晰产权；在土地流转中，要充分利用土地流转的内在动力；要积极发展完善的中介组织，培育农业经营主体。

三、国内研究回顾

与国外相比，我国与发展规模农业、现代农业以及统筹城乡土地利用要求相适应的集体土地流转理论研究与实践均起步较晚，而且我国农村土地集体所有制也是世界“独一无二”的。自20世纪80年代，随着农村经济的发展，市场机制的引入以及农业结构调整和土地经营方式的改变，农村土地流转变得日趋活跃，集体建设用地流转是农村土地流转的主要组成部分。农村集体建设用地流转的产生，源于市场经济体制下外部性潜在收入的产生与分割，新生潜在收入流的分割形成了流转制度创新的主要激励，农村集体建设用地流转成为农村社会经济发展的客观要求。20世纪90年代中期，随着各地开展集体建设用地流转试点及学术界对集体建设用地流转研究的关注，学界取得了一些典型的流转经验及研究成果。20世纪90年代中期以来，尤其是近年来，随着统筹城乡发展和新农村建设的加快，发挥集体建设用地流转在统筹城乡发展和新农村建设中的作用，优化城乡建设用地配置，提高土地利用效率，加强土地参与宏观调控的作用使得推进集体建设用地流转等日益成为学界研究的热点。

目前，农村集体建设用地流转研究领域主要集中在集体建设用地流转合理性、入市流转可行、流转驱动力、障碍因素、流转模式、流转问题、流转主体、收益分配和流转支撑体系及实现路径方面。一些学者从法学理论、制度经济学理论、成本收益理论、交易费用理论等角度分析集体建设用地流转改革的可行性，结果表明学术界对集体建设用地使用权流转（不包含入市）的必要性大体上已经达成共识。也有学者对集体建设用地入市流转持谨慎态度，认为直接入市尚待时日，勿操之过急，需积极稳妥地推进，做好相关配套工作，正确引导其入市流转。

（一）关于农村集体建设用地流转的动因及障碍因素

农村土地集体所有制建立以后，我国农村集体建设用地流转经历了长期的演变过程，其演变与经济发展和制度创新紧密相关。多数学者认为，我国集体土地使用制度变迁是农村集体建设用地流转的根本原因。同时，经济社会发展的客观需求，流转带来的积极作用以及比较利益驱动和地发展权保障等都是引起农村集体建设用地流转的原因。影响和制约集体建设用地流转的原因很多，可集中归结为两个方面：法律法规的障碍、产权制度的障碍和社会保障的障碍。

（二）关于农村集体建设用地流转模式及问题

目前，全国各地都在积极探索农村土地流转，并逐渐形成了诸多模式。研究者按照不同类别进行了总结比较，呈现多样化并各具特色农村集体建设用地流转模式。多数学者认为，目前我国集体建设用地流转普遍存在收益分配不合理、产权模糊、管理缺乏、市场不全、流转纠纷较多等问题，提出流转前，产权制度改革、政策出台等以促进流转；流转中，土地市场流转机制的建立和完善以保障流转；流转后，加强管理和评价以规范流转等相应对策。

农村集体建设用地产权问题直接决定其流转主体和流转中的收益分配。由于集体建设用地产模糊、权能不清，导致在流转过程中集体土地所有权和使用权主体虚化、主体地位不平等。研究者几乎一致认为，农民在集体建设用地流转中的主体地位是不能动摇的，并要保护其主体利益。目前学术界对集体建设用地流转收益分配问题争论较多，集中体现在：一是政府是否有权参与流转收益的分配，二是一次分配中农民集体内部如何分配收益。

（三）关于农村集体建设用地流转支撑体系及实现路径

农村集体建设用地流转作为一项重要的制度创新和安排，正逐步向规范化、市场化方向迈进。农村集体建设用地流转支撑体系的构建和完善，为其合法、合规、合理流转创造环境和条件。但我国农村集体建设用地合理流转尚缺乏必要的支撑体系，应从法制支撑体系、权益支撑体系、外部环境支撑体系等制定规范农村集体建设用地流转。针对农村集体建设用地流转过程中遇到的困境、存在问题，学者们从多角度寻求集体建设用地流转破解、治理和改革路径，突出表现在从制度经济学、社会学等角度研究集体建设用地流转制度及机制创新，同时应围绕农村土地产权登记制度为核心的土地产权制度，以立法制度为基础，市场机制、收益分配制度为保障，同时完善相关配套制度。

第二节　我国土地流转政策演变及实践

一、农民土地所有制确立阶段

1950 年 6 月颁布的《中华人民共和国土地改革法》，明确了土地改革的路线、方针和政策，指导全国开展土地改革。主要内容是废除封建地主阶级土地所有制，实行农民个体土地所有制。在这个阶段，农民拥有所有权与经营权，他们主要通过买卖、出租、赠予等方式进行土地流转。在流转过程中，国家主要通过土地登记、发证、契税等方式对土地进行管理。

二、农村土地流转停滞阶段

20 世纪 50 年代中后期，为了解决在城市工业化进程中所缺的资金以及引导农民走共同富裕的道路，我国从 1953 年开始进行农业社会主义改造，建立了土地集体所有制。它把农民个人所有变为集体所有，把农民分散的家庭经营变成集体统一经营，引导农民走生产合作化道路。这条道路历经初级社、高级社、人民公社三个阶段。

1953 年至 1956 年为初级社阶段。考虑到农民的土地私有观念，中央没有过早地取消土地报酬，而是允许社员少量地留有自留地。在这一阶段后期，毛泽东对实现农业社会主义改造的途径、步骤、方针、原则做了系统的论述。在 1955 年 7 月，毛泽东做了《关于农业合作化问题》的报告。在 1955 年 10 月，中共中央通过《关于农业合作化问题的决议》。1956 年 3 月，中央下发了《农业生产合作社示范章程》，标志着全国基本实现了初级合作化，农民将土地等主要生产资料作股入社，由合作社实行统一经营。因此，经营权已经离开农民家庭与农户初步分离，即所有权与经营权相互分离。

1956 年至 1958 年为高级社阶段。为了扩大规模经营，在 1958 年 8 月通过的《关于农村建立人民公社的决议》中提出："中央实行小社并大社，进而又推进政社合一的人民公社制。并社过程中，自留地、零星果树等都逐步自然地变为公有。"结束了农民土地私有制，所有权与经营权统一归于合作社，农户家庭经营主体地位被农业基层经营组织与基本经营单位所取代。在这一时期，农民私有的土地、耕畜等主要的生产资料及土地上的附着物，被一起转为合作社集体所有，土地报酬也被取消。至此，农村土地从个体农民所有转变为社会主义劳动群众集体所有。

1959 年至 1978 年为人民公社阶段。从 1959 年开始的人民公社阶段，中国农村开始实行“三级所有，队为基础”的体制，确定了农村土地以生产队为基本所有单位的制度，并恢复了社员的自留地制度。在 1960 年，中共中央下发的《关于农村人民公社当前政策问题的紧急指示信》（又称“十二条”）指出：“要求各地彻底纠正一平二调的共产风以及浮夸风等不良风气，允许社员经营少量的自留地和小规模的家庭副业，并恢复农村集贸市场。”1962 年 9 月，在《农村人民公社工作条例修正案》中，中央对农用地作了进一步的明确规定：“生产队范围的土地归生产队所有……定下来后，长期不变。”1963 年，中央对社员宅基地进行了规定，社员宅基地都归生产队集体所有，一律不准出租和买卖，归各户长期使用；宅基地上的附着物永远归社员所有，但宅基地的所有权仍归生产队所有。由此看出，这段时间总的来说土地流转是处于停滞状态的。

三、农村土地流转重启试验阶段

从 1978 年开始，我国在对过去土地流转政策及其实践的经验教训总结的基础上，提出实行家庭联产承包责任制，把土地所有权与使用权进行分离。在坚持土地归集体所有的前提下把土地的使用权让渡于农民。1984 年，中央 1 号文件《关于农村工作的通知》重新打开了农村土地流转的阀门。1958 年修订宪法时，把“不得出租土地”改为“土地的使用权可以依照法律的规定转让”，但此时只允许将土地进行转包。1994 年，国务院批转《关于稳定和完善土地承包关系的意见》，提出建立土地承包经营权的流转机制。1998 年，中央政府在《农业和农村工作意见》中提出土地承包到期后无条件地延长 30 年不变。在这一阶段，邓小平同志与江泽民同志也表达了自己对土地流转的看法。邓小平同志认为，“土地市场发育的核心是节制圈地开发，实行土地有偿使用和有偿转让政策，促进土地使用权的合理流动。”

江泽民同志在党的十六大上关于《全面建设小康社会开创中国特色社会主义事业新局面》的报告中指出：“坚持党在农村的基本政策，长期稳定并不断完善以家庭承包经营为基础，统分结合的双层经营体制。有条件的地方可以依照，依法、自愿、有偿的原则进行土地承包经营权的流转，逐步发展规模经营。”在这一时期，土地流转方式在家庭联产承包责任制的基础上，经历了转包、延长土地承包期、转让、互换、租赁、股份合作等方式，这些土地流转方式在一定程度上提高了农业的生产效率，促进了农业的发展；但是由于这些土地流转方式仍局限在农村内部，农村的土地仍然不能进入市场，造成了城乡土地市场二元结构并未得到有效改善随着土地生存保障功能的加强撂荒现象的出现，现有的土地流转方式已经不能适应农村生产力发展的需要。

四、城乡统筹发展条件下土地流转创新阶段

至21世纪初，我国已经进入全面建设小康社会阶段；但是由于现有的农村土地二元结构不能适应农村生产力发展的要求，以致一方面城市在城镇化过程中积累的资金不能反哺农村，另一方面在农村丧失掉土地生产要素后，由于无法获得城市积累的资金，使得农村的生产、生活得不到相应的资金来提高和改善，长此以往城乡之间的差距将越来越大，已经严重阻碍了全面小康社会的建设。因此，如何缩小城乡差距，实现城乡一体化，已经摆在了党和国家领导人面前。党的十六大做出了“统筹城乡经济社会发展”的重大战略决策。

在党的十七大上，胡锦涛同志进一步明确提出了“八个统筹”思想。其中就包含了要统筹城乡发展，它要求在发展中把农村和城市作为一个系统来考虑，统筹解决城乡在发展中遇到的各种问题，从而打破城乡之间二元社会经济结构，实现城乡之间的一体化。胡锦涛还提出：“统筹城乡发展，必须完善农村土地制度。土地家庭承包经营是农村基本经济制度的核心，要依法保障农民对土地承包经营的各项权利，是保障农民生计和农村稳定的关键。农户在承包期内可依法、自愿、有偿流转土地承包经营权，同时可以逐步发展规模经营。”2008年1月30日，中共中央、国务院发出《关于切实加强农业基础建设进一步促进农业发展农民增收的若干意见》文件强调：按照城乡统筹发展要求切实加大“三农”投入力度，巩固、完善、强化、强农、惠农政策，形成农业增收、农民增收；良性互动的格局，探索建立起促进城乡一体化发展的体制机制，并制定了一系列的政策。2008年10月19日，中共十七届三中全会通过《中共中央关于推进农村改革发展若干重大问题的决定》。文件指出：“按照依法自愿有偿原则，允许农民以转包、出租、互换、转让、股份合作等形式流转土地承包经营权，发展多种形式的适度规模经营。在土地利用规划确定的城镇建设用地的范围外，经批准占用农村集体土地建设非公益性项目，允许农民依法通过多种方式参与开发经营并保护农民的合法权益。逐步建立起城乡统一的建设用地市场，以公开规范的形式转让土地使用权，在符合规划的前提下与国有土地享有平等权益。”

2009 年，中央 1 号文件提出："要稳定农村土地承包关系，建立土地承包经营权流转市场，实行最严格的耕地保护制度和节约用地制度，全面推进集体林权制度改革。"2010 年中央 1 号文件指出："加强土地承包经营权流转管理和服务，健全土地流转市场，在依法自愿有偿流转的基础上发展多种形式的适度规模经营。"从实践层面看，此一时期土地流转方面最大的突破就是在农村土地承包经营权流转方式不断创新的同时，全国范围内也展开了城乡建设用地增减挂钩的试点。早在 2004 年 10 月，针对当时各地存在的圈占土地、乱占滥用耕地等突出问题，国务院下发了《国务院关于深化改革严格土地管理的决定》，提出"鼓励农村建设用地整理，城镇建设用地增加要与农村建设用地减少相挂钩"，为城乡建设用地布局调整提供了政策依据。2006 年国土资源部部署了开展城乡建设用地增减挂钩试点工作。国土资源部 2008 年 6 月颁布了《城乡建设用地增减挂钩管理办法》，进一步扩大了增减挂钩试点范围。

正是在统筹城乡发展的新视域下，全国一些地区开始根据自己的实际情况，因地制宜地开展土地流转的新探索，其中比较具有代表性的有：一是"宅基地换房"模式；二是"公益征用，两种产权，两个市场"模式；三是"确权发证卡"模式；四是"农村工业化与城镇化驱动"模式；五是"土地换保障"模式；六是"股权 + 合作"模式；七是"地票"模式。总之，这些模式都是在统筹城乡发展的视野下，各地立足于本地的实际情况，因地制宜开展的土地流转方式的新探索。其中，重庆"地票"模式的突破性和创新性最大，曾引起社会各界及中央主管部门的高度关注。

第三节　重庆地票交易机制研究

所谓"地票"，是指包括农村宅基地及其附属设施用地、乡镇企业用地、农村公共设施和农村公益事业用地等农村集体建设用地，经过复垦并经土地管理部门严格验收后产生的指标。"地票"是一种城乡建设用地挂钩指标，"地票"交易是实现城乡建设用地挂钩指标的市场配置途径和方式。重庆的这种地票交易制度是对城乡建设用地增减挂钩的创新探索，因为"地票"交易使挂钩指标超出了县级行政区域范围，在全市范围内进行市场配置，可以在更远距离、更大范围内实现城乡建设用地的优化配置，有助于显化农村土地资产价值，特别是显化边远地区农村土地资产价值，在一定程度上有助于城市反哺农村，发达地区支持落后地区发展目标的实现。

一、地票交易的意义

地票交易从其形成过程、形态特点以及市场交易与利益分配机制等方面来看，在统筹城乡土地制度改革中具有突破性的意义。

（一）理论意义

长期以来中国农村土地市场化改革问题一直在国有化、私有化等所有权的问题上争论不休，农村建设用地始终没有进入市场交易的轨道。地票在我国现行土地制度框架下，以证券化的形式运行内含两费——新增城市建设用地有偿使用费和耕地开垦费，使得农村建设用地使用权取得了空间流动性特点和资产化特征，并通过市场交易实现城乡建设用地空间上转移、价值上放大、性质上转变，使农民家庭使用的宅基地和村集体使用的建设用地真正成为可交易的资产，为村集体加快原始积累、农民家庭提高财产性收入创造了条件，从理论上解决了长期以来困扰农村土地市场化改革的制度性障碍。同时，地票交易克服了农村建设用地宗地交易存在剪刀差的缺陷，市场交易面更大、更广，真正体现了城市反哺农村、发达地区反哺边远落后地区的要求。

（二）实践意义

1．守住耕地红线、确保耕地质量、保护生态环境

与现有“先占后补”的挂钩模式相比，地票交易是“先补后占，先造地后用地”，先把农村建设用地经过复垦转化成耕地，并经过验收满足被占用土地的等级后，再在城市规划区新增建设用地。在这一过程中，由于宅基地等农村建设用地所处地形地貌相对比较平坦，适合转化为耕地，当复垦后的耕地达不到被占耕地的等级时要按土地生产能力折算建设用地面积。对于不适合转化为耕地的农村建设用地，则经整理转化为林地。因此，地票实行的“先补后占”模式，对耕地的保护力度更大、保护效果更好，也更有利于生态环境建设。

2．实现统筹配置城乡土地资源，集约利用土地

目前，我国已进入工业化和城镇化快速发展期，与此相适应，相关生产要素和人口必然向城镇转移。农村土地作为生产要素，理应随着经济活动重心的转移而转移，随着人口的转移而转移。这既符合世界工业化城市化的要求，又

符合市场经济的一般规律。如果为数巨大的农村土地仍然被禁锢在农村，不作为生产要素参与工业化城镇化过程，不纳入统一市场进行城乡资源统筹配置，必然带来一边是工业发展城市扩容大量占用耕地，一边是广大农村大量宅基地闲置浪费的问题。农村建设用地以地票方式实现远距离、大范围置换，在城乡建设用地总量不增加的前提下，一方面农村闲置土地有序退出，解决农村建设用地浪费问题，另一方面城市建设用地有计划增加，解决城市建设用地紧张的矛盾，有效调剂了中心地区与偏远地区、发达地区与落后地区的建设用地空间分布，促进土地集约利用和优化配置。

3. 切实保障农民权利

一是农民家庭的富余宅基地复垦后形成的地票，通过市场交易获得了直接的财产收益。二是通过集中建设农民新居，小区的环卫设施、文化设施、污水垃圾收集设施、水电气配套设施等全部按新农村建设的标准配备，使农民旧房换新房，居住条件得到极大改善，生活环境发生根本变化，农民生活方式城镇化具备了物质基础。三是宅基地整理形成的耕地或林地，由原住农户承包经营，增加了农民家庭的承包地数量，为其扩大生产、增加农业收入提供了保障。四是村集体的地票收益用于建立农民社会保险和发展公益事业，使农民实现了养有所教、老有所养、病有所医，解除了农民的后顾之忧。

4. 激活城乡要素市场

加快新农村建设，发展现代农业，解决“三农问题”面临的最大问题，就是资金严重短缺。地票交易的产生，意味着农村建设用地使用权可以作为资本要素进入市场流通，既可以有序转让，也可以与城市房屋产权一样到金融机构抵押、担保，筹集创业和生产发展资金。以农民宅基地为例，以交易所成立前一年重庆农村宅基为基数进行计算，2007 年重庆市农村宅基地 700 万亩左右，结合城镇化进程及农村人口向城市转移的情况，近期内就会有 30% 的宅基地可用于流转，按目前的地票交易平均价格计算，其市场价值就达 2 千多亿元，如果按 50% 进行抵押贷款，就会筹集到上千亿元的贷款进入农村，这对重庆市农村生产资金的筹集和消费市场的启动将会发挥巨大作用。同时对城市化进程中农民进城创业或安居提供了一笔重要的启动资金。

(三)长远意义

目前我国正在进行主体功能区规划，将根据不同功能区确定开发强度和发展方向。在现有人口分布格局和土地利用空间结构下，如何通过资源要素的统筹配置，引导经济发展重心和人口分布向重点发展区、优化发展区集中，将是主体功能区规划要研究的重点课题。除了制定差别化的财政政策，建立生态补偿机制和转移支付机制外，探索以地票交易方式，通过市场机制有效配置土地资源，实现不同主体功能区之间远距离、大范围的统筹配置建设用地，切实守住耕地红线，保护草原、森林、湿地等生态环境，实现生态补偿的市场化，应该成为今后我国统筹区域发展的土地制度改革的方向。

二、地票运行机制及运行情况

(一)地票运行程序

1. 复垦

以规划和复垦整理规程为指导，在农民自愿、农村集体经济组织同意的前提下，对土地利用总体规划确定的扩展边界以外的农村建设用地实施复垦。

2. 验收

由土地管理部门会同农业部门，对复垦产生的耕地进行验收，从质量和数量两个方面把关，在留足农村发展空间的基础上确认腾出的建设用地指标数量，形成地票。

3. 交易

地票在土交所公开交易，具有独立民事能力的自然人、法人或其他组织均可参与竞买。

4. 使用

地票购得者选定符合城乡规划、土地利用总体规划的待开发土地，凭地票申请办理转用或征（占）用手续并完成补偿安置后，国土部门按规定组织供地。暂未使用的地票，亦可按规定进行质押融资。

(二)地票制度主要内容

重庆市不断完善地票制度运行机制和配套政策，先后发布了《重庆农村土地交易所管理暂行办法》《重庆农村土地交易所交易流程》《重庆市农村建设用地复垦项目管理规定》《关于规范地票价款使用促进农村集体建设用地复垦的指导意见》及《关于完善地票价款分配的补充意见》等规范性文件。这些政策文件核心内容为耕地保护、“三农”利益保护、地票运行监管三项制度。

为切实保护“三农”利益，有关文件规定：凡农村集体经济组织申请耕地复垦，须经2/3以上成员或者2/3以上成员代表同意，防止农村集体经济利益受到损害；凡农户申请宅基地复垦，必须有其他稳定居所，而且有稳定工作或稳定生活来源，避免宅基地复垦整理交易后出现农民生活困难问题。同时还规定：不同形式的农村土地使用权交易，其收益按不同比例在农民和农村集体经济组织之间分配。

地票交易必须在规划指导、农民自愿的情况下，通过集中建设农民新居和公共配套设施，将农民富余宅基地和村集体富余建设用地复垦形成地票，通过市场公开、公平拍卖，在全市范围内进行流转。重庆市每年地票交易量按城市新增建设用地计划指标的10%安排，以避免投资过热产生泡沫，确保经济社会健康发展。地票在交易后必须在两年内落地，到期地票不得继续使用，由交易所原价购回。地票交易的底价包含了城市新增建设用地有偿使用费、耕地开垦费、测绘费、农民新居建设费及搬迁补偿费、交易相关税费等。地票交易收益扣除土地复垦相关费用和交易相关税费后的净收益，按照农民家庭宅基地和村集体使用的建设用地两种情况进行不同的分配。宅基地形成的地票净收益的85%分配给农民家庭，15%由村集体统筹使用；集体使用的建设用地形成的地票净收益全部由集体统筹使用。村集体的地票交易收益主要用于本村公共设施建设和为本村居民建立社会保险、发展公益性事业。此外，宅基地复垦后形成的耕地由原宅基地农户承包经营，其他集体建设用地复垦后形成的耕地一部分补充给因集中修建农民新居而被占耕地的农户，一部分作为村集体流转集中土地，出租给专业合作社、种养大户或农业企业，这部分收益也用于发展村公益性事业。

（三）地票交易情况

重庆农村土地交易所是全市地票交易的唯一平台，据统计资料，该自成立到2011年5月4日为止，组织完成了23次地票交易，单场成交均价从122.4万元/公顷[①]增长到378.0万元/公顷，累计成交均价从122.4万元/公顷增长到247.5万元/公顷。

---

① 1公顷=10 000平方米=15亩。

1. 地票的供给来源

重庆农村土地交易所成立后，成交的地票来自重庆市各个区县。地票供给的直接主体是村民和农村集体经济组织，其供给来源存在空间地域的差异，一般地，主城区的区县提供的地票少，远离主城区尤其是偏远的区县提供的地票多。据有关统计资料显示，重庆市提供地票数量前 15 个区县的排位为：城口县、江津区、彭水县、黔江区、开县、云阳县、铜梁县、万盛区、北碚区、巫溪县、忠县、石柱县、綦江县、垫江县、奉节县。这 15 个区县中，有 10 个位于经济较落后、较偏远的渝东北和渝东南。究其原因是不同区域的农民对地票制度反响不一。一般地，主城区周边土地价值较高，农民并不希望农村建设用地变为地票，更愿意等待土地被征用，获得一个满意的征地补偿。而远郊区县、偏远地区的农民则更愿意整理土地换取地票收益。

2. 地票交易规模及其变化

从重庆农村土地交易所组织的 23 场地票交易情况来看，每场成交的地票规模呈迅速扩大的态势。2008 年 12 月 4 日第一场地票交易指标仅 73.3 公顷，前 6 场地票交易，总成交 553.33 公顷建设用地指标，第 7 场交易 266.67 公顷地票，接近前 6 场交易面积的 50%，到第 13 场交易 1 450.13 公顷地票，是前 6 场交易面积总和的 2.5 倍，从第 16 ~23 场连续 8 场交易数量均在 1 700 公顷以上，到第 23 场地票交易指标就达到 4 173.53 公顷。地票交易频率在加快，起初几场交易的时间间隔一般为 2 个月左右，随后缩短到 1 个月左右，有时在 1 个月内产生 2 场交易。

3. 地票交易价格及其变化

重庆试行地票交易制度以来，通过市场的方式逐渐显化农村土地价值，地票的交易价格呈稳步上升的态势。地票交易单场成交均价从 122.4 万元/公顷，增长到 378.6 万元/公顷，最高达 431.55 万元/公顷，单场成交均价呈跳跃式的增长。累计成交均价从 122.4 万元/公顷增长到 247.5 万元/公顷，呈稳步增长的态势。

4. 地票的需求主体

凡具有独立民事能力的自然人、法人或其他组织均可参与竞买，主要为房地产开发企业、国有企业及个人。据重庆农村土地交易所统计，目前地票竞买单位的构成为：国有企业占 40%，民营企业占 39%，土地储备机构占 20%，个人占 1%。

三、地票运行典型案例

地票交易不仅直接增加了耕地，也让农民拿到了真金白银，让企业获得了实实在在的效益。重庆农村土地交易所成立 3 年来，累计交易地票达 148 亿元。

原铜梁县侣俸镇新益村村民杨颂明早年举家外出务工，房屋因常年无人居住而只剩下残垣断壁。每逢春节返乡，只能寄居在亲戚家，因而早有在县城买房的打算。

2010 年春节，当得知有此政策后，他当即提出整户转户并申请宅基地及附属设施用地退出，其房屋及附属设施占地面积一亩有余，首期便获得价款 10 万余元。“以前也有人出 1 万多元想买我这破房子，而有了地票政策，收入竟翻了 10 倍，幸亏当时没做决定！”

在随后的复垦过程中，杨颂明还获得了其他几笔收入：一是复垦形成的耕地仍交由农户或农村集体经济组织耕种，可直接增加其土地耕种收入。按市场价核算，每亩每年可增加收入 640 至 900 元。二是农民参与农村建设用地复垦得到的务工性收入，一般每亩可获 2 000 元到 3 000 元。三是原房拆除建材残值变现收入，户均数百元至千元不等。

地票增加了农民的财产性收入，坚定了在城镇务工多年的农民工转户进城的决心和信心。转户居民在地票交易中变现农村土地财产，实现带着财富与尊严进城。据了解，到目前为止，重庆已有上万户转户居民申请宅基地及附属设施用地退出。

同时，地票资金的注入，彻底改变了重庆新农村的建设模式，农村面貌正在加速改变。过去，该市巴渝新居、农民新村主要靠财政补贴撬动，而有了地票之后，农民很快认识到集约用地腾出地票就能得到收益，他们将这部分收益投入政府规划的新居建设、基础设施和生活服务配套，从而让他们不出农村就能过上梦寐以求的城里人生活，居住条件和生产生活环境发生翻天覆地的变化。

与此同时，购买地票的企业方同样也获得了新的发展机会。

2009 年 12 月，龙湖地产以 9 700 万元购得 0047 号地票 1 000 亩。2011 年 1 月 30 日，龙湖地产使用 0047 号地票并在该市北碚区歇马镇落地 968 亩，其后通过国有建设用地使用权招拍挂取得该宗土地的使用权。

从企业的角度看，过去拿地是由政府推出地块，企业参与竞拍，企业了解地块时间短，难以在城市化中形成与城乡规划实施的战略互动。然而，有了地票制度后，企业可以提早根据政府规划作出项目规划设计，并持地票向政府提议将规划地块及时推入市场，从而使企业的发展意愿与宏观规划意志得以有机结合，减少了机会成本，实现了农民受惠、城市开发、企业发展的多目标共赢。

四、地票运行中的争议

地票设计的初衷是将农村富余的集体建设用地指标通过“招拍挂”流转到城市中，转换为城市建设用地指标。城市则通过农村建设用地指标的交易收入支持农村的发展，促进土地要素的合理流动，地票在设计上是要成为城市反哺农村、以城带乡的一种途径。在调研中我们了解到，有人担心由于城市具有强大的集聚效应，农村处于劣势地位，多种生产要素都自发往城市集聚。而建设用地是新农村建设的一项重要资源，是农村地区发展第二、三产业的基础载体，也是未来农民增收致富的资本来源。如果农村建设用地指标大量流入城市，无疑会对新农村建设形成障碍，农民也将失去最为基础的生存和发展的保障。

此外，农村建设用地的土地整理等需要大量资金，但目前资金投入严重不足，且来源单一，为后续的进一步扩大土地复垦规模带来问题。目前，农村建设用地复垦，在实践中大多体现为政府行为，主要来源于政府的土地开发整理专项资金。许多地方财政普遍吃紧，使得政府用于土地复垦整理的资金运作上发生困难，还缺乏多渠道、多途径的融资来源，保障土地整理顺利地进行。

五、地票收益分配缺乏科学机制

1. 地票收益缺乏统一管理

当前，《重庆农村土地交易所管理暂行办法》虽然对各类农村集体建设用地的收益分配原则做了说明，但是对农村集体建设用地使用权交易收益分配仍缺乏统一细致的规范管理。具体表现如下：第一，缺乏地票交易收益的分配细则。没有明确详细地规定参与地票交易的各利益主体之间的分配关系，尤其是农村集体内部成员与集体之间利益分配关系不明确以及不规范将会直接影响今后地票交易机制的持续健康发展。第二，没有形成一套系统的流转收益分配监督机制。首先，集体建设用地使用权交易的收益分配、交易后土地利用不公开、不透明。其次，地票交易过程中也存在漏洞。例如，地票的打包组合方式，可以为某个开发者“定做”包含特定面积的地票，从而使得地票竞标中只有一个买家，该买家可以基准价成交，即开发者可对其选择权进行价格操纵，从而损害农户和农民集体的应得利益。最后，监督主体的不明确。现有的一些监督机构主要有镇政府、村民财务监督小组和部分村民组成，监督主体不明确造成监督机制的混乱。第三，缺乏专门的地票交易收益分配统一管理机构。现行的农村集体建设用地使用权交易大多由区（县）、乡（镇）、村代行交易，农民参与土地交易、自主决策的能力较低，致使农民对集体建设用地使用权交易收益的知情权参与权得不到保障。

2. 目前，重庆市地票交易收益分配的市场化程度较低，很多环节都以政府主导为主

首先，地票价格划定方面，地票成交价款由地票基准价款和地票增值收益两部分构成。地票基准价款，是指地票价款中与地票基准价格相对应的价款，即：地票基准价款 = 成交地票亩数 × 地票基准价格。地票基准价格主要由重庆农村土地交易所根据农村集体建设用地复垦成本确定，报市国土资源行政主管部门审定后公布。对地票基准价格的详细说明可知，当前的地票基准价格，是地票成本价格即复垦的成本价格。政府在制定基准价格的过程中对市场供需情况、物价波动、政策影响等因素还应有更全面和完善的考虑，同时考虑区域经济发展水平评估和科学论证，综合拟订基准地价。

其次，农村集体建设用地流转的政府土导地位仍然存在。尤其是地票交易模式下的农村集体建设用地复垦、使用权转移和交易，政府在过程中不仅仅充当管理者更是利益的获得者，这种双重身份导致收益分配的公正性和公平性得不到有效保障。

3. 各区县参与收益分配主体不一致的问题

根据调研显示，重庆江北区参与集体建设用地使用权交易收益分配的土体有区、镇两级政府及农民集体经济组织和农民家庭；江津区参与收益分配的土体有区、镇级政府、农业开发业土、农民集体经济组织和农民家庭：北碚区参与收益分配的土体有镇级政府、农民集体经济组织、农民家庭和企业。总体上，各区县集体建设用地使用权交易收益分配考虑了农民、政府、农民集体经济组织三方的利益，但三者作为收益分配土体地位差异较大。江津区突出政府的主体地位，江北区突出农民集体经济组织的主体地位，北碚区政府没有参与收益分配。收益分配主体的核心争议是政府是否应参与收益分配及在收益分配中的角色地位。参与收益分配主体不一致，不仅影响不同利益主体之间的分配比例，各利益主体的利益均未得到有效保障。

六、地票使用环节不太合理

按照重庆市政府的要求，地票分为规划、复垦、验收、核发地票、交易地票、使用地票六个环节，而在使用环节目前只开发了地票的一级市场。在目前地票一级市场条件下，用地单位必须先拥有地票才能参与选择自己满意的地块，再向国土部门报批，取得国土部门同意后再运用征地权，将所征用的土地进行“招拍挂”。竞得地票的企业与其他企业一同参加土地“招拍挂”。如果竞标成功，则可以冲抵新增建设用地使用费和耕地开垦费或者作为土地出让成本的一部分；如果失败，政府则返还成本后，原地票的持有人则应承担相应的利息损失。

这就会产生一个问题，用地单位必须承担一个风险，当企业竞购失败后不得不承担利息的损失，这在一定程度上会影响到企业的积极性。虽然市里要求，在土地招、拍、挂过程中竞拍失败的企业可以将地票转让给竞得成功的企业；但是目前这仅是理论上的安排。由于在实践中存在诸多不稳定因素，因而重庆市政府在这方面显得慎之又慎。目前社会各界对此看法不一，部分企业家认为：“应当尽快推出地票二级市场，建立一个良性的地票退出机制，有利于减小企业风险。”

第四节　推进重庆市城乡一体化的土地流转的制度

一、用地补偿实行“同地同价”

党的十七届三中全会明确提出：“逐步建立城乡统一的建设用地市场，对依法取得的农村集体经营性建设用地，必须通过统一有形的土地市场、以公开规范的方式转让土地使用权，在符合规划的前提下与国有土地享有平等权益。”征收集体土地全面实行同地同价，合理确定分配土地补偿费，以进一步维护被征地农民的合法权益。无论被征土地是处于城市还是农村，未来将是房地产用地，还是工业用地、基础设施用地，所有被征土地在补偿方面都将实行一口价政策，即同地同价。

（一）编制重庆市综合地价标准，奠定理论基础

在市县（区）行政区范围内，根据不同地区、不同经济发展水平和不同的土地资源禀赋而确定综合地价，主要依据地类、产值、土地区位、农用地等

级、人均耕地数量、土地供求关系，以及当地经济社会发展水平和城镇居民最低生活保障水平等因素，划分区片（如主城九区、渝西片区、渝东南片区、渝东北片区等），并测算出征地综合补偿标准（以各城镇边缘核心征地区域加权平均价格），不包含地上附着物和青苗补偿费。综合地价标准通常包括征收一般农用地土地补偿费与安置补助费之和。不同地类以综合地价标准为基础按以下系数调整：农用地中的基本农田1.2，建设用地1.0，未利用地0.8。

实行按综合地价标准对被征地农民进行补偿，改变了以往按平均亩产值乘以法定倍数计算征地补偿的方法，避免了“同地不同价”、一块地“两本账”的现象出现，通过编绘不同区域的征地价格标准，统一划片定价实现“同地同价”，使被征地农民的合法权益得到更好保护。

综合地价将随经济社会发展动态调整。根据地区经济社会发展情况，在维持各地征地价格基本稳定的基础上作适当上调。每三年调整一次。调整方案须由市国土资源部门会同财政、农业、统计、物价、审计等相关部门提出调整方案，报市政府批准后公布实施。

（二）“同地同价”补偿的计算与分配

按照现行法律规定，征用农民的土地，最高只能以征地前三年该土地平均年产值的30倍补偿。这意味着不管这些土地今后何种用途，价值如何，征用时只能按照农村土地的原用途给予补偿。由于经济发展程度的不同，中西部地区失地农民的补偿标准要低于东部沿海发达地区。东部沿海地区征用耕地的补偿标准为：土地补偿费为被征用前三年平均年产值的8~10倍，安置补助费为该耕地被征用前三年平均年产值的4~6倍。在经济最发达的一些县市，土地补偿和安置补助费最高也只有2.5万元左右，低的不到2万元。中西部地区对失地农民的补偿标准偏低，一半以上的失地农民生活质量明显下降。

同地同价的补偿费计算：依法征收集体土地，要按当地综合地价标准乘以被征土地的面积计算土地补偿费。山区未利用地和坝上未利用地按综合标准价的60%执行，任何单位和个人不得擅自提高或者降低土地补偿费标准。大中型水利、水电工程建设征地的补偿费标准和移民安置办法，由国务院另行规定，在国务院有关规定出台前，土地补偿费为被征土地所在乡（镇）耕地前三年平均年产值的16~30倍；土地补偿费不能使被征地农民保持原有生活水平，需要提高标准的，由项目法人或者项目主管部门报项目审批或者核准部门批准。

土地补偿费的分配：10% ~20% 归集体经济组织，80% ~90% 归被征地的土地使用权人或者按照家庭承包方式承包土地的农户；被征土地没有土地使用权人和集体经济组织未发包以及实行其他方式承包的土地，土地补偿费全部归集体经济组织，由村集体经济组织依法分配或者使用。土地补偿费要及时足额到位，任何单位或者个人不得截留、挪用。被征土地上有附着物和青苗的，对地上物和青苗的所有权人要另行补偿。地上物补偿费标准由地方政府制订，青苗补偿费按征地时按当季作物的产值计算。

（三）实行同地同价缩小征地范围

目前，政府作为所有者出让土地的三种方式：行政划拨、协议出让、招拍挂出让。行政划拨主要是公益性用地，基本无偿；协议出让是工业用地，采取半市场化方式；招拍挂则是经营性（商业、娱乐、旅游、商品住宅）用地，实行完全的市场出让，价高者得。根据十七届三中全会精神，如果城乡建设用地能够实现同地、同价、同收益补偿，从征收的范围来讲，城市规划以外要用于经营性的集体建设用地（按三中全会的文件来讲称非公益性项目），以后就不再采取征地方式获得，直接进入集体项目的流转或进入市场流转，征地范围进一步缩小。即农村集体建设用地实行“免征”，直接进入流转，土地属性不变，仍保持农村集体建设用地属性。

二、地票与交易后的收益分配

（一）完善土地交易的平台——重庆农村土地交易所

农村土地交易所主要解决农村土地集约化、市场化的问题，有效利用农村闲置和低效利用的建设用地。重庆农村土地交易所由市政府出资成立，注册资本 5 000 万元，系非营利性事业法人机构，但实行现代企业管理模式。其职能是建立农村土地交易信息库，发布交易信息，提供交易场所，办理交易事务。主要开展实物交易和地票交易。实物交易主要是指耕地、林地等农用地使用权或承包经营权交易。地票交易是土地交易的主要交易品种和重要创新。国家出台了《重庆农村土地交易所管理暂行办法》，对农村土地的交易范围、交易方式、资格条件、权益保护等各个环节，作了周密设计与规定。至 2009 年 6 月底，该所已经成功交易地票达 4 600 亩。建议在土交所运行过程中，严格规范交易程序，加强对地票交易的各个环节的组织管理，及时发现和解决在运行中的疑点问题，进一步完善管理办法。

（二）地票与计划指标实行“双轨制”运行

按照重庆市国土房管局的计划，地票将逐渐替代政府征地，成为重庆经营性用地需求的指标来源，参与城乡统筹市场，与原国家下拨给重庆的建设用地指标同时双轨运行。计划指标重点保障公益性项目用地，如主要解决重大基础设施、特色工业园区等公益性用地和承载重大的功能性、特殊性项目用地；凡是非公益性项目即经营性项目用地都将主要公开“招拍挂”的方式获得地票。

（三）按需利用地票

在主城九区和近郊区，地票用处目前有两种：一是“为了招商引资，急需用地指标”。竞买下来的地票，可以很快获得土地；通过地票拍卖，能尽快使企业入驻、项目落地。二是到交易所拍得地票，是为了储备建设用地指标，待有项目开发时，还要在符合城市规划和土地利用规划的范围内，寻找尚未被国家征收、又符合其市场开发需求的地块，看准地块后，向政府提出征地建议。因为在主城区“地票”可以冲抵土地“两费”（新增建设用地土地有偿使用费和耕地开垦费）在 7 万元左右。

在远郊区县，地票的使用，对推进城镇化进程中意义重大。在城镇规划区外，可以实行跨区域流动，集中使用地票，也就是集中使用农村建设用地，建设新农村居民区、农村基础设施与公共配套服务设施、建标准厂房发展乡村集体经济。

（四）合理分配地票交易收益

地票主要来源于农村集体建设用地的流转。建立农村集体建设用地有偿使用制度，推进农村集体建设用地流转，必须建立合理的收益分配机制。初次分配应在所有者和经营者之间分配，同时通过税、费等形式进行二次分配。目前，市里尽管成功交易了 4 600 亩的地票，但对地票收益的溢价部分还没出台具体的分配方案。建议应该坚持地票“取之于民、用之于民”的方针，对地票收益扣除成本（包括拆迁、测绘、复垦整理、验收、附着物补偿、上市交易、税费等费用）外，宅基地交易收益，全部归农民家庭所有；耕地、林地的承包经营权交易收益，绝大部分归农民家庭所有（农民与集体所得可设定一个比例 9∶1）；农村集体经济组织获得的土地收益，主要用于集体公共与公益事业、新农村建设、农民就业和社会保障等。

（五）积极推进地票项目化

在推进地票交易的过程中，要将项目与地票有机结合。也就是说，可以将地票在异地空间落地并项目化，再进行招拍挂交易。其基本程序是：土地复垦置换建设用地指标——根据需要将建设用地指标落实到需要建设的空间并项目化——纳入城市（镇）规划建设——项目化的地块挂牌交易。地票项目化后的土地作价由市场定价，更加注重了市场对农村建设用地资源的配置功能，进一步淡化行政配置。通过竞价交易，土地溢价收益会增大，便于统筹解决占地农民的补偿问题。因此，地票项目化符合建立城乡统一的建设用地市场的要求，也是城乡空间统筹及空间资源优化配置的客观要求。

三、推进农村社会保障体系建设

进一步建立和完善多层次的农村社会保障体系，包括探索建立农村人口养老保险制度，进一步扩大新型农村合作医疗制度覆盖范围，促进最低生活保障体系向农村延伸，特别要加快解决60岁以上和已经丧失劳动能力的人口的社会保障问题，为土地让渡者解决后顾之忧，逐步弱化土地的福利性和社会保险功能，让他们放心地流转土地。

（一）允许农村宅基地的有序流转

鼓励全家进城落户的农民自愿放弃其农村宅基地及其所建房屋的所有权，由其所在集体经济组织收回，并给予原所有权人一定数量的货币补贴或奖励；鼓励农民以农村宅基地及其所建房屋所有权来置换城镇社区廉租房和商品房价格补贴；鼓励长期在外务工经商的农户将其农村宅基地及其所建房屋使用权以分期或一次性付款方式出租给本集体经济组织或本集体经济组织内部其他农户。严格把好农户放弃宅基地的关口，绝不能让农民因放弃宅基地而流离失所或生产生活水平降低，即凡农户申请宅基地复垦，必须有其他稳定居所，而且有稳定工作或稳定生活来源。同时规定复垦整理新增的耕地继续由原宅基地农民承包经营；自己不经营的，可再次流转，获得相应收入。

（二）确保被流转宅基地农民的社会保障经费

建议市政府在每一宗地票交易后，要按照不低于分片区综合地价10%的标准，确定被流转农民的社会保障费，划入供地的县、区社会保障专用账户，专款用于被征地农民的社会保障。社会保障费到达专用账户后，区县社会保障行政主管部门要及时出具被流转土地农民社会保障措施的认定文件。社会保障费计入流转成本。当所提取的社会保障费达不到参保人缴费需求时，应由当地政府补齐差额。同时，对于已经流转土地的农民，要引导他们从土地流转收益中拿出部分资金，参与个人基本医疗和养老保险，提高自我保障能力，从而打消广大农户失地顾虑，积极推进土地流转，促进规模经营。

一是建立“双放弃换保险”的养老保险制度。对自愿放弃宅基地使用权和土地承包经营权，并已在城镇实现稳定就业或务工的农民，其土地流转收益可由村集体经济组织作为个人的养老保险金实行专户管理，成为暂时不可兑现的货币形式，待达到退休年龄时才可按月支取，成为真正的“城市居民”。二是建议由市、区统筹新型农村合作医疗，实施全民参合；鼓励参加大病救助服务，符合特困医疗救助条件的，纳入特困医疗救助；对自愿放弃土地承包经营权年满60岁或丧失劳动能力的农民，符合农村低保规定的，可纳入农村居民最低生活保障。

四、强化科技推广与技术培训

(一)强化技能职业培训，提高转移就业的能力

一是实施教育流动促进农民子女的“市民化”。按照实际居住地就近安排其子女入学，免收借读费，五年内继续享受“两免一补”政策；鼓励农民工子女考入大学，跳出农门，融入城市，完成“市民化”。二是加大就业技术培训，由政府统筹安排并提供一定的培训补助。对年龄较大、文化基础较差的留守农村劳动力，通过短期、单项的实用技能培训，使他们成为掌握一技之长的农业技术能手。对有文化基础的青壮年农村劳动力，加强再就业培训，使之成为适合规模经营的骨干农民；或鼓励其向第二、三产业转移，使之成为适应工业化、城市化发展的新居民。三是实施“新市民培训计划”。在自愿放弃土地承包经营权和宅基地农户家庭中，对于每年初高中毕业而未升学人员和其他农村新增劳动力，就读中职学校实行学费全额资助、生活费包干补助的培训扶持政策。四是对于进城务工、经商农民可以自愿进入政府指定的各类职业学校接受职业培训，享受一定的培训补助，并鼓励其参加职业技能培训和技能鉴定，获得职业资格证书，提高其就业竞争能力。

(二)提高“双放弃”积极性，促进规模化经营

一是积极打造平台，加大对新品种、新技术的引进和推广力度，引导农业

生产大户调整种植结构，改进经营模式，努力提高农作物科技含量，降低成本，增加收入。二是加大对流转大户的培训力度。利用现场培训、实地参观、以会代训等多种形式，对土地经营大户进行科技培训，使他们牢固树立规模农业、项目农业、科技农业的新观念，用科学发展观来指导农业生产，加快现代农业进程。三是加大机械化普及力度。进一步加大家电下乡、购买农机具的政策补贴力度，提高农业生产机械化水平，降低劳动强度，提高生产效率，积极扭转各类业主有心流转，无力经营的窘境。

五、加大财政支持力度拓宽土地流转融资渠道

(一)建议设立土地财产税

让地方政府真正从土地的交易和级差收益的上涨中获得长期而有保障的税收。地方政府对建设用地的垄断性卖地权，是土地财政形成的根源。必须改变地方政府作为建设用地的“地主”和土地经营者的角色；在此基础上，探索征收以市场价值为基础的财产税，作为地方政府财政的一个可选来源。建议将与土地财产相关的税费由多个部门征收，改为只由税务部门征收；并把现行的各种土地税费合并为三个税种：土地占用税、土地保有税和土地交易税。为保证地方政府可获得有保障的税源，建议土地财产税全部留给地方享用。

(二)节支——形成合力

鉴于财政资金来自不同部门、各自有不同的管理方式，支农资金使用管理较为分散，这影响了支农资金的使用效益和政策效应的发挥，建议整合市、区两级财政支农资金（主要是指国家财政用于支持农业和农村发展的建设性资金投入，包括固定资产投资含国债投资和水利建设基金、农业综合开发资金、财政扶贫资金、支援农村生产支出、农业科技投入、特色农产品基地建设等)，集中打包，用于发展现代农业、规模农业。各级财政、国土资源、劳动保障、工商、金融等部门要根据各自职责，研究制订具体的实施办法，细化政策，互相配合，形成合力，强化支农资金运行各个环节的监管力度，确保资金使用安全，推动农村建设用地流转与复垦工作的顺利进行。

(三)杠杆——财政扶持

建议市、区县设立土地流转专项扶持资金，用于奖励、补贴、扶持土地

流转和农业规模经营，促进家庭经营向规模化集约经营方向转变。如各区县财政每年在农业专项资金中安排200万元~500万元，并逐年增加，用于奖励土地流转。具体标准为：流转期限3年以上的，对土地流出方给予一次性奖励；土地承包农户新增土地流转面积连片50亩以上的，按每亩50~100元奖励；以村为单位，土地流转连片规模在200亩以上从事规模生产的，奖励村工作费用每亩5~10元。以镇为单位，土地流转连片规模在1 000亩以上发展特色产业的，对前四名的乡镇分别给予10万元、8万元、6万元、4万元的奖励。综合运用财税杠杆和货币政策工具，定向实行税收减免和费用补贴。

(四)借力——金融和保险支持

加大对农村金融政策支持力度，拓宽融资渠道，引导更多信贷资金和社会资金投向农村。建议拓展农业发展银行支农领域，加大政策性金融对农业开发和农村基础设施建设中长期信贷支持。地方性银行（如重庆商业银行、重庆农村信用社）对进行规模经营的流转大户给予一定的信贷授信额度，简化贷款手续，实行优惠贷款利率。对“双放弃”有劳动力和劳动愿望、自愿到城镇创业的适龄劳动者，符合条件的，可享受小额担保贷款政策。发展农村保险事业，健全政策性农业保险制度，加快建立农业再保险机制和巨灾风险分散机制。建议保险公司对规模发展优质果品种植业、优质种苗培育基地、研发中试基地等设立专门保险品种，有效地降低创业农民、工商资本的投资经营风险。同时积极扶持农村小型金融组织，鼓励有条件的农民专业合作社开展信用合作，规范和引导民间借贷健康发展。

六、做好乡村规划，与城乡建设规划相衔接

(一)规划指导，科学编制

在《重庆市城乡总体规划》和《土地地利用总体规划》指导下，各区县都要在全面调查摸底的基础上，组织力量，科学编制好各乡村土地利用与新农村建设发展规划。要充分发挥规划的控制和引导作用，坚持从实际出发，因地制宜，统筹合理安排城乡建设用地和其他土地资源，整合优化农村住宅的布局。全面实施可持续发展战略，促使我国土地利用规划的目标从“服务于经济发展”和“耕地保护”转变为“促进人口、资源、环境和社会经济协调发展”。城乡规划应从规划非建设用地入手（即相对于常规规划的“反规划”）。

"反规划"强调城乡发展必须以生态基础设施为基础。新的城乡土地利用规划方法，必须首先进行区域和城市赖以生存的自然系统规划，然后进行土地利用结构调整、土地利用空间布局和土地利用分区。

（二）新村建设，分类实施

进一步完善全市各区县关于推进农村住房建设与危旧房改造的意见，因地制宜采取撤村并居型、小城镇集聚型、农村新型社区建设型、村庄整治改造型、逐步撤并型及整村迁建型等模式，引导经济条件较好、建房积极性较高的地区先行启动农村住房建设。对中心村、经济强村和大企业驻地及周边村庄，按照农村新型社区的标准，统一组织建设集中居住区，并可通过宅基地换住房、换社保的方式，将拟撤并村庄的农户吸引进来。鼓励经济强村兼并周边弱村，鼓励大企业整建制兼并改造村庄，通过集中建房改善农民居住条件，拓展发展空间，最大限度地减少农村土地闲置、浪费及利用低效等问题，进一步提高挖潜改造、调整盘活存量建设用地的力度，提高土地的利用效率。

（三）严格标准，保证质量

对被批准在集体建设用地上建设的多层农村住宅，应严格控制户型和面积，坚决制止建设大户型和豪华型公寓。同时，还应严格控制供应条件和范围，仅限于符合申请条件的本集体经济组织成员和拆迁农民，严禁对外出售，谋取不合法利益。对新农村建设节约的土地，通过整理复垦，置换土地用于城镇建设。

（四）规划衔接，用途管制

按照"一圈两翼"的主体功能划分，制定区域农业发展产业规划，引导耕地经营权流转，为规模经营提供产业发展目标。要求土地流转生产经营项目均要与该区域农业发展规划、区域布局和农业主导产业发展相一致、与土地利用规划相协调。逐步强化土地流转的"用途管制"，即：一块土地如果规划为耕地，就不能随意转为建设用地；一块土地如规划为建设用地，就不能擅自改为他用。政府只是土地规划的执行者，负责执行代议机构通过的土地利用规划。这同时也要求土地利用规划必须合理，具有科学性和可操作性。

七、建立与完善农村建设用地流转服务体系

（一）建立与完善服务机构，规范行为，强化管理

建议各县（区）设立农村土地流转服务中心（暂定此名），负责全县（区）土地流转服务的日常工作，为土地流转双方提供政策咨询、权证变更登记、项目推介等服务。同时，成立乡镇和村级的土地流转服务站，村（社区）设立服务站信息联络员（由村社会计兼任）。逐步形成县（区）、乡镇（街道）、村（社区）三级土地承包经营权流转信息服务网络，为土地承包经营权流转提供综合服务。如乡镇（街道）街道土地流转服务站要在“便民服务大厅”设立专门的服务窗口，配备了必要的办公设备，配置信息显示屏，安排专人负责，为农民提供土地流转信息咨询、收益评估、合同签订等免费服务，其主要职责有五：一是政策咨询。宣传贯彻落实党和国家的土地流转政策，提供农村土地流转法律法规及政策咨询。二是信息服务。收集土地流转信息，提供信息服务。三是合同鉴证。指导流转双方签订流转合同，办理有关农村土地流转合同变更、备案手续，并提供合同鉴证服务。四是档案管理。对土地流转协商记录、委托协议书、土地流转情况、流转合同等资料进行整理归类和登记造册，并妥善保管。五是纠纷调解。调解农村土地流转合同纠纷，维护土地流转双方当事人的合法权益。

（二）鼓励发展相关中介服务组织

一是按照市场规律的客观要求，积极发展各类为农业服务的新兴行业，如土地纠纷仲裁、法律咨询服务、土地资产评定评估、委托代理机构、土地融资公司等，为经营主体和项目业主提供产前、产中、产后服务的专业性机构，逐步完善社会化服务体系，保障农民土地流转的正常运行，确保农民土地流转的收益。二是针对区域主导产业、特色产业发展定位，尊重农民自愿、坚持公平公正，积极发展各类农民专业合作社（如花卉苗木专业合作社、蔬菜专业合作社、果品专业合作社）、综合服务社、协会等农民服务组织，为区域特色产业、特色经济的发展，提供优质种苗，提供产品的市场信息和供销渠道，促进农村土地的有效流转，实现土地的集约规模利用。

（三）搞好农村建设用地情况摸底调查的基础性工作

建议由各区县组织农村建设用地资源摸底调查，具体调查对象是集镇区（城区）范围外的机关、企事业单位办公及基础设施用地，独立工矿企业用

地、农村居民点用地、农户的宅基地。土地分类按照国有土地和集体土地、利用中建设用地和闲置建设用地等四个类别，单宗土地面积超过 1 000 平方米的在土地利用现状图上标示。通过摸底调查掌握区域内建设用地利用的基本情况、规划状况，包括该地块现状用途、位置、涉及范围、面积、权属性质、是否符合土地利用总体规划、地上附属物以及生产利用情况、闲置原因、闲置年数等，对居民点要查清村庄的数量、面积、分布对居民宅基地的人口数、房屋结构、面积、成新度、经济状况、流转态度，以及村级集体工作能力等。在此基础上结合各村、镇、区县的经济社会发展状况和新农村建设的推进，为农村建设用地的分类处置奠定基础。

第六章 构建可持续发展的农村金融制度

金融是现代经济的核心，有效的金融发展是促进经济发展的重要条件。农村金融的基本功能就在于融通不同部门的资金余缺，使资金由盈余部门向赤字部门转移，把资金配置到最有效益的部门，提高了农村经济效率且更好地使用了社会资源，使农村经济得以快速增长，农民生活水平得以迅速提高。

农村金融是一个特定的历史概念，是一个国家处于二元经济结构时期所特有的金融现象，是一种处于动态变化过程中的社会经济活动。我们认为农村金融是与农业和农民相关的金融活动的总称。农村金融发展的内涵就是“农村金融系统在适应不断变化的环境的同时又促进自身结构的不断优化，并与人们对金融环境的不断完善相结合，使农村金融功能得以充分发挥”。农民和农业的金融需求具有分布分散、数额较小等特点，因而农村金融活动主要以间接融资为主，直接融资的数量较少，这里所指的农村金融主要是指农村间接融资活动。农村金融主要面对的是小农和乡村的中小企业，因此，贷款额度小，无抵押担保或抵押很少，要求简便、灵活、及时的服务，由于农业的产业特性所产生的收入的不稳定性、投资的长期性、低收益性和生产的分散性等原因，农村金融的交易成本和资金使用成本较高，正规金融机构一般不愿涉足农村金融市场，农民的需求因得不到贷款和较高利息而受到严重抑制。农村金融的主要任务是解决农村经济恶性循环和促进农村经济发展问题。在重庆，仍有大部分农村地区处于欠发达状态，因而也存在着实物资本短缺和贫困的恶性循环，而经济发展停滞不前的主要原因就是在于经济发展与贫困的恶性循环。特别是在一些农村地区，由于农村资源生产率较低，导致农民收入水平较低，进而导致农民和农村地区的储蓄能力降低。

重庆是一个典型的大城市带大农村的城市，一方面重庆城乡差距较大，二元结构突出；另一方面农民能够从正规金融机构获得的融资支持很少。资金的缺乏，抑制了农村经济的发展。近年来随着城乡差距的日益加大，统筹城乡发展已成为目前需要解决的一大重要难题。

第一节 国内外相关研究

一、国外农村金融发展的理论基础研究

(一)金融中介理论

Freixas 和 Rochet 认为，金融中介是从事金融合同和证券买卖活动的专业经济部门。在储蓄-投资转化过程中，在最终借款人和最终贷款人之间插入一个第三方——金融中介。金融中介理论具备以下优点：首先，克服了存款人和借款人之间存在的信息不对称问题；其次，金融中介组织具备了规模经济的优势；最后，金融中介的存在可以提高储蓄和投资水平。同时，该理论也存在许多不足：第一，理论前提仍然是一般均衡框架；第二，它所描述的基本是发达资本主义国家的情况；第三，其发展的理论前提还有很多的争论。因此，仅仅依赖于金融中介理论来解释和说明中国农村金融发展问题显然是不够的。

(二)金融抑制和金融深化论

罗纳德·麦金农（Mckinnon）认为，发展中国家金融结构的扭曲总是伴随着金融市场的抑制，要获得金融发展，必须消除金融抑制。爱德华·肖(Edward S. Shaw）从金融深化的角度得出了相似的结论，他认为，发展中国家金融体制脆弱和金融市场不发达是由政府的不恰当干预造成的，要使金融结构深化，经济得到发展，就应消除政府的干预，使利率自由化，资金市场化。这样，有组织的金融市场就会得到发展，体制外的资金就会回到体制内，金融就会深化。

(三)金融约束论

赫尔曼（Hellman）和斯蒂格利茨（Stiglitz）的“金融约束”理论指出市场的不完善性以及政府干预农村金融发展的必要性。他们更强调政府干预的重要性，认为选择性的政府干预有助于金融的稳定发展。他们主张各国政府要优先发展金融，不能让金融发展滞后于经济增长。但金融约束论也有其缺陷：首先，金融约束的前提条件难以符合；其次，对发展中国家的约束政策建议模糊；最后，金融约束论未考虑发展中国家的“二元结构”问题。

比较以上三种金融相关理论，金融中介理论仅关注的是资产转换和风险分散等方面的作用领域，而在金融抑制和金融深化理论中，进一步拓宽了金融中介所阐述的理论，并进一步探讨了资金价格利率在资源配置中的作用，并且关注了发展中国家的作用，而与金融抑制和金融深化理论相比，金融约束理论为政府的作用确定了一个“市场增进型”模式，提出了不同的政策主张。

二、国内农村金融发展与经济增长的相关关系研究

1. 正相关关系

国内学者通过分地区法对中国金融发展与经济增长关系进行检验。结果显示，各地区金融发展与经济增长强相关；在此基础上，又有相关学者研究了我国农村金融的发展与经济增长的关系，得出我国农村金融发展与经济增长之间有很强的正相关关系。用灰色关联分析法分析了重庆农村金融发展与农村经济增长的相关关系，得出农村金融发展对农村经济特别是农业经济增长和农民收入的影响非常突出。

2. 负相关关系

在对中国金融发展与农民收入增长的关系进行实证研究，得出结论为农村金融发展效率与农民收入增长存在显著的负效应。但是这一结论不能否定中国金融发展与经济增长之间的正向相关关系，两者的作用机理是成立的。但只有当农村金融正常发展情况下，两者才成正相关关系，如果呈负效应，只能说明其农村金融发展效率低下，其农村金融制度和功能均不适应农村经济发展的需要，甚至阻碍了农村经济的发展。

3. 指标的选取

货币化比重指标（M2/GDP）不能准确地衡量中国的金融深化程度，而应该采用金融相关率指标全部金融资产/GDP 进行衡量；有学者对上述指标所作的修正是用“农户存款”“农业存款”和“农户手持现金”三者之和作为“农村金融资产”数据；同时以“农业 GDP”指标代替“农村国民收入”指标；用滞后一期的实际利率、M2/GDP、农业资本产值率等指标计算农村金融发展与农村经济增长的关系；在此基础上，又有相关学者对上述指标进行了技术处理，进而选取了农村人均纯收入增长率、名义利率、农村贷款与储蓄之比 LDR、农业资本产值率等指标。

著名经济学家林毅夫（2001）提出了“龙头企业 + 担保公司 + 银行 + 农户”的四位一体的金融创新模式，这有可能成为解决三农问题的突破口。何广文（2007）认为中国农村金融机构应走多元化的道路：金融机构种类多元化、产权主体形式安排多元化以及市场主体多元化。张迎春（2006）提出了统筹城乡发展中金融支持体系构建的总体构想，包括构建金融机构为主体的农村间接融资体系，改革和完善原有的农村金融机构，新建农村中小金融机构，拓展农村直接融资渠道，大力发展农村票据市场，着重推进农业经营企业通过资本市场融资。杜晓山（2006）认为农村信用社的改革应注重商业金融与合作金融并重和多元化；有效协调对农信社的监管；激励和促进更多的金融机构进入农村金融市场；明确支农方向，加快农业银行和农业开发银行改革；鼓励发展农业保险业务。李树生（2007）提出要提高农村储蓄资金的利用效率，以培育相对独立的、具有完整金融创造功能的区域金融市场。

第二节　国外农村金融可持续发展的基本经验

从中国农村金融客观实际出发设计适应本国农村金融可持续发展的路径是必然的，然而中国以往农村金融改革所走过的道路证明，单纯的独立摸索并不能起到很好的效果，反而走了许多弯路，而通过审视自身的不足，再对比其他国家在探索农村金融可持续发展过程中的有益经验，可以降低中国农村金融可持续发展中的摸索成本，从而更快地找到中国农村金融体系转型和可持续发展的模式。因此，本书对国外农村金融可持续发展的基本经验进行了梳理和总结，既针对发达国家的科学模式进行比较，又对发展中国家的创新式成长模式进行论述，从中汲取适应中国农村金融可持续发展的宝贵经验。鉴于非正规金融体系本身的松散、灵活特点，其在不同国家、不同市场环境下将会衍生出不同的组织形式和运作模式，本书对国外农村非正规金融体系介绍较少，且穿插于对国外整体金融体系介绍的内容中。事实上，中国在解决农村非正规金融体系可持续发展过程中，应更多地坚持因地制宜的原则，突破地域一致性准则的束缚，可以通过试点、实施、再试点的顺序对不同区域、不同乡镇实施差异化的非正规金融体系建设。因此，本章内容虽然是针对国外农村金融可持续发展经验进行梳理，但总体上还是偏向对国外正规金融体系的建设经验进行总结。

一、国外农村金融体系介绍

对于金融体系的可持续发展经验而言，发达国家所构建的科学金融体系提供了中国调整农村金融体系，配置农村金融市场内部组织结构的“蓝本”，而发展中国家在探索适应自身经济金融环境的创新模式则为中国寻求中国特色的农村金融可持续发展道路提供了经验。

(一)发达国家农村金融服务体系

1. 美国

美国作为发达国家的主要代表，其农村服务体系的主要特点就是完善的多层农村金融服务网络。正是由于遍布国家乡镇村庄的农村金融服务体系支撑了美国农业经济的发展。从整体的金融体系框架来看，美国当前的农村金融服务体系是由美国联邦储备银行为核心的商业性金融体系、政府主导的包含四类机构的政策性金融体系以及覆盖全国乡村的农业信贷合作体系构成，充分实现了对美国农村的多层次和全方位金融覆盖。以下将对美国农村金融服务体系进行简要的介绍，以便于更好地从认知美国在构建农村金融服务体系的过程中获得有益经验。

相对而言，美国是国际上商业金融体系最为完善和发达的国家，这也决定了美国农村金融服务农村经济建设和农村居民收入增加的过程中必然起到举足轻重的作用。传统商业银行、各类保险公司以及其它类型的私人金融机构共同构成了美国农村商业性金融服务体系。在美国，大多数的商业银行都经营涉农信贷业务，虽然有一些商业银行在农村区域的营业网点较少，但是它们仍会通过直接或间接的形式参与到农村金融服务活动中来。形成这一现象的一个主要原因是，美国政府对涉农金融业务提供了较好的保险保障措施和政策，同时对所有涉农的金融业务给予一定的优惠。这使得商业银行经营涉农金融业务的风险相对弱化，并更有动力服务农村金融。在具体业务的开展中，美国商业银行仍主要是通过长中短期信贷业务的形式服务农村，但是在具体业务分工上则会因商业银行所处区位而有所差异。城市中心区域的大型商业银行主要面向农业产业、企业进行涉农金融服务活动，而乡镇、村屯的商业银行网点则会更多地直接与农户发生信贷活动。在金融服务的过程中，美国商业金融体系的各类机构很注重对农户信用状况的培养和扶持，他们除了设置专门的部分对农户信用状况进行资信审查外，还无偿提供生产经营的咨询服务，为其客户持续经营提供可行建议，从而改善农户的信用状况，提升其金融资产质量。

美国政策性金融服务体系主要是为了弥补商业金融体系和合作金融体系运营过程中的市场空白，并通过政府干预的手段降低市场配置的低效率，同时兼顾农业政策和农业规划的顺利实施。在整体的结构网络中，美国政策性银行基本形成了以农民家计局、农村电气化管理局、商业信贷公司和小企业管理局四类金融机构组成的政策性金融服务网络。这四类政策性金融机构虽然并存，但是他们服务的方向却互不冲突，并彼此兼顾。农民家计局主要针对高风险、高损失的农户和农村基础设施项目提供无偿的公益性拨款，以便于受损失农户重新参与到农业生产和创业活动中，并为农村金融市场提供基础设施保障。其实际目的在于降低农户生产生活的波动性，同时改进农业生产环境。农村电气化管理局虽然也同样关注农村基础设施建设，但主要围绕着电网铺设、水利建设、环境改善等方面展开金融服务网络，其服务的对象也主要是农村电气化单位以及农场主。虽然其所提供的金融服务不是无息信贷，但是较一般的信贷产品其利息率相对要低很多。商品信贷公司则主要针对农户生产的农产品进行必要的价格支持，并对因系统性风险而发生损失的农户或农场进行必要的补贴。在业务形式方面，商品信贷公司开展了围绕农产品的抵押贷款、仓储设备抵押贷款以及自然灾害减免补贴及再生产贷款等。该机构对于缓解农村农业生产波动性，降低农户所面临的农产品价格损失和灾害损失具有非常重要的作用。最后，小企业管理局是针对性地服务涉农的中小企业，为它们的生产运营提供必要的资金支持。除了发放传统的企业贷款外，小企业管理局也会在适当的市场形势下无偿对中小涉农企业进行补贴和照顾，在担保和抵押方面给予一定的便利渠道，从而降低涉农中小企业因资金问题而难以运营的可能性。

农业信贷体系是美国合作性金融体系的主要架构，其对美国农贷区域的划分使得农村合作金融服务能够合理分工，保证了合作金融服务的稳健性。一般认为，美国农业信贷体系主要三个代表性的合作性金融机构为：联邦土地银行、联邦中期信贷银行和合作社银行。但是，整体的农业信贷体系还应当包含对应的监督管理结构。另外，单纯从简单的构成并不能完全概括美国农业合作金融体系的全貌，主要是因为美国农业信贷体系中的各类组织还按照层级制的形式实现对农村市场的金融覆盖。具体而言，美国合作性金融体系依托农业信贷体系架构了三个层次的服务网络：第一个层次是以中央信用联社为核心，其采用股份制的形式，集合地方性的信用联社，集中处理资金清算、融通业务，统领全国的农村信用社。第二个层次是由美国农业信贷体系内的三类合作性金融机构覆盖 12 个农业信贷区域，各司其职，各行其道。联邦土地银行主要针对辖区内的农场主和其他农业生产者进行放贷，联邦中期信贷银行则依赖中期动产抵押贷款向农场主提供信贷服务，合作社银行则通过向地方基层合作银行提供信贷支持，转而由基层合作银行向农村个人提供信贷服务。三类合作性金融机构的资金来源并不限于政府拨款，其开展的吸储、借款、债券业务都为它们的运营提供了较好的资金供给。第三个层次则是由三类合作性金融机构的基层组织构成，一方面直接向农村农户进行授信服务，另一方面作为合作性金融机构的征信网点普及金融知识，提供金融咨询和信用评估服务。

2．德国和日本

将德国和日本两国农村金融服务体系一并介绍的主要原因在于两国的金融体系特点较为相似，都是以合作性金融和政策性金融为主导。鉴于两国在商业金融系统运营和管理过程中同欧美等国家存在明显的差异，德国和日本的商业性金融系统对农业支持的力度并不充分，商业性金融体系涉农的比例相对较小，因此对两个农村金融服务体系的介绍将主要围绕着合作性金融体系和政策性金融体系展开。

在建设农村金融体系的过程中，德国较早地开展了以土地抵押合作信用制为基础的农村金融服务网络。时至今日，德国农村金融系统仍是以合作性金融系统为主导、政策性金融为辅助的一种金融体系。德国合作性金融体系按照中央合作银行、区域性合作银行和基层信用合作组织三个层次开展金融服务。这种三个层次的合作性金融体系从根本上依赖于基层信用合作组织，因为虽然三个层次的机构不存在直接的从属关系，但是三个层次的金融机构均需要按照自下而上的方式提供资金融通，即基层信用合作组织须上缴一定份额资金给区域性合作银行，区域性合作银行则按照此方式交予中央合作银行。当然，处于上层的合作性银行需要为下一层次的合作组织提供相应的金融服务，以支持其进行相应的金融支农活动。在这三个层次的合作性金融体系中，基层信用合作组织通过集合地方组织、企业和个人，形成信用合作，从而直接开展针对地方农户和组织的信贷业务。德国的政策性金融体系以德意志农业中央银行为核心，依托土地改良银行、农村地产抵押银行、土地抵押信用协会等基层政策性金融机构，按照上下层的方式提供政策性的金融支持。在具体运作模式上，德意志农业中央银行负责对下层的土地改良银行、农村地产抵押银行、土地抵押信用协会等涉农金融机构发放贷款，提供金融支持，并在政策方面给予引导。土地改良银行、农村地产抵押银行、土地抵押信用协会则分别针对产业团体或个人、涉农产业和协会会员提供与农业生产活动相关的信贷支持。

与德国相似，日本的合作性金融体系也是按照一种自下而上的方式构建，形成了以农林中央公库为第一层、农业信用联合会为第二层、基层农协为第三层的三级组织结构。农户可以通过加入基层农协参与到金融活动中来，对应地基层农协会对其会员以及其他农户和涉农组织提供金融支持服务。与德国不同，日本基层农协在业务范围上更为广泛，除了传统的信贷业务外，基层农协有时也参加直接的农业生产活动，如生产加工、贩卖等，以及其他类型的金融服务，如保险、信托等。由于基层农协不以盈利为目的，其存贷款之间的利差相对较小，对涉农单位和农户的信贷服务还会有一定的优惠。处于中层的农业信用联合会主要在于协调农林中央公库和基层农协，并为基层农协提供金融支持服务，如金融咨询、资本融通等。农林中央公库主要是向农业信用联合会提供金融支持，偶尔也会直接参与到对相关组织和企业的信贷业务中，其处于日本合作性金融体系的最高层，统领合作性金融机构。日本的政策性金融体系主要是指其农林渔业金融公库。简单地从机构的名称就可以看出，其服务的对象主要是农、林、渔业生产者，向这些资金需求者提供中长期的金融支持。在业务的形式上，农林渔业金融公库一方面可以自行开展政策性金融服务，向特定农业行业、产业以及组织个人提供长期贷款，另一方面农林渔业公库也可以委托合作性金融体系来开展相应的政策性金融服务，如农林渔业公库可以委托农林中央公库，并经由基层合作组织开展相应的金融支农服务。

3．英国和法国

英国和法国农村金融体系则具有各自的特点：英国农村金融体系是以商业性金融体系为根本的架构，而法国则依赖于其完善的合作性金融体系。

英国的商业银行服务网络相对发达，遍布城乡的商业银行网点支撑了其以商业性金融体系为主导的农村金融服务网络。在英国，农村信贷资金通过商业银行、农业信贷抵押公司、土地改良公司等商业性金融机构得以实现，这些机构能够提供长期和中短期的信贷服务。商业银行主要提供中短期贷款，其庞大的服务网络和人际网络使得商业银行在开展信贷业务时可以降低对抵押和担保的要求，从而使得农村居民获得贷款更为便利。当然，有时商业银行也会对部分农场实施设施、设备抵押。农业信贷抵押公司和土地改良公司则主要提供长期贷款，并易于选择不动产抵押的方式向贷款需求者提供最长 60 年或 40 年的抵押贷款。虽然英国并没有严格意义上的政策性金融体系，但是英国政府还会对这些涉农金融机构给予一定资金支持和税收优惠，以激励这些商业性金融机构进行金融服务。

法国农业信贷银行、大众银行、户主信贷联合银行以及对应的农业互助保险组织共同构成了法国农村合作性金融服务体系。法国农业信贷银行起源于早期的农村信用合作组织，但经历多次变革，现已融合了政策性和合作性金融的多重属性。虽然如此，其主要的业务形式依然依赖合作体制。其农业方向的金融业务主要是基础设施贷款、农产品加工制造贷款以及农业再生产贷款。大众银行主要向中小企业、自由职业者和本组织的会员提供中短期贷款，由于其受法国政府控制，其业务范围以涉农金融业务为主。法国土地信贷银行通过吸储、发放债权以及募股的形式集合资金，并将资金应用于农户购买土地、支持农户设备购买以及农村基础设施建设中，贷款主要以长期优惠利率的贷款为主。农业互助保险组织由中央和基层两个层次的架构组成，他们一方面经营自营业务，直接向组织企业和个人提供保险业务，另一方面则向其它合作性金融机构提供保险和担保服务。

(二)发展中国家农村金融服务体系

1. 印度

作为发展中国家的代表，印度在农村金融体系建设方面更注重学习发达国家的层级体制。目前印度已经形成了由政策性金融机构、合作性金融机构和商业性金融机构为一体的农村金融服务体系。

印度的政策性金融机构主要包括地区农村银行、农业中间信贷和开发公司、印度国家农业和农村开发银行。地区农村银行是三类政策性金融机构中最基层的一类金融组织，为印度农村区域低收入农户的生产经营活动提供了低息或者免息贷款支持。除了生产信贷外，地区农村银行也提供一些消费类的信贷服务。农业中间信贷和开发公司主要负责运营管理外部援助和支持资金，并将资金融通知其他涉农金融机构，如印度的涉农金融机构、邦合作银行等，同时也会向一些大型农业基础设施建设提供中长期的贷款，如农田灌溉等。印度国家农业和农村开发银行是印度政策性金融体系的核心部门，其由印度政府和印度储备银行共同组建，行使政策性金融体系领导作用，其为协调各层级涉农金融机构活动，为他们融通资金提供服务，并监督和检查涉农信贷机构的金融行为。相对而言，印度国家农业和开发银行很少直接开展涉农信贷业务，其主要通过管理和支持其他类性金融机构的涉农金融活动来实现金融支持和金融管理的功能。

由于印度不存在中央一级的合作性金融机构，其合作性金融体系主要按照提供业务类型不同分为两类金融机构，一类是向农村区域提供中短期信贷服务的合作组织，另一类是向农村区域提供长期信贷服务的合作组织。中短期信贷服务主要由初级信用社、农村合作银行（邦合作银行）实现，而长期信贷服务则由土地开发银行和中心合作银行提供。在长期信贷服务中，土地开发银行的长期信贷服务主要应用于土地购买、机械设备更新等方向，而中心合作银行则是对其基层邦合作银行提供长期资金融通服务。由于不存统一的管理模式，印度小型灵活的初级信用社和农村合作银行遍布农村金融市场，对合作人数管制和资本金要求的放松，使得这种合作体制在印度农村获得了较高的认同，大部分印度农户都直接或间接地参与到了合作金融体制中。印度政府在筹划农村商业性金融体系的过程中使用了更多的行政力量，包括商业银行国有化、强制的信贷规模、农村商业性网点铺设等都使得印度商业性金融体系表现出更多的政策性特征。不过总体而言，印度商业性金融体系在遵循市场配置原则的前提下为印度农村提供了必要的金融支持。

2. 印度尼西亚和巴西

在印度尼西亚和巴西两国，虽然也存在着农村政策性金融服务网络，并向部分组织和个人提供中长期的信贷服务，但由于组织形式相对松散，且服务功效较商业性金融体系较弱，本文对两国金融体系的介绍仅针对其商业性金融体系为主。

印度尼西亚农村金融服务体系主要以商业性金融体系为核心。在商业性金融体系中又可以分为商业银行系统和非商业银行系统。商业银行系统包括传统商业银行和村镇银行。其中，商业银行主要运营农业贷款，虽然，也涉足农户贷款，但规模相对较小，村镇银行则以小额信贷的形式向农村区域推广农业生产贷款、消费类贷款、基础设施建设贷款等。非商业银行系统则主要是指农业信贷机构和农村信贷协会所组成的非正式金融服务网络。农业信贷机构以及农村信贷协会都是印度尼西亚为适应金融就近服务原则针对地方金融市场特点而设立的集合性小额信贷组织，他们更易于接近农户，能够适时适度地满足农户多样化的信贷需求，但是两者仍具有地区性质，尚未完全覆盖印度尼西亚整个农村金融市场。

以巴西银行和其他商业银行构成的商业性金融体系成为服务巴西农村金融市场的主要力量，国家开发银行和一些小型信用机构虽然也向农村区域提供信贷服务，但相对处于弱势地位。具体而言，巴西商业金融体系中又可分为国家支持和私营两种。巴西银行作为巴西最大的商业银行，采用国家和私人共同出资建设的股份制银行，着重执行相关的农业信贷扶持政策。对于私营商业性金融机构，巴西政府对它们信贷的方向给予了一定的规制，如严格限定贷款中涉农信贷的比例。巴西商业性金融体系对农村区域提供长期和短期两类信贷业务，长期主要应用于基础设施建设项目，短期则主要针对农业生产。除此之外，商业性金融体系还经营部分消费类贷款，但这类业务规模较小。在业务运营过程中，巴西政府对涉农信贷业务给予了一定的信贷补贴，并对信贷利息税收给予了减免，使得巴西商业性金融机构更易于参与到涉农金融服务中。

3. 孟加拉国

孟加拉国是一个以合作性金融体系为支撑的农村金融服务体系。著名的格莱珉银行模式或者说微型金融组织形式就起源于孟加拉国。孟加拉国合作性金融体系的特点就是以小型信贷为主要形式，开展多样的合作金融。当前孟加拉国已经形成有农村就业支持基金会、乡村银行、农村发展委员会、政府小额信贷项目、商业银行小额信贷项目构成的完整的合作金融架构。农村就业支持基金会由基层的乡村银行和小额信贷合作组织联合构成，对孟加拉国小额信贷实行批发式运营，主要面向基层乡村银行和小额信贷合作组织提供资金支持，不经营直接与农户发生的信贷业务。乡村银行和农村发展委员会则是合作体系中的基层组织。

乡村银行会直接开展小额信贷业务，向孟加拉国的贫困群体提供短期灵活的小额信贷产品，按照科学的管理模式和风险控制模式，实现存贷款、保险和咨询一体化的信贷服务。农村发展委员会则按照就近扶持原则，在乡镇、村屯开展合作制金融活动，设立微型金融组织，由几户或者几十户农户构成合作组，在合作组中募集资金开展会员信贷业务，同时也向会员以外的农户提供信贷服务。

在管理模式方面，农村发展委员会所成立的微型金融组织在合作组内遴选管理员，由管理员对会员资信状况进行审查，并定期对会员进行金融信用评估，管理员受到微型组织内部会员监督，并实行定期轮换制度。微型金融组织开展的信贷业务多为免担保的信贷业务，因此其在运营过程中十分注重对邻里关系的考察，并注重同政府保持密切合作。政府小额信贷项目和商业小额信贷项目虽然具有政策性和商业性的性质，但总体而言仍是合作性质的金融服务。这两个项目主要是通过合作的形式培育孟加拉国农村金融市场环境，并推动小额信贷项目的展开。

二、国外农村金融可持续发展的有益经验

（一）国外农村金融体系建设的基本经验

通过对发达国家和发展中国家农村金融体系的简要介绍，笔者整理了一些适用于中国未来农村金融体系可持续发展的有益经验。

1. 金融体系架构

纵观发达国家和发展中国家农村金融体系架构，既有严格层级制，又有分散的组织体系；既有政策性金融、商业性金融与合作性金融为一体的金融体系，又有单纯政策性金融、商业性金融或者合作性金融的独立体系，而所有这些体系架构都对其国家农村区域提供了必要和充足的金融支持。由此说明，在金融体系架构的设计方面不必拘泥于形式，过度强求严格层级或者过度强调松散体制都不科学，一个合理和科学的金融体系架构应该以本国客观实际为基础，以满足和服务农村金融市场为目标，这样的金融体系架构才能适应本国农村金融市场发展的需求，才能经得起时间的考验，最终促进农村金融体系的可持续发展。

对于中国未来在农村金融市场改革进程中所面对的金融体系架构而言，国外发展的经验告诉我们，中国商业性金融要弥补涉农信贷业务的空白，加快涉农业务的改革步伐，适应当前中国农村经济发展模式和农村金融市场的发展趋势，强大和完善自身实力，并引领新型农村金融机构共同肩负起支农和助农的历史使命。当然，在这一过程中，中国选择政策性金融机构、商业性金融机构、合作性金融机构以及商业性、政策性非银行金融组织支持农村金融的可持续发展路径可能会面临一些短期问题，如机构间的协调问题，机构业务分工问题、金融服务区域覆盖问题，相关的农业担保、保险机制、风险补偿机制等问题，而这些都是次要问题。中国农村金融体系改革核心在于确定合理的未来发展框架，而坚持以政策性金融机构、商业性金融机构、合作性金融机构和商业性、政策性非银行金融组织的多层次农村金融体系支持农村金融的可持续发展路径势必能够改善当前中国农村金融市场的乱象，扭转农村金融市场供需不平衡的局面。

2. 政府支持

发达国家相对于发展中国家，在经济水平和制度建设方面都具有很大的优势，但是从国外发达国家和发展中国家农村金融体系建设过程中，并未出现明显的差别，其中一个很重要的原因在于，国外都很重视政府支持问题，即使对

于那些不存在政策性金融体系的国家，其相应的配套扶持政策也有力地支撑了其国家农村金融业务的开展和农村金融体系的顺利实施。国家层面的财政税收机制和地方政府的引导和培育规划对于涉农金融机构的成长十分重要，在某种程度上甚至决定了一个国家农村金融体系的健康程度和稳健性。

中国从改革开放以来对农业、农村和农民问题的关注不断升温，政府扶持力度也逐步加强，但是政府支持的现状可以用“有效但不充分”来概括。虽然政府支持确实对中国农村金融体系的良性发展提供了必要的支持和帮助，但是显然并没有充分地满足金融市场的需求，政府支持仍处于一种不充足的状况。还有一个问题就是，政府支持不应是盲目地比规模比效益，其最终要通过衡量支持金融体系建设的效率来比较。选择何种渠道、何种形式、对何种机构、面向何种方向等等问题都关系着政府支持的效率，显然中国在这一方面存在明显的不足。科学合理的政策支持路径将影响中国农村金融可持续发展的实现。

3．合作性金融与金融合作

合作性金融与金融合作是两个概念，之所以将两者合并论述，是因为中国目前对合作性金融和金融合作存在误区和认知不足。国外金融体系建设的经验表明，农村领域的金融合作是必要和必需的，政策性金融、商业性金融以及合作性金融应当在适当时机和适当的条件下针对可合作的涉农业务开展合作，如小额信贷业务的信用平台等。虽然中国信用合作社坚持了合作性金融的基础思想，但是由于缺乏市场观念和科学的监督管理手段，中国农村信用合作社并未达到国外合作性金融的市场效果。当然，中国合作性金融是适应中国农村金融市场的一个有效组织形式，但是在部分业务方面和制度与管理方面，中国农信社尚不足以承担起支撑农村金融可持续发展的关键任务，而金融合作就很可能成为改善这一局面的重要手段。具体的金融合作方式则可以依照国外政策性金融、合作性金融以及商业性金融所采取的严格层级制，或者独立金融体系的上下级制，分散合作制的方式进行，不过总体上仍要坚持因地制宜，对症下药的方式，可以先试点再全面铺开。有效区分合作性金融和金融合作，吸取国外有益的经验，将改进中国农村合作性金融的运营模式和运行效率，提升金融支撑农村经济的功效。

（二）金融创新与金融保障

除了上面所论述的金融体系架构方面的基本经验，国外农村金融体系在金融创新与金融保障方面取得的经验同样值得中国借鉴和学习。具体而言，金融创新主要体现在小额信贷或者说微型金融组织，金融保障则体现在多样化的担保和保险体制。

1. 小额贷款

小额信贷方面的基本经验主要体现在发展中国家的金融体系中，这方面比较好的两种模式是孟加拉的乡村银行模式和印度尼西亚的农村银行模式。两者在许多方面存在一致性，如精简灵活的管理部门、组织严明的合作体系、小额短期的信贷产品、科学的市场服务理念和就近的金融服务原则等。

事实上，中国农村在开展小额信贷业务方面有着得天独厚的优势。中国农村信贷供求失衡主要体现在对农户短期和小额的信贷需求上。传统商业银行以及涉农金融机构考虑到农户信贷的高风险性，加之对盈利的考虑基本都不愿意开展小额涉农信贷业务，这为开展小额信贷提供了空间。中国针对涉农信贷的各种扶持项目和优惠政策为小额信贷业务的开展提供了支持。当然，中国要开展小额信贷业务仍需要从自身的市场环境特征入手。中国农村金融市场信用条件差，这决定了小额信贷这一创新的信贷模式需要以合作制为基础，农村涉农金融机构可以以个体的身份参与到小额信贷业务中。在具体实施过程中，参考孟加拉的农户组的方式，联合几户或者十几户农户形成合作体制的信用信贷部门，对组内成员实施无抵押信贷支持。组织内定期进行信用评估和监查，同时由涉农金融机构对合作组成员进行金融培训和金融指导。通过合作组的形式既可以降低小额信贷的违约损失和风险，又能够顺利开展小额信贷业务，同时合作组在一定程度上以集合性质将农村的邻里金融裁并到正规金融体系内，更易于监督和管理。

2. 担保与保险体制

在中国，大部分金融机构不愿意开展涉农金融业务的首要原因就是涉农金融高风险和低收益的特性。显然，国外的农业生产活动同样面临较高的系统性风险，农户因生产活动损失而违约的概率也相对较高，但是国外的农村金融体系仍能够最大限度地开展农村金融服务，并保证了对农村金融市场的全面覆盖。

除了所谓的政府扶持和优惠照顾外，国外农村金融完善和多样化的担保和保险体制对农村金融发展也起到了关键性的作用。美国、日本、英国等发达国家涉农中小企业都设立了相应的信用担保体系，或是有政府部门对中小企业进行信用担保，或是由第三方非政府机构为中小企业进行间接信用担保，总体上，国外中小企业在从事涉农活动时不会因担保问题而出现融资困境。对应的保险机制则包含两个层面，一类是政府层面的强制性保险，另一类是自愿式的商业保险。增幅层面的强制性保险主要是针对涉农金融机构的信贷业务，由政府出面成立相应的金融保险部门，对涉农金融机构的涉农金融业务进行保险，该项保险具有强制性，所有涉农金融机构必须参与到该保险活动中来。自愿的商业保险则分别面向涉农金融机构和农村区域的居民。面向涉农金融机构的自愿金融保险与政府强制性的金融保险类似，主要是为了应对金融机构因从事涉农业务而发生的风险，降低其损失的概率和规模，从而保障涉农金融机构运营的稳定性，鼓励金融机构参与涉农金融业务。针对农户的自愿商业保险则具有一定的盈利和商业性，但是由于国家政府会对该类保险提供必要的扶持和优惠，农户实际参与该项保险的成本相对较低。该类保险主要是为了降低农户从事农业生产的风险，减少系统性风险所带来的不必要损失。从这一点来看，中国尚不存在完善的担保和保险体系，虽然城市中心已经出现了多种形式的中小企业担保机构，但是直接针对农村区域的担保机构尚未正式出现，而且在中国第三方的非政府担保机构很难得到市场的认同，最终流于形式。对于保险体系而言，中国当前农村区域的保险主要是农业险，保险品种相对较少，且只有少数富裕的农村区域才能够真正覆盖金融保险业务。农村区域农户缺乏必要的金融保险知识在一定程度上也限制了保险机构的业务开展。总结来看，中国改变现有农村金融市场活跃度的有效方式就是升级和完善担保和保险体系，使得金融机构敢于参与涉农金融业务，农户生产活动有保障，农户敢于通过信贷方式进行扩大再生产。通过担保和保险体制的更新升级，中国农村金融市场活跃度得以提升，最终将有助于改善农村金融生态环境，保障农村金融的可持续发展。

第三节　中国农村金融现状

我国农村金融二元结构，即农村金融服务机构的形式，是以国家正规金融机构为主、民间非正规金融组织作为补充的二元模式。国家正规金融机构以中国农业发展银行、中国农业银行、农村信用合作社为主要构成，而以民间借贷形式发展起来的乡村金融组织在农村金融市场中也占据重要地位。

一、农村金融二元结构现状

（一）国家金融机构

在我国农村金融市场上，中国农业发展银行、中国农业银行、农村信用合作社形成了三足鼎立的局面，而它们的性质分别是政策性银行、商业性银行、合作性组织，可以说它们之间并不冲突，各自负责一个领域，共同推动我国农村金融体系的发展。不过这些机构很少与个体农民打交道，所以对于大多数偏远农村地区的农民来说，能够接触到的金融机构也只有农村信用合作社。但这样的机构设置对于经济飞速发展的农村地区而言，可谓比例失调、严重落后。

中国农业发展银行在农村地区主要办理农副产品的国家专项储备与收购等基本业务。中国农业发展银行的资金来源是中国人民银行发行的政策性金融债券。事实上，作为政策性银行，它并不与农户在信贷业务上发生关系。中国农业银行所办理的业务主要涉及：个体私营经济与个人消费信贷，集约化经营与产业化经营企业的贷款等。其在农村金融市场上发挥了较大的积极作用，但在我国农村地区的大多数乡镇，它还没有设立分支机构，这对于个体农民而言，十分不便。

农村信用合作社本质是由社员入股，实行民主管理，主要为社员提供信用服务的农村金融机构。它较多地经营农户、个体户、农村合作组织的存贷款业务。可以说农村信用合作社在农村金融市场上发挥着最为重要的作用，这不仅由于它是农村金融体系的基础，更因为它是个体农民金融活动的媒介，在一些偏远农村，它甚至是唯一的合法金融机构。

（二）民间金融组织

非正规的民间金融组织与正规的国家金融机构相比，没有模式化的规章制度这一独特优点，使得其具有了较强生命力。诸如亲戚、朋友间的借款，其主要依据是社会学上的亲情信用，基本不会涉及抵押和担保这两个正规金融市场才有的概念。对个体农民而言，亲朋间的借贷是一种成本低廉且简单易行的筹措资金方式。另外，对于农村民间金融作有效补充的还有自发的乡村金融组织，这些组织实行民用、民管的制度，并创造性地将农民个人储蓄和分期付款活动联系起来，切实有效地进行贷款业务，其优点是给予农户小额借款时消耗的交易成本低廉。

（三）农村金融二元结构将长期存在

我国农村金融二元结构仍将长期存在，究其原因，可以总结为以下几点。

（1）资金外流。在我国农村经济快速发展的今天，大量资金外流到城市地区以及非农产业的现象普遍存在，加之国有商业银行在农村的分支机构不断缩减，即使是剩余分支机构也很难再独立行使贷款审批权，而资金组织权、贷款调查权和回收权等基本权利不能确保资金的有效回流。另外如中国邮政储蓄银行利用自身网点多、结算快的优势，虽然大量吸收存款，但主要将吸收的存款上缴总局，并没有让资金真正回笼到农村地区，造成农村金融市场的资金缺口普遍较大。

（2）金融业务萎缩。我国农村地区金融业务主要是传统的贷款，可是贷款种类相对城市地区又普遍较少，这不仅与农村经济的较快发展呈负相关关系，在一定程度上还流失了潜在的优势客户。虽然这些金融业务的萎缩并不是金融机构的本意，而是由于农村金融服务手段的落后、农村实用人才欠缺、金融服务技术不完备等多种因素造成的，但农村金融机构在办理业务时耗费过长的时间、达到的业务效率普遍较低、与客户交流的困难较多等也从另一方面“赶跑了”客户，造成了本来就不丰富的金融业务更加贫乏。

（3）征信体系落后。农村征信体系的建设被公认为极其落后，除此之外还有农村社会信用的市场化程度不高，以及中介服务内容的不规范，这就很容易致使农村贷款风险难以控制。另外，相当一部分农村商业银行分支机构和农村信用社的管理人员主要考虑自身前途和利益问题，而忽视经营管理过程中农户的真正需求。农业保险在农村的覆盖面更是异常狭窄，农村信用担保机构的缺口较大等，都不同程度地制约着农村组织体系的建立以及农村经济的发展。更重要的是，农村政策性金融机构由于受客观条件的制约以及行政干预的影响，导致信贷资金的质量不佳，再加上如今结构调整过程中许多中小企业的改制、破产造成逾期贷款的有增无减，资金力量较弱。此外，很多农村信用社存在职工职业素质低、专业理论知识不扎实、经营管理水平不高和分析问题的能力较低等问题，进一步加剧了信用社信贷资金质量低下的问题。

二、农村金融二元结构的形成根源

（一）庞大人口数量是二元金融结构产生的重要原因

国家统计局数据显示，我国大陆地区的统计人口中，由于近年来由于进城务工人员数量的不断增多，造成居住在乡村的人口数量逐年减少，但是截止2013年底，乡村人口数量依然保持在6.296亿的巨额数字上。

（二）“三农”发展的滞后是二元金融结构产生的直接原因

近年来，我国农业发展缓慢甚至停滞，从而造成农村基础设施建设落后和农民可支配收入增长缓慢的问题。这些问题显现都把矛头指向了资金因素。

农村基础设施建设离不开资金的支持，资金的短缺难以通过附加值不高的农产品种植收益来支持，所以近年来越来越多的青壮年农民离开土地、外出打工，通过从事第二产业或第三产业来增加自身收入的同时弥补农村基础设施建设资金短缺的不足。

拥有强大劳动力的农民不断离开农村，我国广大耕地就得不到充分利用，留守在故乡的农民由于年龄、性别的弱势，即使仍然从事农业生产，也会出现普遍的机械化水平较低，致使农业产量和质量得不到根本改善，农业发展再次滞后，使得农村基础设施建设缓慢，如此循环、陷入困境。因此对于解决农村资金问题的外部要求只有是尽快健全农村金融服务体系，让体系发挥力量促进农业发展。

（三）客观制约因素

考察我国具体国情可以发现，人口基数巨大、资源匮乏、气候差异等多方面原因制约我国农业的发展，在这种环境条件下，农业相关产业同样受到牵制。农村环境保护是改善农民生活条件的迫切需要，也是确保粮食安全的关键保障，不仅如此，农村环境保护还将是深化农村金融的重要前提，因为环境良好的地区能够在吸收金融投资机构上占有较大优势。

在实际中改善农村环境需关注“三个重点”：重点整治农村环境脏、乱、差现象；重点治理农村生活污水排放现象；重点推广生态养殖模式。农村环境的改善和保护事关农民的切身利益，因此农村环境的根本改善还要落实在农民自身，政府要大力宣传环境保护的重要性，让农民深感一个好的环境带来的利益，使其主动承担保护环境的重任。

三、农村金融的未来发展

（一）农业科技成为助推器

机械化生产在我国广大农村地区正在逐渐形成规模，对于常规的农业机械，无论是农用大中型拖拉机数量还是农用排灌柴油机数量，近几年都在保持着较快增长。一方面，越来越多的农民认识到机械化生产带来的效率的增加远远高于他们付出的成本（包括经济成本和时间成本）；另一方面，年富力强的青壮年农民外出打工使得农村剩余劳动力逐年降低，迫使留守土地的农民通过借贷形式购买农业机械，间接推动了农村金融信贷业务的发展。农业机械化的大力推进要求农业科技人才的培养，农民职业技能和创收能力的新素质被作为考核新农民的标准制定出来，对于遏制第一产业就业人数逐年下降的趋势有着现实意义，国家强化人才战略也能得到根本落实。这种科技方面的非直接投入要素一定会成为推动我国农业现代化的加速器。农村金融体系的建立和健全也会在大农业的发展中得到实现，而工资性收入的增加也将使新型农民成为农村金融市场上的宠儿。

（二）农业保险的有效调节

考察地方实际情况是推动农村金融深化的内在需要，适时地扩大农业保险在农村地区的覆盖范围是一个不容忽视的重要举措。要扩大农业保险险种和覆盖面，鼓励地方开展优势农产品生产保险。建立与农村经济环境相适应的保险模式也是针对我国现行农业体系的一个重要方向，国家对于农业保险公司适当给予优惠政策，这样不仅可以有效调动农村金融机构的积极性，也可以间接地惠及千万农民。正在大中城市逐渐兴起的网络金融（也称电子金融），包括网上银行、网络证券、网络保险也逐渐影响了新型农民，使他们形成潜在的市场。

农业保险的推广相比于农村环境的改善以及科技的投入有着较好的发展温床，因为近年来受教育农民的普遍成长使得农民的风险意识不断加强，对农业保险的期望逐渐提高，主观因素已经具备，外部促进因素也就顺其自然了。此外，农村经济的发展造就了一批农业产业化龙头企业、农民专业合作组织，这些企业、组织的经营者与管理者由于具备较高的文化水平和经济基础，对农业保险的接受力与购买力极强，构成了客观的金融保险市场购买群体。

（三）各级政府的积极政策

我国从中央到地方的各级政府应该充分发挥服务职能，加大对农村金融机构的支持力度。各级地方政府的扶持政策应因地制宜、因势不同，这是由各个地区的发展程度、人口构成、甚至是地形气候的显着差异造成的；而中央银行在营造农村金融外部环境上作出的努力更多的应该偏向宏观方面，主要是指导、协调和监督。国家信用体系的建立可以说是任重而道远，它不像政府政策具有针对性，也不比中央银行的监管具有法律效应，但却能成为农村金融良性发展与进步的巨大推动力。国家信用体系一旦建立起来，我国良好的农村金融外部环境会在经历政府支持、银行监管、国家信用三个阶段后最终形成。

无论是直接的涉农保险措施，还是间接的科技投入与环境保护，国家对于农村金融服务体系的健全始终起着至关重要的作用。随着我国经济社会的快速发展，国家在农村金融上作出的努力必将得到回报，庞大的农民群体能够受惠于政府的政策，社会主义新农村也能高效地建立起来，农业在国民产业中的基础地位得到进一步的巩固与加强。

第四节　构建农村金融可持续发展制度的政策建议

归结中国当前农村整体的发展现状就是，农村金融体制整体不具有长远发展前景，农村金融缺乏可持续性，从而限制了农村金融发展支撑农村经济增长的功能。

一、扩大农村金融发展规模

农村金融发展规模明显偏小，原因是多方面的。一是农村金融需求不够旺盛。出于经营绩效的考虑，诸多商业银行在开立网点时纷纷规避农村地区，归根结底是因为农村地区的金融需求较少，金融活动不旺盛。要吸引各类金融机构关注继而进入农村市场，必须首先增加农村地区的金融需求。二是农村金融基础设施不完善，现有的服务不能满足农民的实际需求。为此，建议从培育新型农村金融需求主体和完善农村金融基础设施两个方面着手，扩大农村金融发展规模，促进农民增收，进而缩小城乡差距。

（一）培育新型农村金融需求主体

培育新型农村金融需求主体主要是培育新型农村经营主体。2012 年中央农村工作会议明确提出，要“着力培育新型农业经营主体，着力构建新型农业经营体系”。2013 年国务院首份文件也明确提出要“创新农业生产经营体制，稳步提高农民组织化程度”。具体而言：

其一，要稳定农村土地承包关系。在家庭承包经营和依法、有偿、自愿的前提下，地方政府可积极开展土地承包经营权流转活动。

其二，促进农户集约经营水平的提高。一方面，农业部门和各级政府要积极引导农户将先进的技术和适用的生产要素运用到生产经营当中，加快经营方式的转变；同时，对联户经营、专业大户经营和家庭农场经营模式进行补助和奖励。另一方面，要加强人才教育和培训。政府应加强第一产业职业教育和培训，培育新型实用人才；着力提升专业大户、家庭农场经营者的生产技能和经营管理水平；制定专门计划，奖励到农村工作的中高等学校毕业生、退役军人，补助返乡务农创业的农民工。

其三，大力支持发展多种形式的新型农民合作组织。农民合作社是带动农户进入市场的基本主体，是发展农村集体经济的新型实体，也是创新农村社会管理的有效载体。政府应当鼓励农民兴办多元化、多类型的合作社；增加对农民合作社发展资金的投入力度，支持合作社在农村实施的改善生产经营条件、增强发展能力的计划；对于由合作社承担的农村土地整理、农业综合开发、水利建设、农技推广等涉农项目，政府应当扩大其规模，尽量发挥合作社的集合效应；在农村信用等级建设方面，政府可采用信用评定和联合授信等多种模式，在规范其信用合作的同时增强合作社的信用等级；将合作社作为单独纳税主体，有效监管发票的领取和使用，完善对其采取的各项税收优惠政策；在合作社构建领军人才储备体系，鼓励和吸引高校毕业生加入合作社人才储备库，设立人才专业培训场所，加强各类人才的培训教育工作。

其四，培育壮大龙头企业。一方面，对部分企业为组建大型龙头企业提供积极的支持，鼓励其兼并、重组、收购、控股部分落后小企业，以此构建农业产业集群发展模式，形成以龙头企业为带动作用的农业产业化示范基地。另一方面，密切大型龙头企业与农户的合作，积极推动两者间利益联结机制的形成。对于农户参与加工和销售等工作的，与龙头企业签订收益分配协议，承诺由龙头企业保底收购农产品和加工品；农民参与龙头企业的股份分红和利润分配等；为发展规模化的种植业和养殖业寻找资金支持，鼓励和引导城市工商资本到农村投资。

（二）完善农村金融基础设施建设

金融基础设施是金融服务的一个重要方面，直接关系到金融服务数量的提升和质量的提高。为完善农村地区金融基础设施建设，可从以下两个方面入手。

第一，完善农村金融机构的支付清算系统。目前农村地区传统大型金融机构非常少，新型农村金融机构建立时间晚，诸多机构的营业网点尚未实现清算支付系统的全国联网。这给其受众带来诸多不便，也严重影响了自身营业额的增长。为此，政府和金融监管部门应尽快将农村地区金融机构纳入全国银联支付清算系统，实现农村金融机构全国联网，免去客户存取不畅的顾虑，吸引更多的储户开户建卡。对于尚不具备银联资质的金融机构可鼓励城市商业银行资金清算中心为农村金融机构提供资金清算服务。同时可考虑允许农村金融机构在自身系统范围内建立资金清算中心，如农村合作金融机构资金清算中心等。

第二，改善农村网络工程，推动农村金融机构线上服务。目前部分农村地区已经实现网络覆盖，针对当前金融服务资源严重不足和农村居民分散的特点，农村地区的金融服务机构可以尝试推行线上金融服务。一方面，金融机构自身要积极做好网站建设、维护和安全保障工作，大力推行电子银行业务的宣传，在线上服务中尽量简化操作流程，切实保障农村客户可以方便快捷地享受线上服务。另一方面，政府需要做好农村网络工程基础设施的建设与维护工作，保障网络通畅。

二、提升农村金融发展效率

农村金融发展效率低下，农村存款转化为农村或者农业贷款，进而转化为向农村地区的投资的效率偏低。究其原因，一是农户的融资能力低，难以获取贷款；二是商业银行的逐利本质，导致大量农村存款资金外流。为了保障农村资金切实为农村服务，本书建议应增强农户的融资能力，同时实施城乡差别对待的金融发展策略，保护农村资金不外流。

（一）增强农村金融需求主体的融资能力

增强农户、农村企业的融资能力，主要是要为农民创造参与多元化金融活动的条件，使农民具备进军金融市场的必备条件。

第一，建立农户资产确权颁证和抵押转让制度。农村金融机构为保证资产的安全性，对信贷抵押担保有严格的规定。而农户所拥有资产因为权益不明晰或规范性等问题不适宜作抵押担保，这势必造成农户金融需求抑制。故此，政府需建立农村集体资产确权颁证工作。具体地，农村地区可以乡镇为单位，集中对农户拥有的承包土地和宅基地进行面积测算，并确权登记，颁发承包土地使用权证和宅基地使用权证；同时规范办理房屋权证，明确农民对自由承包土地、宅基地及自有住房的产权，使得农户拥有可抵押的资产。同时，建立三权抵押转让制度，由政府建设立土地使用权证、宅基地使用权证和房屋权证的抵押担保机构，建立三权抵押转让制度，使农民拥有的资产具备抵押担保资质，为农民进入金融市场提供必备条件。

第二，建立信用档案，改善农村信用环境。农村地区居民居住分散，且其受教育水平有限，对信用常识及其重要性不甚了解。因此政府需联合金融机构，开展信用知识下乡活动，广泛征集农户个体经营者和乡镇企业的信用状况信息，据此建立农村信用档案。同时，为强化信用观念，提升农村信用水平，还需针对农村地区的特点，构建相应的信用评价体系，对农户、村、乡、镇进行独立的信用评价，积极创建“信用户”“信用村”“信用乡（镇）”，同时建立信用激励约束机制，实现信用信息共享，优化农村的信用环境。对于信用良好的农户和乡镇企业，可给予简化贷款手续、降低利息率等优惠政策。

（二）实施有差别的金融发展政策

城镇资金使用效率比农村高，容易造成农村资金向城市流动的现象。因此，城镇与农村地区的金融发展不能采取同一策略，应当因地制宜，根据不同发展特点，区别对待。政府及金融监管部门可以考虑在监管政策和货币政策上，对城乡实施有差别的金融发展策略。

第一，对银行类金融机构的资金投向限制政策要城乡有别。例如，在利益驱使下，金融机构在农村地区吸纳的存款多被转移到城镇地区，用于更高回报的投资，导致农村“资金洼地”现象严重，遏制了农村地区金融规模的扩大。对此，有必要对农村金融机构吸纳的资金用途加以限制，规定在农村吸纳的存款必须全部或者大部分用于农村地区的放贷或者其他方面的投资，保障农村金融发展的效率。而对由此可能给金融机构带来的经营损失，可考虑通过减税或者财政补贴来弥补。

第二，对城乡金融机构实施有差别的货币政策。农村金融的发展需要扶持，提升农村金融发展效率，既要解决其供给不足的难题，又要改善其信贷不畅的矛盾。一方面，人民银行可对城乡地区实行差别化的存款准备金率政策，考虑适当放低农村地区金融机构的存款准备金率，提高城镇地区存款准备金率，通过货币乘数方大农村地区金融机构货币供给，进而增加信贷投放准备，保障农村地区的信贷需求得到有效的满足。另一方面，实行城乡有差别的再贷款政策和再贴现政策。在农村地区，放宽贴现票据的种类和再贴现的条件限制，以扩大票据贴现业务，促进资金导向和结构调节功能的发挥。

此外，可以实施有差别的利率政策，在规定的限度内，对于落后的农村地区的金融机构尤其是微型金融机构，给予更大的存贷款利率浮动区间，由金融机构自行确定对自身发展最为有利的利率水平，尽可能地扩大其盈利空间，促进其可持续发展。

三、优化农村金融发展结构

目前的农村金融中介机构基本以银行类金融机构为主，金融结构比较单一，阻碍农村金融的发展。虽然目前农村地区已经有了少量的保险业务、债券业务和信托业务，但农村地区的保险机构、证券机构和信托机构网点很少，部分地区根本没有此类机构的网点，仅在当地设有办事人员或者仅在城镇地区的相关机构网点办理业务。

为此，政府及金融主管部门应积极扩大农村金融机构范畴，努力推行多元化的金融中介服务，优化农村金融市场结构。

（一）扩大农村金融机构的范畴

扩大农村金融机构的范畴，既要增加正规金融机构的种类和数量，如除银行以外的保险公司、证券公司、基金公司等，同时要积极做好机构业务的宣传工作。

第一，积极鼓励引导各类金融机构进驻农村金融市场。首先，在政策上，对于金融机构进入农村市场的准入条件要低于城镇地区，以鼓励农村金融的发展；在监管方面，适当放松限制，允许金融机构根据农村地区的特殊需求和实际情况，灵活发展。其次，对于有可能进入农村地区的正规金融机构，如保险公司、证券公司、基金公司等，当地政府和金融主管部门应进行积极接洽，可为其进入农村市场提供奖励，吸引多种类金融机构进入农村市场。例如，提供低租金或免租金场地，为优秀金融人才提供低价甚至免费的住房；在其进入初期或者盈利指标达到一定数值前，实行减免税优惠等。对于暂不可能在农村地区设点的金融机构，可鼓励其在农村地区依银行类金融机构开展业务，如保险公司可以依托银行销售健康保险保险、财产保险、车险等产品。

第二，加强对银行以外金融机构的宣传力度，为机构与农村、农户和企业的合作牵线搭桥。鉴于知识水平和客观视野的限制，农民对于银行以外金融机构的存在了解甚少，对它们开展的业务也十分陌生，要他们实际参与到这些机构的金融活动当中也实属不易，这给类似保险、基金、证券类的金融机构进入农村市场带来了阻力。为此政府需积极做好相关金融业务的宣传工作，让这些机构的业务能够深入农村、深入人心，使农民了解、熟悉进而参与进来。例如，由于受自然环境等因素的影响较大，农村地区生产面临着极大的不确定性，因而农村地区的保险业务是不可或缺的。但农民对于为自己的田地和作物投保的做法还不能做到主动接受。为此，政府应大力宣传农业保险以及其他类别保险对农村生产、农民生活可能带来的益处，积极引导农民思考灾害的严重危害保险业务所提供的灾后补偿降损带来的巨大利益，促使农民积极参与保险业务。

同样地，农业产业基金、土地流转基金等业务，也是助力农村发展，促进农民增收致富的良方。政府应为各类农业产业基金的建立以及基金公司与农户、乡镇企业的合作提供机遇和渠道，促使基金公司在农村的业务良性发展。而将闲置资金通过债券业务进行投资，或者乡镇企业通过证券业务融资，都会给农村经济和农民生活带来改善和提升。这些均需要政府的宣传和引导。

（二）创新多元化金融业务和服务

农村金融市场主要以银行类金融机构的信贷业务为主，辅以少量的农业保险、债券等业务。这使得农民可选择的金融服务种类受限，农户融资及投资理财渠道单一，农村金融结构进一步失衡。为此，政府和金融主管部门应当大力引进多元化的金融业务和服务。

第一，业务监管城乡有别，鼓励各类金融机构代售代理其他金融业务及服务。对于暂不可能在农村地区设点的金融机构，可鼓励其在农村地区依托银行类金融机构开展业务，如保险公司可以依托银行销售健康保险保险、财产保险、车险等产品。同样可以依托银行类金融机构进行营销的还有债券产品、基金产品等。

第二，金融机构应努力为农村地区提供适用的、多元化的金融产品，如广泛开展小额信贷，扩大联保贷款的涉及范围和担保范围；开发与当地农业生产经营模式相适应的特色信贷产品，引导当地支柱产业开展多渠道的融资活动；开设 POS 取现、票务结算、在线结算等多种结算形式，以满足农户的金融需求等。

农村融资的最大困难就是担保问题，对此政府可以积极创新担保方式，如在构建和完善信用体系的前提下，由政府出资建立政府性质的担保机构，为农户和企业提供信用担保；在完成产权界定和法律登记的前提下，扩大可用于担保物品的范围等。

乡镇企业融资方面，政府可积极引导信用良好的大型企业发行债券或上市融资；对条件尚不成熟的企业，鼓励其选择中短期票据和融资融券业务；对信用不佳或者企业盈利状况不理想的中小型企业，政府可考虑为其建设一些小型融资平台，鼓励其联合上市融资或者集合贷款、集合发行票据等。

四、优化农村金融机构空间布局

我国农村地区地广人稀加上金融机构数量偏少，金融机构的空间分布很不合理。一般来说，人口相对集中的地区或者小镇市集会成为金融机构及其网点集中分布的地区。而其他人口相对较少或者较偏远的地区则极少甚至没有金融机构或者网点。这使得农民获取金融服务的难度增加，金融活动不能很好地为农村经济发展和农民增收服务。为此，必须扩大金融机构的覆盖面积，使金融活动深入千家万户。

（一）扩大农村正规金融机构覆盖范围

农村正规金融机构在农村地区可信度高，受欢迎程度也比较高，是农民参与金融活动的首选。扩大农村正规金融机构的覆盖范围，可以有效扩大金融活动的覆盖范围，最大限度地满足农户的金融需求。

一是应对正规金融机构的建设和发展提供资助，鼓励其扩大营业范围。地方政府对已经存在的金融机构扩大规模或者增设网点、便民服务站以及设立乡村业务代表等，提供一定的财政梯度补贴。根据新设立网点和便民服务站覆盖到的面积和人口数量、偏远程度等给予不同等级的财政奖励，鼓励金融机构扩大金融服务覆盖范围。

二是鼓励金融机构在乡村地区增设便民金融服务点。目前农村地区金融机构数量偏少，营业性网点数量严重不足，难以满足农村地区居民的需要。金融机构应根据农村地区居住分散，需求零散的特点，增设便民服务点。例如，金融机构可与村庄的商店或者代销点合作，设立 POS 终端，允许居民通过 POS 机进行小额取现；在增设网点条件不具备的地区，多增设 ATM 自助取款机，同时加强对 ATM 等自助终端的使用方法的宣传与普及；与乡镇村委会合作，设立金融服务申请受理点，由村委会代为初审申请人资质和相关材料，减少居民往返金融机构的次数和逗留时间。

三是加强金融监管，营造金融机构之间的良性竞争，引导金融机构健康发展。目前农村地区金融机构种类和数量较少，基本处于垄断地位。且已有金融机构多为受政府扶助性质的机构，竞争意识不强，服务态度不佳，抑制了金融机构自身的发展，其对农村地区的促进作用也大打折扣。所以，农村金融机构的经营监管和指导十分必要。监管部门要培养金融机构的危机感和竞争意识，营造金融机构之间良性的竞争，刺激金融机构不断提升，健康发展。例如，定期公开金融机构经营业绩，形成机构间的“竞赛”意识；开展金融机构优质服务评选活动，促进金融机构提升服务质量等。

（二）积极引导非正规金融机构的发展

农村地区正规金融机构缺乏，因此出现了诸多非正规金融机构，如贷款公司、小额贷款公司、农村资金互助社、私人钱庄等。这些非正规金融机构的业务对象往往是被正规金融机构排斥的农民，因此它不存在严重的空间集聚现象。尤其是农村资金互助社和私人钱庄，它们的地理位置相当灵活，可以出现在集镇，也可以存在于某一个村落，其目标就是为农民获取金融服务提供便利。它们在农村金融市场上占据重要的地位，解决了正规金融机构空间分布不均的问题，缓解了农村地区金融需求得不到满足的现状。但其业务的规范性屡受质疑，经营结构也不尽合理，为农村金融发展埋下重大隐患。因此，政府和相关金融监管机构需加强监管，积极引导非正规金融机构的发展。

一是加强监管、引导金融机构规范经营。一方面，政府和金融监管机构要进行调查走访甚至是暗访，全面了解非正规金融机构的业务资质、经营范围、盈利模式以及可能存在的问题。对发现的不合法或违规行为积极进行司法干预和业务指导，防止非法集资和金融犯罪的发生，保障居民权益和财产的安全。另一方面，对非正规金融机构的管理，考虑成立类似于银监会、证监会、保监会的行业自律机构，由金融监管机构和行业自律机构共同对这些非正规金融机构进行监督和管理，使其经营趋向规范化。对于经营较为规范的非正规金融机构，可以给予行业通报和一定的奖励政策，以鼓励该类机构规范化发展；对于条件较为成熟的非正规金融机构，可考虑将其纳入正规金融机构行列，享受国家对农村金融机构的相关政策和优惠待遇。

二是予以财政税收减免政策。非正规金融机构发展初期，资金不足，短期内难以盈利。为鼓励其发展，可在其发展初期或盈利之前，实施税收减免政策，帮助其快速成长。对于非正规金融机构引进大型金融服务设备、办公设备提供补贴，为金融机构提供便利的通讯通信服务、低租金或者免租金的办公场地等，降低其办公成本；对金融机构引进优秀金融人才，可由财政出资，为其提供低价住房或者免费住房，购买“五险一金”，帮助解决配偶工作和子女受教育问题等，帮助微型金融机构吸引优秀人才，促进其发展。

第七章　构建城乡一体化的户籍制度

第一节　中国户籍制度简介

户籍制度是指户口登记制度与管理制度相联系的一整套行为规则、组织体制、政治经济法律制度和相关政策的总和。我国的户籍制度的定义包括狭义和广义两种。狭义的户籍制度是指，1958 年颁布的以《户口登记管理条例》为核心的旨在限制农村人口随意流入城市的相关规定和具体措施，包括居民户口登记和人口迁移制度两个方面。广义户籍制度，指的是与户籍管理有着密切联系管理制度。也即在狭义的户籍制度基础上添加定量商品粮油供给、劳动就业、医疗保健等配套制度，还有义务教育、专业安置等衍生制度。总体构成一个在各种社会利益上明显倾斜与城市、涵盖社会生活诸多领域的严密的二元体系。

一、中国户籍制度的形成和发展阶段

在生产力水平较低的新中国成立初期，我国选择了计划经济、重工业优先的工业化道路。出于发展的需要，我国逐步形成并强化了户籍制度的管理。我国户籍制度形成与发展分为以下几个阶段。

（一）形成阶段

新中国成立之际，为了稳定社会秩序，巩固新生政权，急需建立一整套管理和控制社会的制度体系。1951 年，公安部颁布并实施了《城市户口管理暂行条例》，统一和规范户口登记和管理制度。1954 年，社会主义改造的完成，同时逐步建立农村简易户口登记制度。这时期的户籍制度体现了 1949 年共同纲领和 1954 年宪法精神，实现和保障了公民的自由迁徙。这一阶段是公民完全享有迁徙自由。1954 年，全中国人口自由迁出、迁入 2 000 多万人，1955

年为 2 550 多万人，1957 年为 3 000 多万人。

（二）强化阶段

这是现行二元户籍制度的发展阶段，正是这一阶段对公民的迁徙自由进行了严格的限制。这不仅是中国城乡居民利益矛盾冲突的结果，而且表现了城乡利益格局的固定化。城乡二元分割格局在城乡之间城市之间竖起了一道屏障，由此产生了很多弊端，它的建立过程也存在独特历史背景。20 世纪 60、70 年代全国共有 1 776 万城镇青年前往农村，城镇精简的 1 800 万工人，大大缓解了市区人口压力。第四届全国人民代表大会第一次会议删除“中华人民共和国居民的规定享有居住和迁徙的自由”，标志着中国公民的行动自由开始失去宪法这一基本法律的保护。1978 年宪法还是没有恢复公民居住迁徙自由的权利。一方面，严格控制农村人口盲目进入城市；另一方面，压缩城镇人口，减少城镇人口的压力。城市人口和农村人口之间的严格区分，限制人民的自由运动，并根据生活中的账户分配额外，从而提高了实际的社会地位，享有和实现他们的权利差距，农村人口和城市人口。在这一点上，建立城乡户籍之间的不可逾越的障碍，戒备森严的农村户籍管理制度已全面实现。

（三）改革阶段

伴随着 20 世纪 80 年代社会主义市场经济的发展深入，二元分割户籍体制严重阻碍了农村与城市、城市与城市之间的人口流动，限制了市场经济的深入发展，户籍管理体制的改革，放宽户口控制的呼声越来越强烈。为了适应发展市场经济和人民的需要，中央政府地方政府已进行了一些必要的调整，进行了改革户籍管理，并出台了相关的政策法规。上海和其他许多城市和省份，当地的条件已作出回应，尤其是在上海的市人力资源和社会保障局，市发展和改革委员会联合发布“持有”上海市居住证，人员申办上海常住户口的 17 个部门试行办法实施细则。截至 2007 年 3 月，河北、江苏、福建、山东、湖南、广西、重庆、四川、陕西等省解除城乡二元系统的户籍制度，实施统一的户籍管理，集体户口居民。现在社会已越发认识到家庭登记制度改革的必要性和紧迫性，但整体上这仍然是一个比较缓慢的过程，并区分城市和农村地区占比依然存在，户籍改革还有很长的路要走。为了适应形势的发展，国家对户籍制度进行了一些小范围的调整（见表 7－1）。

表 7-1　改革开放以来户籍管理制度和政策沿革

时间	颁发单位	名称	内容要点
1981.12	国务院	关于严格控制农村劳动力进城务工和农业人口转非农业人口的通知	进一步严格控制"农转非"。将"农转非"的控制指标确定为不超过当地非农业人口的千分之二
1984.1	中共中央	关于1984年农村工作通知	允许务工经商办服务业农民自理口粮到集镇落户
1985	全国人大	中华人民共和国身份证条例	建立居民身份证制度
1989	国务院	关于严格控制"农转非"过快增长的通知	把"农转非"纳入国民经济和社会发展规划，实行计划指标管理，严格执行国家的各项"农转非"政策；加强审批管理
1992	公安部	关于坚决制止公开出卖非农业户口的错误做法的紧急通知	禁止买卖城镇非农业户口
1995	中共中央国务院	关于加强流动人员管理工作的意见实行统一的流动人口就业证和暂住证	实行统一的流动人口就业证和暂住证制度
1997	国务院	关于小城镇户籍管理制度改革试点方案；关于完善农村户籍管理制度的意见	允许已经在小城镇就业、居住并符合一定条件的农村人口在小城镇办理常住户口
1998	国务院	关于解决当前户户口管理工作中几个突出问题的意见	在城市投资、兴办实业、购买商品房的公民，凡在城市有合法固定的住所、稳定的职业或者生活来源，已居住一定年数并符合当地政府有关规定的，可准予在该城镇落户

续表

时间	颁发单位	名称	内容要点
2000	中共中央国务院	关于促进小城镇健康发展的若干意见	凡在县级市、县人民政府驻镇及县以下小城镇合法的固定的住所、稳定的职业或生活的来源的居民，均可根据意愿转为城镇户口，在子女入学、参军等方面享受与城镇居民同等待遇
2001	全国人大	中华人民共和国国民经济和社会发展第十个五年纲要	打破城乡分割建立市场经济新型城乡关系，改革户籍制度，形成有序流动的机制，取消对农村劳动力进入城镇就业的限制，引导农村剩余劳动力在城乡之间有序流动
2001	国务院	关于推进小城镇户籍管理制度改革的意见	有“合法固定住所、稳定职业生活来源的人员共同居住生活的直系亲属，可根据意愿办理城镇户口”“对批准在小城镇落户可保留承包的经营权，也允许依法有偿转让”。落户人员在子女入学、参军就业等方面享受与城镇居民同等待遇
2005	中共中央	中共中央关于制定国民经济和社会发展第十一个五年规划的建议	建立与城市化健康发展相适应的财税、行政管理和公共服务等制度，完善户籍和流动人口管理办法

传统体制下的城乡户籍制度造成了人为的城乡分割，城市和农村人口之间形成一个长期的不平等。因此，进一步探讨中国的传统农村家庭登记制度的原因分析其阻碍人口流动的机制，并要提出有针对性的措施，推进户籍制度改革

和加快城镇化进程有非常重要的意义。

二、中国户籍制度的主要特征

1．世袭性

我国现行的户籍制度规定子女随父母落户，每个人的户口自其出生便已确定，城镇居民人口的子女生下来就有“非农业户籍”，然而农村居民人口的子女生下来就只能获得“农业户口”。“农业户口”想转变成“非农业户口”的渠道极为有限，且条件非常严格，一般的途径有国家劳动部门统一招工录用、大中专学校入学录取、参军并且被提干、土地征用“农转非”等。这注定农民的子女已输在了教育的起跑线上，不能和城市子女享受一样的教育条件、就业和医疗服务。即便是出生在城市的农民工子女，户口仍然跟随父母在农村，同样生活在城市，但不能像城市子女享受国家义务教育，只能就读于师资质量差、教育设施简陋的“农民工子弟学校”。

2．二元性

计划经济时期，我国户籍制度将中国公民分为“农业人口”和“非农业人口”，城镇居民享受教育、社保、医疗和就业等方面的优惠补贴政策，对农村居民则实行大集体自给自足的方式，国家不仅没有对农村进行补贴，反而运用行政手段抽调农村人力、物力和财力为工业发展和城市建设服务。在这种经济和社会背景下，我国运用户籍制度手段严格控制了“农业人口”向“非农业人口”转变，造成我国城乡二元结构明显。

改革开放以来，我国城镇经济快速发展，城镇吸纳社会劳动力的能力大大增强，城镇居民已无法满足企业的用工需求，并且随着农业劳动生产率的提高，大量的劳动力从第一产业农业中解放出来，自发向城镇迁移，寻求更好的就业机会和社会待遇。为适应社会主义市场经济体制，户籍制度做出一定的改革，逐步放开小城镇户口迁移的限制。但是，目前北京、上海、广州等大城市仍实行严格的户口迁移制度，导致我国很大部分公民在户籍地、居住地、就业地“三位一体”的状态下生活近几十年，这种状况导致具有二元性质的中国户籍制度的形成。

二元户籍制度将城乡居民划分为两种身份不同的社会群体，不同的生活环境、就业环境、福利待遇环境的不平等，造成城乡居民在身份、地位和权利方面的巨大差距。

3. 附着利益多

新中国成立初期，我国实行集中的计划经济粮油供给制度，也正是从这个时期开始，我国户籍制度附着了多种利益分配机制，即户口是我国城乡分配资源和享受利益的重要依据。我国城市户口与农村户口相比较，城市户口享受在就业、教育、住房、医疗等方面的多项特权，城乡居民也因为享受社会福利的不同而被分割为不同的身份等级。目前，我国社会福利、劳动保障、计划生育、义务教育、服役退伍、税费缴纳等政策仍依附在户口上，特别是农村户口与集体资产、土地征用、宅基地分配得越来越密切。以户口登记地址为依据，城乡分割的劳动就业、社会保障等行政管理工作，给户籍管理附加了不合理的社会管理功能，这严重偏离了户籍制度所应具备的基本功能——证明公民身份、进行人口统计。

4. 封闭性和滞后性

现行的户籍制度管理相对封闭，公安、民政、劳动、卫生、计划生育等职能部门，包括银行系统之间缺少交流，缺乏人口信息共享，导致现有的户籍制度不能在更大范围内发挥最大作用。

我国现行户籍管理制度具有较强的静态管理特点，具有确定公民法定常住地的效力。随着经济发展，现实生活中，人口流动性增强，人们的户籍地、居住地和工作地往往不在一个地方，呈现“三位一体”的生活状态，然后户口却只能静态的表现公民在一个限定范围内的基本信息，公民在异地如果不及时办理暂住或者不进行流动人口登记，对于公民的出生、死亡、婚姻等信息原户籍所在地将无法了解，无法及时备案，这也直接导致户口登记机关提供的信息具有很大的局限性，无法发挥户籍制度的职能，这给户籍信息证明公民身份、维护合法权益和维护社会治安带来极大的滞后性。

第二节　中国户籍制度的主要功能与缺陷

一、中国户籍制度的主要功能

(一)维护社会治安稳定

1. 稳固新生政权

新中国刚刚成立，国内外环境十分严峻，内忧外患。西方资本主义大国在外交上对新生政权不承认，在经济上对新中国实行封锁，在军事上企图侵犯中国领土。1950 年，公安部颁布了《关于特种人口管理的暂行办法》，特别指出了特种人口的管理办法："特种人口"是指对新政权具有威胁的反革命分子和其他危害治安分子，大致分政治性和社会性两大类人员。以南京市为例，据 1950 年 2 月的特种户口统计，分为匪特嫌疑、窃盗嫌疑、吸售烟毒嫌疑、赌博嫌疑、暗娼嫌疑、歌女舞女、无业游民七类。当时南京市人口 976 117 人，其中"特口"为 6 457 人，占总人口的 0.66%。另据天津市 1949 年 3 月统计，全市共有居民 221 246 户，793 463 人，其中"特口"即为 21 537 人，占总人口的 2.71%。

2. 控制人口迁移

计划经济时期，我国城乡二元结构差异化明显，城市实行低物价、多保障政策，农村实行农产品统购统销战略，借助农业和工业产品的"剪刀差"，为工业化发展积累资金，城乡的巨大福利待遇差别促使大批农村人口涌入城市寻求更好的发展机会，但城市无法在短时间内承载大量的人口迁移。鉴于此，需要控制人口迁移的户籍制度设计以维护良好的社会秩序。

1949 年我国工农业总产值只有 466 亿元，人均国民收入 66.1 元，农业总产值比重为 70%，工业总产值比重为 30%，重工业产值占工农业总产值的比重仅为 7.9%，一方面，重工业优先发展战略难以缩小城乡二元经济差距，另一方面，重工业发展对劳动力的吸纳能力不强，从 1952 年到 1987 年，工业资本积累本应吸纳劳动力 17 113.7 万人，实际吸纳劳动力 8 097 万人，实际吸纳量不到计划吸纳量的一半。因此，要想长期保持重工业发展的优先地位，稳步实施此项战略举措，需建立二元户籍管理制度维护社会秩序。

(二)统计户口基本信息

1956 年全国的城乡户口登记管理工作及人口信息统计工作全部移交给公安机关，各级公安机关负责各地人口信息的汇总和统计分析工作。公安部门为政府相关部门提供人口信息资料，作为国家制定经济发展规划和公共事务决策的依据。户籍制度的人口登记有常住人口登记、暂住人口登记、出生登记、死亡登记、迁移登记、变更更正登记等。

户口登记具有确认公民身份的重要功能，能够为政府部门及社会各单位提供公民详细具体的身份信息。出生登记的作用是证明公民的合法身份，使公民在就学、就业、婚姻、选举等方面的权利受到法律保护，为公民享受就业权利、受教育权利、继承权利及政治权利等各种权利提供法律保障，同时也规定了公民服兵役等应尽的义务。死亡登记的作用是在法律上证明公民的死亡时间和原因，证明公民的生命完结以及相应各种权利的终止，以便死亡者家属处理善后事宜，如死者遗产处理、抚恤金的领取等事项。公民迁出本户口管辖区，由本人或者户主在迁出前持户口簿向户口登记机关申报迁出登记，为公民在迁入地享受社会福利待遇及政治权利提供法律依据。此外，户口登记制度为全国人口普查提供重要依据。

(三)保障城乡福利分配办法的实施

新中国成立初期，我国效仿“苏联模式”，构建了“城市工业、乡村农业”二元结构体系，形成了城乡分割、工农分化的利益分配局面。在集中的计划经济体制下，国家从粮油、日用品供给到住房保障大包大揽，实行统一调配和安排，实施城乡差别的粮油供应制度、住房福利待遇制度、社会保障制度、就业待遇制度以及受教育制度。粮食和食油等生活必需品供应、住房、就业、教育、医疗、养老、医疗保险等制度与户籍制度挂钩，户籍制度附着了多种社会资源和利益。例如，国家对城镇人口实行商品粮供给，对农村人口实行粮食自给；城镇居民在生、老、病、死方面享有完善的福利保障，而农业人口几乎不能享受社会福利待遇，主要还是靠家庭提供保障；城镇居民享受福利分房，只需缴纳很低的租金，农村居民住房只能自己解决。国家通过户口管理部门日常的户口调查、一年一度的户口统计，及时掌握居民的家庭数量与结构、人口数量，为社会保障部门、教育部门、建设部门、税务部门及卫生部门等政府机构提供人口受教育水平数据、劳动力就业和失业、劳动力流动等相关户籍人口信息，便于政府各相关部门制定社会保障政策、教育政策、就业政策，保障城乡福利分配办法的实施。

二、中国户籍制度的缺陷

(一)城乡分治与二元社会结构的加深

二元社会结构指社会、政治、文化、制度等方面表现出来的一种社会制度的特征，是城乡分割的二元户籍制度产生的延伸作用，是户籍制度发挥限制人口迁移功能的后果。

第一，劳动力市场的城乡隔离。计划经济时期，劳动力在农业和工业之间转移的可能性几乎为零，农村人口只能通过国家招工的方式进入工厂上班。随着户籍制度关于户口迁移政策的放松，农村人口也能够进入城镇就业，但城市社会内部却形成一个明确区分市民与农民的二元劳动力市场机制，在这种制度设计下，城市外来务工人员由于没有城市户口不能被纳入城市正式的就业体系中，而城市人口能具有优先选择工作的权利。

第二，城乡社会公平的缺失。人们充分发挥积极性和创造性的动力基础是公平合理的竞争环境，我国工业化起步阶段实行的城乡分割体制尽管具有一定的合理性，但对广大的农民群体来说，却遭到诸多不公平待遇。农民长期被拒绝在城市大门之外，不能分享城市文明，不能享受城市福利待遇，社会公平缺位的同时，也造成了劳动力资源的极大浪费，导致社会整体生产率的降低。此外，二元户籍制度对城乡通婚问题和计划生育问题也造成一定的影响，导致城乡居民社会心理失衡。

（二）城乡分治与二元经济结构的加深

二元经济结构指社会的经济和人口划分为农业和工业两个部门、城市和农村分离、落后传统农业与先进现代农业并存的经济结构。由于特殊的历史条件，我国跳过轻工业发展阶段，直接转向发展重工业，牺牲农业为重工业提供资金支持。目前，我国经济面临传统农业部门和现代化工业部门同时并存的经济结构，二元经济特征十分明显，主要表现在如下两方面。

第一，农业部门明显落后于非农业部门发展。2011 年，农业部门劳动生产率为 17 856 元/（人·年），而非农部门为 85 376 元/（人·年），后者是前者的 4.78 倍。1985 年，农业部门以 62.4% 的劳动力创造 28.4% 的 GDP，而非农业部门以 37.6% 的劳动力创造 71.6% 的 GDP；2011 年农业部门以 34.8% 的劳动力创造 10.1% 的 GDP，而非农业部门以 65.2% 的劳动力创造 89.9% 的 GDP。非农产业占 GDP 比重远远高于农业占 GDP 比重，且差距越来越大，而在 1997 年之前，农业部门劳动力比重一直远远高于非农业部门劳动力比重。同时，也可以看出农业部门不仅产值低于非农业产值，且劳动生产率也是远远低于非农业部门。比较劳动生产率是判断国家存在二元经济结构的一项重要指标，它是指一个部门的产值同在此部门就业的劳动力比重的比率，所反映的是 1% 的劳动力在该部门创造的产值（或收入）比重。比较劳动生产率高表明本部门的产值与劳动力比值越大，农业和非农业的比较劳动生产率差距越大，经济二元性越显著，通常农业的比较劳动生产率低于 1，非农产业的比较劳动生产率高于 1。通过数据测算，1985 年至 2011 年，农业的比较劳动生产率均低于1，非农产业比较劳动生产率均高于1，且在这26年期间，两者差值的均值为1.4，表明我国二元经济结构比较显著。

第二，城乡居民收入差距拉大。1978年至2011年城镇家庭人均可支配收入由343.4元增长到21 809.8元，涨幅达63.5倍；而农村家庭人均可支配收入从1978年的133.6元增长至2011年的6 977.3元，仅增长了52.2倍。2011年，城镇居民人均消费15 161元，农村居民人均消费5 221元，两者相差2.9倍。我国城镇居民收入增长速度快于农村居民，城乡居民收入差距不断拉大。

（三）城乡居民权利不平等

权利的平等指在统一规则中，权利被公平地分配给每个人，而不是在统一规则里存在特别的区分和待遇。户籍制度应该是中性的管理制度，户口登记只是对个人身份的确认，而不能成为限制身份变动的工具，更不能成为不同身份人口获得社会福利资源的依据。

第一，户籍制度带来的社会身份等级。社会身份指的是有一定人口、具有某种相似性特征的社会角色和地位群体。改革开放以前，户籍制度就将公民划分为干部、工人和农民三种社会身份，干部身份最高，工人其次，农民最低，这种划分方式具有浓烈的社会等级观念，并且社会身份一旦由户籍确定，就具有稳定性和封闭性，是极难改变的。

第二，户籍制度带来的福利待遇不公平。我国现行户籍制度将公民划分为“农业人口”与“非农业人口”，这两个社会集团地位、待遇和权利存在极大的反差。“非农业人口”无论是在就业权、受教育权，还是在最低生活保障权和基本健康医疗保障权等方面都有国家的制度和经济上的保障，然而“农业人口”绝大部分都没有任何社会保障。这意味着整个社会的就业、教育、住房以及社会保障等福利系统并不是完全公平地对所有公民开放，加之户籍制度的世袭性特征，导致人们从出生开始，享有机会的权利就是不平等。

第三，户籍制度带来的政治权利不平等。这突出表现在城乡公民拥有的选举权和被选举权的不平等。《中华人民共和国全国人民代表大会和地方各级人民代表大会选举法》第十六条规定：“省、自治区、直辖市应选全国人民代表大会代表的名额，由全国人民代表大会常务委员会按照农村每一代表的人口数四倍于城市每一代表所代表的人口数的原则分配。”这一规定意味着农村人口的选举权或者被选举权仅仅相当于城市人口的四分之一，这项规定与世界上许多的人权公约相违背。

(四)户籍制度的固化

户籍制度造就二元结构，二元结构固化户籍制度。二元结构即一个社会的经济和人口划分为工业和农业两大部门，现代和传统两大部分。任何一个国家的经济发展史上都会存在城乡二元结构，但我国经济社会的二元结构十分显著。

改革开放以来，我国户籍制度经历多次改革，取得一定成就，但城乡二元户籍制度体系并未完全打破，甚至某些方面的户籍制度二元性特征呈固化趋势。

第一，控制人口向大城市迁移的特征呈固化趋势。小城镇的户籍制度已经放，但是北京、上海、广州等特大城市的户籍制度改革却没有根本性改变。大城市的落户标准对大部门居无定所的农民来说仍然高不可攀。户口制度牵制着就业制度。以北京为例，要想在政府、国企事业单位就业需要本地户口。外来人口子女要想在当地正规学校上学需要交纳 3 万元左右的择校费。只有拥有城市户口的人才能在当地享受城市低保。当地城市居民才能申请经济适用房。就业、受教育、社会保障、住房制度等与户籍制度息息相关，因此大城市的人口迁移将继续呈强化趋势。

第二，二元就业制度的固化。改革开放后，大量农村剩余劳动力涌入城市务工，我国城市拥有大量的“农民工”群体，虽然城镇企业开始招收合同工，农村人口就业继续受到户籍的限制和约束，农民工在城市只能选择不稳定、收入低、工作环境差的工作。

第三，二元社会保障制度的固化。我国农村最低生活保障覆盖范围小，待遇标准低。养老保险体系在城镇实行个人账户与社会统筹相结合，资金来源于单位和个人，农村的养老保险体系实行个人储蓄积累，资金主要来自农民的个人储蓄。城市下岗职工享受国家的最低生活保障，1997 年国务院颁布的《关于在全国建立城市居民最低生活保障制度的通知》中并没有对农业人口的最低生活保障提出实施办法。

三、我国户籍制度改革的必要性

户籍制度的利益分配功能膨胀，导致城乡差距拉大。因此我国的户籍制度改革具有很大的必要性。

(一)现行户籍制度阻碍了公民基本权利的实现

1. 剥夺了公民的迁徙自由权

作为人的本性的权利，多数国家和地区以明文方式给予承认。而我国公民迁徙自由权却一直游离于宪法之外，导致我国公民权利存在着种种被限制、被剥夺的情况。我国《宪法》规定：凡具有中华人民共和国国籍的人都是中华人民共和国公民。中华人民共和国公民法律面前一律平等。城市和农村却被我国的户籍制度严格的割裂开来，而且公然限制了一部分人的迁徙自由。

2. 流动人口合法权益无法得到有效的保障

目前常住城市的农民工有 8 000 万人左右。在北京等几个特大城市，常年的外来人口流动都在 3 000 多万人左右。有的在城市有稳定的职业、生活来源、合法的住所，却没有合法的身份。户籍不仅限制了他们在城市结婚、生育，而且还阻碍了他们享受城市资源和各种社会保障。

(二)户籍制度阻碍了劳动力的合理配置

劳动力资源是生产要素中最活跃的因素，只有自由流动才能实现资源的最佳配置，最终取得最大收益。但是二元分割户籍制度却束缚着人力资源的自由流动，阻碍了市场对人力资源的有效合理配置。2000 年第五次人口普查调查表明：我国农村剩余劳动力已经达到 1.5 亿，而且每年还要增加 500 万 ~600 万，这些资源的合理配置取决于户籍制度的改革。

(三)户籍制度阻碍了城市化进程

城市化是由农业社会向工业与服务业现代城市社会转变的必然历史过程。集中地体现就是农业人口向非农业人口转化最终实现城市化的过程，这也是人类进步要经历的过程。美国经济学家威廉·阿瑟·刘易斯发表的《劳动力无限供给下的经济发展》和《经济增长理论》指出，发展中国家经济的典型特征就是二元经济结构，其典型特征是农村劳动力大量剩余，也就是隐蔽性失业。因此，如何转移农村剩余劳动力的问题是经济和社会发展的方向。二元分割制户籍制度，人为地强制城乡分离，阻断了农村人口向城市的自由流动，这明显违背了刘易斯定律，导致了我国城市化进程缓慢的严重局面。

(四)户籍制度不利于农民工市民化

20 世纪 80 年代以来我国已经开始对二元分割户籍制度进行改革，虽然也取得了一定成果，促进了农村剩余劳动力转移和农民工市民化进程，但在加速农民工市民化和城市化、城乡一体化方面还有着很大差距。主要存在以下几方面的问题：改革户籍的出发点和主要目的是吸引资本、技术和人才，没有立足于真正的人口自由流动；农民工还是面临很高的准入门槛；蓝印户口政策造成了新的身份差别和身份歧视；二元分割户籍制度造成城乡居民就业权利的不平等；二元户籍制度造成城乡居民保障权利的差别；二元户籍制度限制了劳动力的合理流动，影响了农村剩余劳动力的合理配置和人才的开发；二元户籍制度延缓了城市化进程，阻碍了农民工的市民化进程。

第三节　国外户籍管理制度的特点及对我国的启示

一、国外户籍管理制度特点

法国的账户管理没有单独立法，但包含的法国民法典账户的一部分，建立了官员的身份负责日常的诞生、死亡、婚姻登记，由政府掌握人口状况和人口。法国家庭登记信息与他们的医疗待遇等其他日常生活息息相关的变化意味着整个生活发生了很大变化。

美国实行的是“出生死亡登记大纲”，即只进行公民出生和死亡的登记，公民可以自由迁徙、移民，但迁徙或移民后，生活状态必须符合该城市相关的法律规定，如住房达到一定的面积、有稳定的收入等；否则，有关部门将给予法律制裁。

日本古代的户籍制度的建立受唐代的中国家庭登记制度的影响，从明治维新开始走上了资本主义道路的发展，户籍制度的标准和市场经济国家接近。

荷兰、印度、阿根廷等其他国家的出生登记非常详细，不仅包括公民出生日期、性别和其他内容，而且有他们父母的职业、收入、国籍和宗教信仰。登记作为一项基本的社会管理体制的基础其重要，所以国家高度重视民事登记，与中国不同的是，它们的管理机关多为内政部门、司法部门或统计部门的管理机构。他们的国家对公民的迁移和移居采取更多的是市场加法治的手段，以保持稳定的社会作为一个整体。

从以上国家的户籍制度特点，可以总结出市场经济国家户籍制度的共性：户籍登记的内容全面，详尽具体；户籍管理主体分工明确体制健全；户籍转移制度管理宽松转移自由；户籍管理法规法制化程度较高。

二、对我国户籍制度改革的启示

我们要借鉴国外的先进经验，实事求是，结合自身国情，不断完善户籍制度来适应市场经济发展和社会进步的需要。以下列举了国外户籍制度对我国户籍制度的几点启示。

1. 取消户口附加条件，恢复户籍本来面目

户籍制度的本质职能是证明公民身份和提供人口信息。户籍制度承担人口的社会管理职能，以统计和管理人口信息为目的，公民所取得的户籍仅仅是人的出生、职业、居住、教育、婚姻等情况的一个证明，而不能将社会待遇、社会福利变相作为附加条件与户口登记转移挂钩。而且，要逐步分割户籍管理制度与就业、住房、医疗、教育等的密切联系。

2. 让市场调节人口移动

用行政计划手段来干预人口迁移的话，会造成很大的消极影响，而且成本也很高。例如，大城市只接受高素质人才，将体力劳动者拒之门外，就会造成人才配置不合理，出现城乡结构性失衡，人才匮乏与人才浪费并存，导致各地区经济差距拉大。又如，农民工权益得不到保障，固化等级性造成城乡冲突激烈。因此，要坚决摒弃用计划手段来干预人口流动和迁徙的做法，让人们理性根据自身情况和对未来的预期做出合理的选择。

3. 户籍管理立法

对于我国现行二元户籍制度的现状以及对城乡户籍要求的不合理等，户籍管理立法迫在眉睫。由此，户籍管理就将有法可依，也就能避免在户籍管理中权力的乱用，避免成为寻租和非法牟利的手段，然而户籍制度改革的方式方法一定要与近期制定或即将修订的相关法律法规相衔接，避免会造成管理上的混乱。

第四节　中国户籍制度改革的思路与目标

一、中国户籍制度改革的思路

(一)淡化户籍的地域差异

户籍制度把公民划分为“农民人口”与“非农业人口”，使户籍具有城乡

二元性差异。户籍制度还具有地域差异，按照地区经济发展水平的不同划分为东部发达地区、中部地区和西部地区，按照城市规模的不同划分为超大城市、大城市、小城市、小城镇四个等级。由于经济水平、城镇化及社会福利等方面的不同，不同规模城市户籍显示出强烈的地域关系。

《中国中小城市发展报告（2010）：中国中小城市绿色发展之路》的绿皮书依据中国城市人口的规模现状提出城市的划分标准：其中，常住人口50万以下的为小城市，50万~100万的为中等城市，100万~300万的为大城市，300万~1 000万的为特大城市，1 000万以上的为巨大型城市。

经济发展水平与就业空间和发展机会是紧密联系的，经济总量越大，产业门类越齐全，就业机会越多，发展空间越大，人口迁移的愿望越强烈。中国改革基金会研究所对我国600多个城市进行分析的结果显示，人口规模10万~1 000万的规模效益最高，规模越大城市提供的就业机会就越多。以下是一组几个超大城市流动人口的数据：北京流动人口数550万，占总人口30%；深圳流动人口数1 000万，占总人口85%；广州流动人口数600万，占总人口44%。

城市规模的不同，户籍人口享受的社会福利水平也不完全相同，一般情况下，城市规模越大，户籍人口可以享受更多的福利资源。不同规模城市，社会福利种类和水平都有区别，强化了户籍制度的地域差异。巨大城市，如北京、上海、广州、深圳，社会福利在整体上呈现制度完善、福利种类多且水平高的特征。虽然最近几年，社会福利形式和内容有所变化，但是享受的福利水平并没有降低。以北京为例，北京很多单位招聘人才需要北京市户口，北京市户口人员高考分数比周边身份低很多，享受的教育福利最突出。北京市户口享受的经济适用房、廉租房也远比其他城市户口更完善。

特大和大城市的社会福利整体上呈现制度完善、种类与巨大城市接近，但水平低于超大城市的特征。大城市在住房和教育方面享受的福利程度低于超大城市，大城市户口主要享受子女入学、社会保险、医疗、城市最低生活保障方面的福利。大城市存在着正规劳动力市场和非正规劳动力市场的区别，这种分割强化了对外来人口的排斥。

中小城市的社会福利制度较完善、种类少于大城市，且水平较低。中小城市财政承受能力弱，与户籍相关的社会福利种类和水平明显低于巨大城市和大城市，住房和就业福利基本上与户籍制度脱离关系，教育和社会保障福利水平明显低于大城市。

小城镇社会福利制度不完善，享受的福利待遇的水平差，但还是不同于一般建制镇，1997 年颁布的《小城镇管理制度改革试点方案》规定，只要在城镇落户，有权利享受与当地居民同等的入学、就业、社保等福利待遇。

各个规模城市设置标准不同的“入市”条件，改革户籍制度，淡化户籍的地域差异，单个地方政府改革是远远不够的，必须形成大、中、小城市同时改革的联动机制。

由于各个城市省际社会福利制度不统一，各个城市开展的户籍制度及相关配套政策改革缺乏相互之间的配合与协调，一方面，容易导致人口迁移“扎堆”现象；另一方面，人口的省际迁移的障碍依然很大。因此，在未来的户籍改革中，全国应整体统一步调，形成合力，即全国应统一制定方案，在统一方案的指导下，选择试点城市开展户籍改革试点工作，形成大、中、小城市同步而又梯次联动的局面，这样能够防止某些地方迫于改革压力而暂停改革工作的情况，有助于扫除人口省际迁移的障碍，最终达到淡化户籍制度地域差异的目的。

(二)淡化户籍的身份差异

我国户籍制度是一项国家针对公民身份进行管理的有效措施，户籍制度将社会人口划分为“农业人口”与“非农业人口”。计划经济时期，户籍制度的社会分层制度将社会成员按照“干部”“工人”“农民”三种身份进行区分，不同身份享受不同的社会资源，社会资源由国家占有和分配，社会身份也是由国家赋予，不同身份不能随意转换。计划经济时期的“身份制”包括三面内容：

其一，农村人口与城镇人口，依照户籍制度划分。这两种户籍人口属于不同的利益阶层，在享受国家社会福利资源方面具有很大差距。

其二，干部和非干部，划分的基础是干部管理体制。这两种人口在工资、福利和人才管理方面具有严格的限制，非干部有机会向干部流动，干部实行终身制。

其三，全民所有制工人和非全民所有制工人，工人在不同单位间流动受到严格限制。

改革开放以来，我国沿用传统户籍制度中关于“农业人口”与“非农业人口”的人口划分办法。随着社会主义市场经济体制的逐步建立，户籍制度已完全放开人口在不同产业的就业限制，国家鼓励农业人口转向非农产业就业，人口流动政策也有所松动，因此，大批劳动力流向城市寻求更好的发展机会，特大城市、大城市以及中小城市存在着大量的外来人口，他们工作、生活、居住在城市，却不能享有城市户籍人口同等的社会福利资源，外来人口与城市户籍人口身份差异明显。

为淡化这种差异，我国目前采取的主要措施包括：

第一，建立健全城乡统一的户口登记制度。逐步在省、直辖市、自治区推开按行政区的划分建立城乡统一的居民户口，为将来建立中华人民共和国居民户口创造必要条件。选择试点城市，实施户籍常住地登记和属地化管理制度。在“入市”门揽方面，在超大城市、大城市逐步实行以准入条件替代人口计划管理。

第二，人口自由迁移政策制定。逐步降低城市户籍的准入门槛，放宽户口迁移的限制，让外来人口能够拥有城市户口，享受与城市居民同等的社会福利，淡化农村居民与城市居民的身份差异。

第三，剥离与户籍相关的福利资源。剥离社会福利资源，还原户籍原本人口统计和人口登记的功能，让户籍制度所划分的两种不同身份真正失去社会价值和经济价值。

(三)淡化户籍的利益关系

与户籍相关的社会福利资源属于社会公共品，社会公共品属于福利经济学范畴。在某个特定区域，社会公共品供给有限，因此，社会福利资源分配存在选择性供给具有一定的合理性。但是，我国公民户籍身份通过继承获得，把户籍作为社会资源分配的资格条件，在市场经济体制下显失公平。淡化户籍制度的利益关系，让户籍制度回归人口信息统计和户口信息登记的基本功能，使户籍管理成为国家最基本的社会管理制度，是户籍制度改革的最终目的。

目前，我国户籍制度改革裹足不前，未能取得根本性改革成果的重要原因之一是户籍制度附着了太多福利资源，福利资源分配制度与户籍制度相互影响，互相强化，导致户籍制度改革困难重重。例如，郑州市户籍制度改革导致人口大规模迁入，与城市基础设施、社会公共服务产品的供给存在需求远远大于供给的矛盾，最后造成郑州户籍制度改革不得不中断。这也说明了，户籍制度改革是一个牵一发而动全身的系统工程，要想户籍改革成功，必须与相关政策配套进行综合性改革。

淡化与户籍相关利益的过程也是剥离户籍制度社会福利过程。户籍制度附带的社会福利资源，最根本的原因不是户籍制度本身，而是福利资源制度的设计安排，因此，可以想到，剥离社会资源最根本的办法不仅仅是改革户籍制度，更重要的是有赖于福利资源制度本身的改革与调整。因此，在户籍制度改革的方案中，就业制度、医疗制度、教育制度、住房制度、社会保障制度等方面的制度也必须同时制订改革方案，同步实施改革方案。

户籍制度改革工作不仅要加强部门间协调和合作，还要加强区域间的联动和合作。公安部门必须加强与教育、民政、工商、税务、财政等有关的协调，制定相关改革的政策，如教育制度改革的政策、医疗制度改革的政策等。此外，为消除地方保护主义的障碍，需建立省际的户籍制度改革联动机制。在户籍制度改革的步骤和方法上，本着先易后难的原则，遵循市场经济规律，引入市场机制挑选享受社会资源的主体，实施渐进式改革。首先，剥离一些与市场关系密切社会福利，如住房福利、就业福利。改革目前的住房结构体系，以政府积极引导为主，调整廉租房和经适房分配方法，让在城市工作和生活的居民能够有资格申请廉租房和经适房，淡化城市内部本地居民与暂住居民的“二元”差异。

首先，建立健全统筹城乡的劳动力市场，完善服务，让劳动力资源实现城乡间、区域间的自由流动。其次，一些与当地政府财政支持关系密切的福利，可随着社会主义市场经济体制的逐步完善和财政体制的不断改革，逐步剥离。最后，完成户籍改革的最终目标，就是通过政府“有形的手”和市场“无形的手”彻底剥离户籍制度附带的社会资源。

（四）户籍的财政配套改革

改革开放前，中央政府实行事权财权高度集中，中央与地方的关系是“决策—执行”的关系，地方自主权有限。这种情况下，中央与地方政府之间不存在事权与财权的不匹配问题。改革开放后，中央为充分调动地方的积极性，主动放权让利，但导致区域间经济发展及社会事业差距拉大了。为保证中央的宏观调控地位，我国实行分税制改革，妥善处理中央与地方政府的事权与财权关系，这项财政体制改革大大提高了中央财政收入的比重，该比重从 1993 年的 22% 增加到 2005 年的 52.3%，也同样提高中央政府财政转移支付的能力。

分税制改革模糊了中央与地方的事权、财权关系，一是削弱了地方财政能力；二是中央财政转移支付力度小；三是中央仍然把部分社会发展的责任放给地方政府；这样导致责任下放的同时没有足够的财政转移支付，造成地方政府的事权与财权的不匹配。

户籍制度附着的利益关系涉及多方社会主体，有中央政府、地方政府、城镇居民和农村居民。能否处理好中央政府与地方政府的财政利益关系，是户籍制改革能否取得成功的关键。可以对户籍制度附着的所有社会福利进行分类，对于受教育与就业机会等应由中央统筹解决的社会福利归位中央统筹类；对于住房保障、医疗保险、社会保障等需要地区间进行协调，并在未来时期才能达到全国范围内平等可能性的社会福利归位地方统筹类。

对于中央统筹类社会福利的改革，中央财政应成为投入主体。为将城市就业、受教育福利从户籍制度上剥离出来，实现全国范围内教育和就业机会平等，应把教育和就业的财政补贴费用纳入中央财政进行集中考虑，统一统筹考虑。目前，我国教育尤其是基础教育的费用以及就业的补贴都由地方财政负担，各地区经济发展水平不一致，导致区域、城乡居民享受的教育资源并不相同。

对于地方统筹类的社会福利的财政改革改革，应注意两方面问题：第一，逐步提高社会福利统筹层次。从社会福利的县级统筹逐步提高到市级统筹、省级统筹乃至全国统筹，增强社会福利可转移性。第二，改革应循序渐进。区域间、城乡经济水平较大，为保障户籍制度改革取得实际性成效，改革可分为三个层次逐步进行：第一步，改革在经济发展水平接近的城市间进行，如在北京、上海、广州、深圳等大城市展开；第二步，在大城市之间展开取得一定成效时，可以尝试在省内不同发展水平的城市进行，实现中小城市的对接；第三步，在第一步和第二步取得成果之后，可以尝试在省际城市进行运作，实现社会保障在不同经济发展水平的地区进行自由转换，并享受同等的福利水平。

二、中国户籍制度改革的目标

(一)城乡统一治理

经济全球化大背景下，我国区域间也在积极寻求合作，逐步形成区域经济一体化态势，区域经济一体化促进城乡经济一体化发展，这是我国经济发展的一大特点，但无论是区域经济一体化还是城乡经济一体化，户籍制度是一个最大的制度壁垒，由于目前的户籍制度及其所牵连的政策不实行全国统一制定，一般都由各个省、自治区、直辖市自行制定，适用范围仅限于本地区。实施户籍制度改革的一大目标就是加速城乡之间的社会融合，构建城乡一体化发展的管理机制，实现城乡统一治理，从而为城乡经济一体化提供制度层面的保障。

城乡统一管理机制不仅可以缓解二元结构体制下的社会矛盾，还能解决经济发展中遇到的问题，这在一些发达国家得到证实。当国家在快速的经济增长之后，城乡差距拉大，社会发展滞后，通过城乡一体化发展，使得很多问题逐步得到缓解和解决。

城乡统一管理机制里面应包含 5 个子系统，这 5 个子系统分别是城乡统一管理制度支撑系统、以民为本的透明财政系统、城乡一体的社会服务组织系统、人口流动子系统、良好的社会管理文化系统。

第一，城乡统一管理制度支撑系统。构建这个系统的目的是建立健全城乡统一的户口登记管理制度，改革现行的城乡分离的二元户籍制度特征，取消“农业人口”与“非农业人口”的区别，以人口常住地作为户口登记的标准，使户口登记信息能够及时、如实地反映公民居住和身份情况。坚持户口管理与人口管理相结合的户籍改革取向，以身份证管理为手段的人口动态信息管理，能避免以户口簿为手段的户口静态管理形式的一些弊端，建立以常住地登记入户，以迁入地管理为主，统一登记户籍。此外，按省、自治区、直辖市行政区划为标准，建立城乡统一的居民户口，为中华人民共和国居民户口创造必要条件。

第二，以民为本的透明财政系统。为让中国广大基层劳动人民享受改革开放经济成果，我国须加大政府对公共财政的投入力度，完善投入机制，提高财政预算向广大农村基层倾斜的比例，实现基层财政投入法定化管理，构建民生本位的城乡一体化的财政投入体制。

第三，城乡一体的社会服务组织系统。鼓励非政府组织参与社会管理，赋予社会组织一定的社会管理功能，提高其服务的能力。支持城市社会组织将服务延伸至农村，完善城乡服务网络，增强社会组织在融合城乡系统发面的能力，带动提升农民发展的自我组织能力。

第四，人口流动子系统。设立流动人口管理部门，综合目前流动人口管理各归口部门的职责，实现管理权力集中，防止管理权力分割，管理责任不明确等问题，方便人口城乡、区域间流动。加强流动人口的社会保障，做好流动人口的服务工作。

第五，良好的社会管理文化系统。一方面，倡导政府工作的效率文化。减少政府机构设置，减少政府审批程序，提高政府办事的时效性。另一方面，倡导社会公平文化。政府在制定相关政策法规的时候，应该以均衡区域和城乡差别、缩小职业差别、消除职业歧视为目标，加快城乡一体化发展。

(二)城乡居民权利趋同

我国目前的户籍制度是一个制度体系，户籍制度的配套政策制度过多，对户籍制度改革的实施带来很大困难。要想户籍制度改革达到既定目标，实现城乡居民权利的趋同，必须逐步剥离附着在户籍制度上的社会福利政策，只有对与户籍制度相关的社会保障、教育、医疗、就业等制度同时实施改革，才能为户籍制度改革取得重大实际性成果提供具有可操作性的平台，否则户籍制度只是空喊口号，城乡居民权利的趋同更是一句空话。

1. 构建覆盖城乡的社会保障体系

健全社会保障体系是保障城乡居民权利的基础，让农村居民享有同城镇居民平等的社会保障，有利于城乡之间的社会融合。社保体系不但要考虑城市居民的社会保障，还得重视完善外来务工人员的保障问题。目前的户籍制度改革已逐步放开公民的自由迁移，但外来人员的基本生活保障、就业、受教育等权利也应该趋同于城市居民，这是构建农村人口科学合理流动体系的政策基础，也是推进巩固我国城镇化建设水平的政策选择。

过大的城乡经济社会差距，是农村人口流向大城市的根本原因。在参照各地区经济发展水平的前提下，中央稍作政策倾斜，地方政府加大对农村的民生财政支持，提高社保水平和层次，建立健全合理的城乡社会保障体系，保障城乡居民同等的社保权利。

2. 进行就业体制改革

人口自由迁移权利得到更好实现的重要基础是迁移人口在城镇能够与用人企业签订比较稳定的劳动合同以及拥有正常稳定的收入来源。劳动合同的签订可以通过《中华人民共和国劳动法》保障劳动者合法权益，改变过去外来人口在城镇遭遇的“招之即来，挥之即去”的就业状况。充分发挥劳动力市场在就业调节中的作用，构建自主择业、市场调节就业和政府促进就业的城乡就业制度，逐步农村剩余劳动力的有序流动，逐步实现城乡劳动力市场的一体化。在城镇实施最低工资制度以及企业欠薪的管理办法。通过这一系列的改革，逐步实现城乡居民在就业方面权利的趋同。

3. 完善城乡居民教育医疗制度

提高政府对农村教育经费的支出，是实现城乡居民受教育权利趋同的重要举措。加大农村社会技术培训力度，强化农村与城市之间教育培训的合作交流，以城带乡，推进城乡教育一体化发展进程。按照我国“十二五”规划“保基本、强基层、建机制”的目标要求，建立覆盖城乡居民的基本医疗保障体系，逐步提高城乡医疗保障标准，健全城乡医疗卫生服务体系，完善中央对农村医疗卫生的专项转移支付制度，加大地方政府对农村医疗服务的财政投入，确保农民拥有相对完善的医疗保障权利。加强城市医疗对农村医疗的反哺，基本实现城乡居民享有均等化的医疗权利。

（三）削弱城乡二元结构

1. 实现人口自由迁移

农业结构调整和现代科技的应用，农业劳动生产率提高，在农业内部产生大量的农村剩余劳动力。剩余劳动力要想进入城市寻求就业机会，拥有城市户口，必须要跨过户籍制度的落户标准，户籍制度是农村人口向城市流动的制度壁垒，在劳动力自由转移和有序流动过程中扮演重要角色。城市经济的快速发展，将会提供更多的就业岗位，为劳动力有序流动提供现实可能性。因此，户籍制度改革的最大目标就是实现人口的自由迁移，缩小城乡差距。

户籍制度改革涉及两方面的重大内容，其一，还原户籍制度的原本功能。新中国成立之初，户籍制度除了人口登记、人口统计功能之外，还与其他具体制度政策相联系，共同构成户籍制度体系，这些制度分别是粮油等生活必需品供应制度；城镇居民住房制度；医疗、养老和劳动保险保障制度；教育和就业制度；服兵役制度；婚姻家庭制度。改革后的户籍制度应剥离附带的社会福利制度，实现功能归位。其二，人口自由迁移政策改革。这是户籍改革的另一项重要内容，也是户籍改革的关键点，只有降低并逐步取消“入市”门槛，才能让暂住人口和农村人口落户城市，户籍制度改革才算成功。

改革开放以来，我国户籍制度在人口自由迁移方面积极尝试改革。小城镇户籍完全放开，只要有合法固定住所、稳定职业或生活来源的农民，均可转为城镇户口，与城镇居民一样享有子女入学、参军、就业等方面的平等待遇，促进农村剩余劳动力向小城镇有序转移。小城镇户籍制度改革对打破二元结构下的城乡户籍壁垒具有强大的推动作用。

中小城市进行户籍制度改革初探。放宽中小城市的落户条件，让在城市稳定就业和居住的农民与机会转为城镇居民，完善对外来流动人口的服务和管理体制，是户籍制度的有限突破，不过预示着二元户籍制度在中小城市乃至大城市的改革为期不远。

目前，我国户籍制度对人口“入市”的落户要求是同时拥有固定住房和稳定收入这两个基本条件。“住房”即国家公开拍卖或者计划分配的土地，由房地产公司建设，具备房屋产权证和土地使用证的商品房。“收入”即拥有正式职业的全部收入。世界各国户籍制度实践经验表明，把住房和稳定收入作为“入市”的基本条件是合理的，但需要对“收入”和“住房”进行宽松界定，降低"门槛"标准。特别是现在城市房价一直居高不下，这对大多数在城市拥有稳定收入的人来说，还是高不可攀，因此，"住房"条件标准可以把大产权房、小产权房等纳入进来。对于投资经商人员、拥有技术职称和高等学历等特殊人员，可以实行特殊政策落户。

降低人口"入市"标准，需要本着循序渐进的原则，制定降低、取消"入市"条件的战略规划，按时间进行分步实施，防止盲目实施带来的城市问题。

2. 推动城市发展

城市化是工业化发展达到一定程度的必然产物，是我国实现社会主义现代化的必经过程。衡量城市化水平的重要标志是农民数量的多少，农民转化为市民的速度，在很大程度上决定着城市化进程的快慢。新中国成立以来，我国经济发展的实践证明，城市化与工业化呈现不同步发展态势，城市化水平严重滞后工业化水平。城市化发展缓慢的一个重要原因是传统户籍制度的障碍，改革二元户籍制度的目标就是推动城市化发展，统筹城乡经济社会协调发展。

改革开放以来，不同规模城市的户籍政策出现了一些松动，尤其是小城镇，完全放开了落户标准。但是大城市、特大城市中仍然存在大量的暂住人口，暂住人口与当地居民在政治、经济、文化等方面存在很大差异，形成城市内部"二元结构"现象，严重影响城市化水平。在一些中小城市，也存在这种现象，但由于中小城市现代化水平低于大城市，这两者之间的差别相对较小。虽然改革开放以来从农村流向城市的人口很多，但由于进城农民难以获得城市户口，成为城市的边缘人口，导致人口城镇化水平下降。

在城市进行户籍制度改革，目的就是为了更好解决在城市拥有稳定工作和生活，却没有城市户籍的暂住人口的户口难题，增强这部分群体对城市的归属感和认同感，提高他们在城市工作的积极性，增加他们的消费信心，从而加快城市化进程。

3. 引导农民转向非农产业就业，拉动内需

拉动国家经济增长的三条基本途径分别是投资、出口和内需。金融危机之后，全球经济尚未彻底回暖，我国产品出口受到极大影响；投资会在一定程度上造成经济过热，不能完全依赖政府投资刺激经济。因此，我国经济要想保持持续稳定增长，必须在扩大内需方面做文章，寻找出路。目前，城镇居民消费状况相对稳定，提高我国整体消费需求的方法有两个：其一，提高农村消费需求。农民消费预期与经济收入和社会保障有着直接的联系，完善农村社会保障

体系，解决农民基本生活、医疗等保障之后，必然会改善农民消费预期。当然，最直接的方式是增加农民经济收入。其二，积极引导农民转向非农产业就业，减少农村人口。目前，我国农村人口数量庞大，引导农民转向非农业部门就业，加快农村人口向城市转移，能够有效解决我国内需问题。

由于特殊的历史背景，我国实施工业化过程中未能推进城市化发展，导致我国农村人口数量偏大，农村消费水平过低，从而造成我国长期市场需求不足。尽管最近几年，国家采取很多举措积极拉动内需，但都未能从根本上改变内需不足的局面。要想从根本上解决这个问题，保障我国经济持续稳定快速发展，必须提高城镇化发展水平，消除城乡二元经济社会结构。

4. 加大对农村的财政投入力度

长期以来，我国采取重工业优先发展战略，实行工农产品“剪刀差”，农村、农业为我国工业化发展做出积极重大的贡献，农民却很难分享经济发展成果。缩小城乡差距，消除城乡二元结构，实施城乡统筹发展，需要国家加大对农村财政投入的力度。

5. 建立统筹城乡生产要素市场

户籍制度需适应社会主义市场经济体制，市场经济最重要的特征是实现生产要素的优化配置。传统的户籍制度严格限制人口迁移和商品流通，改革户籍制度，按照市场经济要求，建立健全统筹城乡的生产要素市场体系，加快培育城乡一体化的商品市场和劳动力市场，在市场价值规律和自由竞争的推动下，促使商品和劳动力等生产要素在全社会范围内优化配置。劳动力将在市场经济环境下拥有平等的就业机会和权利，缓解农村劳动力剩余和城市劳动力短缺的结构性就业矛盾，整体提高社会劳动生产率。

发挥城市带动农村，工业反哺农业的政策优势，利用城市的辐射和带动功能，在市场的引导下，带动农产品市场发展，提高农产品商品化程度。鼓励发展农民专业合作组织，积极引导城市经济组织向农村延伸和发展，促进农村专业合作组织组织化程度的提高。

第五节　重庆市户籍制度改革的试验

重庆市以解决农民工城镇户口为突破口，从 2010 年 8 月开始全面启动户籍制度改革。与我国其他地方所进行的户籍制度改革相比，此次改革由政府主导，规模大、政策涉及面宽、户改进程快，引起了社会的广泛关注被认为是中国大城市以破除城乡二元体制藩篱为目标，有组织地进行户改的一种尝试。

重庆的本次户改遵循"统筹规划、自愿有偿、积极稳妥、综合配套、促进发展"的原则，采取全面推进的方式，政策目标明确：力争到2020年全市户籍人口城镇化率达到60%以上。该总体目标被明确分解为两个阶段实施：

（1）2010至2011年，重点推进有条件的农民工及新生代登记为城镇居民，解决户籍历史遗留问题，力争新增城镇居民300万人，户籍人口城镇化率由目前的29%上升到37%。

（2）2012至2020年，通过系统的制度设计，进一步放宽城镇入户条件，力争每年转移80万~90万人，到2020年新增城镇居民700万人，非农户籍人口比重提升至60%，主城区集聚城镇居民1 000万人，区县城集聚城镇居民600万人，小城镇集聚城镇居民300万人。

为迅速推进户籍制度改革，重庆市户籍制度设定的转户重点群体包括：①有条件农民工及新生代，包括在主城区务工经商五年以上或在远郊区县城务工三年以上的农民工，农村籍的大中专学生和新增退役的农村士兵；②解决历史遗留问题，包括1982年以来全市已用地未转非人员、大中型水利水电工程建设失地未转非人员、城中村未转非人员和农村集中供养五保对象。

为保证户籍改革的顺利进行，保障转户农民的利益，本次改革进行了综合的政策设计，对农民转户进城设计了"3+5"政策体系：①"3年过渡"，是指对农村居民转户后承包地、宅基地的处置，设定了3年过渡期，允许转户农民最长3年内继续保留宅基地、承包地的使用权及收益权；②"5项纳入"，是指农村居民转户后，可享受城镇的就业、社保、住房、教育、医疗政策，实现转户进城后与城镇居民享有同等待遇，体现"劳有所得、老有所养、住有所居、学有所教、病有所医"。

从实际结果来看，本次户籍制度改革基本达到政策的预期目标，到2010年12月就有100万农村居民实现了"农转城"。截至2011年，此次户改累计转入城市人口数量达到了322万人，符合政策预期，平均每天转户6 178人，短时间内迅速提高了重庆市的城镇化率。

第八章　社会保障制度

第一节　中国社会保障制度的历史沿革

一、“计划型”社会保障制度

在改革开放前，中国实施的“计划型”社会保障制度属于社会主义制度的有机组成部分，在强调国家—单位—个人利益高度一致的原则下，由国家扮演社会保障制度的确立者、保证者角色，是一种典型的国家—单位保障制模式，在一定时期内对新中国的经济社会发展起到了积极作用。发展历程大体经历了三个阶段。

1. 创立阶段（1949—1956 年）

新中国成立后，国务院先后制定和颁布了一些社会保障法令和法规，1952 年 2 月政务院公布了《劳动保护条例》，标志着新中国的社会保险体系的建立，其保障对象是企业职工，保险项目包括疾病、负伤、生育、医疗、退休、死亡和待业等。1952 年 12 月公布了《国家机关工作人员退休处理暂行办法》对国家机关工作人员的退休办法做出明确的规定。以此为基础，初步建立起企业职工社. 会保险制度、国家机关工作人员社会保险制度、社会保障优抚制度，这三大制度构成了新中国的社会保障的主要内容。

2. 发展阶段（1957—1966 年）

这个阶段，我国为了适应社会主义市场经济的建设发展与第二个五年计划任务实施的需要，对相关社会保障制度进行了一些必要的修改，并颁发了一系列社会保障政策和法规。主要方面有实施公费医疗和劳保医疗制度，统一退休退职制度，制定职业病范围和职业病患者的待遇制度，制定被精简职工的社会保障制度，初步设立农村合作医疗制度，建立集体企业职工的社会保险制度。

3. 停滞阶段（1967—1976 年）

在这一阶段，由于“文化大革命”时期的错误思想，国社会保障事业的发展建设受到了十分严重的影响。在社会保险方面主要表现为社会保险管理机构被撤销，社会保险处于一种无人执行、监督的状况，社会保险法令、政策在许多单位和地方得不到相应的贯彻执行。在中央政府宏观管理层面主要表现为社会保险制度设计被空置，出现一种“真空”的状态。在社会救济方面表现为，社会救济和灾民救济工作缺乏统一的组织和管理，故而处于停滞状态。在社会福利方面表现为，许多福利性的生产单位被合并到有关工部门或者直接撤销，许多福利设施被占用、合并或撤销，使相当一部分社会福利对象重新陷入了生活的困境。这时期，这种政治上的无政府状态所带来的冲击，使我国的社会保障事业发展陷于一种停滞甚至倒退的状态中，付出十分沉重的代价。

二、与市场经济体制相适应的社会保障制度改革

以十一届三中全会为标志，改革开放后，走发展社会主义市场经济路线时，社会保障制度也进行了相应的改革，改革主要围绕两个关键问题进行：① 重建政府的社会保障职能，消除“文化大革命”的影响，使政府重新成为组织和建设社会保障事业的主体。② 解决企业办理社会保障的问题。改革范围从原有改革国有企业职工养老保险、失业保险制度开始，逐步扩大到社会优抚安置、医疗保险、国有企业下岗职工最低生活保障制度、社会救济、城市居民最低生活保障制度等内容，进行系统的、全面的改革。大体上可以将这时期的分为三个阶段：

1. 改革探索阶段（1978—1992 年）

这一阶段是以养老、医疗和失业保险为重点，并逐步恢复、完善和发展农村“五保”供养、救济救灾等社会救助制度。是在国有企业的一些与改革紧密联系的项目上打破了原有计划经济的束缚，开始逐步建立与社会主义市场经济相适应的保险项目，如提出了初步建立失业保险制度、探索医疗保险社会统筹、建立多层次的养老保险体系等。

2. 制度框架初步形成阶段（1993—2002 年）

1993 年党的十四届三中全会通过了《中共中央关于建立社会主义市场经济体制若干问题的决定》将社会保障制度作为构筑我国社会主义市场经济

的五大体系之一。其后，国务院于 1997 年发布《关于建立统一的企业职工基本养老保险制度的决定》，1999 年颁布《城市居民最低生活保障》和《失业保险条例》，确立了养老和医疗保险的制度模式，建立了城镇失业保险制度，生育保险、工伤保险制度进一步完善。至此，我国社会保障制度框架初步形成。

这一阶段社会保障制度的改革主要表现出了以下特点：扩大了社会保险覆盖面；保险社会化程度日益提高；确立了失业保险制度，建立了社会保险基金；“保险型”社会保障模式逐步确立。

3．全面覆盖阶段（2002 年至今）

2002 年，自党的十六大报告把社会保障作为全面建设小康社会的重要内容，明确要求建立健全同经济发展水平相适应的社会保障体系。

2006 年，党的十六届六中全会通过了《中共中央关于构建社会主义和谐社会若干重大问题的决定》，将到 2020 年基本建立覆盖城乡居民的社会保障体系作为构建社会主义和谐社会的重要目标。2007 年，党的十七大要求“加快建立覆盖城乡居民的社会保障体系，保障人民基本生活”。在这大背景下，我国社会保障制度进入了以政府基本公共服务均等化为主线的全面覆盖、加快发展阶段。这一阶段的社会保障制度改革注重城乡统筹发展，着力扩大覆盖面，以社会救助、社会保险、社会福利为基础，以基本医疗、基本养老、最低生活保障制度为重点，建立覆盖城乡居民的社会保障体系。同时，社会保障制度建设迈入了规范化和法制化的新阶段。

第二节　社会保障城乡一体化面临的现状与问题

我国现阶段正开始筹备建立覆盖城乡居民的社会主义保障体系，因我国社会保障制度的现状及其问题有着浓厚的时代背景：中国的社会经济正处于一个由计划经济向社会主义市场经济转型的特殊时期。地区发展的不平衡和社会成员之间发展的不平衡，使社会保障制度也正处于一个特殊的转型时期，即打破原有的多系统的城乡分离的保障体制，建立覆盖城乡、使居民普遍受惠的社会保障体系。要实现这个目标，必须着眼于现状，逐步解决当前存在的问题，方能使这项牵扯到社会各方面个阶层利益的事业稳步发展。

一、我国社会保障制度现状及城乡一体化试点做法

我国“计划型”社会保障制度在体现社会主义制度的优越性，巩固新兴社会制度，显示和巩固国有经济地位等方面曾发挥了重要作用，但也存在着不公正性、难以调节经济结构、带有阶层歧视色彩等缺点。改革开放以后，社会保障事业获得了快速的发展，围绕“一个中心、两个确保和三条保障线”基本建立了一个涵盖社会保险、社会救助、社会福利、优抚安置和社会互助等项内容的比较完整的社会保障体系。但是，就社会保障的社会性和功能性来看，中国社会保障事业当前面临的最大的问题是：长期工农业发展的“剪刀差”。城市和农村社会发展的不均衡，使我国社会保障制度存在着城镇与农村二元结构的失衡，社会保障体系具有明显的城乡对立的二元性，这是一个结构性问题。是当前国内城镇化进程中，大量失地农民融入城市的过程中，得到的社会保障无法满足生活的需要乃至发展的需要。从以下数据中可以明显体现出：在我国占人口总数20%的城镇居民享受着89%的社会保障经费，而占人口80%的农村居民的社会保障仅占全国保障费的11%。城镇已初步建立了较高水平且完整的社会保障体系，与此同时养老保险金已基本实现了社会统筹。而在中国广大的农村社会，仍然足以乡村集体办福利事业和国家救济为重点、以家庭保障为主体的社会保障，除了医疗保险和养老保险进行了相应改革试点以外，其他类型的保险项目基本上仍没有建立起来，城镇的社会保险覆盖率已达到90%以上，而在2010年前，农村参保覆盖率不足2.4%。这明显违背了社会保障的普惠性和公平性。

基于这种二元经济结构和农村保障制度的缺失现状，尽管统筹城乡经济和社会发展业已成为近年举国的政治共识，但建立与发展农村保障制度，实现城乡社会保障的统筹与协调发展并最终实现一体化仍然面临着重重阻力。目前国内社会保障城乡一体化的试点地区，基本上足以养老保险与医疗保险进行统筹，对于公积金、失业保险、生育保险等方面较少涉及，其中以江苏、浙江两省的社会保障城乡一体化改革较为典型。

（一）江苏社会保障城乡一体化的举措

1. 就业保障方面

江苏省以构建城乡就业信息网络和乡镇机构平台为基础，并通过制定了一系列适用于各类经济组织和城乡劳动者的统一的劳动管理办法，建立以市职业介绍中心为龙头，各乡镇职业介绍所和民办职业介绍作为延伸，覆盖全市的劳

动力市场服务网络，对城乡劳动力实行统一的求职登记制度，基本实现了劳动力流动、就业、登记的一体化。对农村劳动力只要愿意到各乡镇职业介绍所进行求职登记，均视为农村失业劳动力，政府给予与城镇劳动力相同的就业帮扶政策。江苏通过这一系列措施，试图建立起一个统一的劳动力市场以及城乡一体、多层次、全方位、宽领域的就业运行机制，并试图借此打破劳动用工的城乡分割局面，使城乡劳动者在就业方面享有平等的机会。而上海市青浦区的做法则是把农村富余劳动力与城镇劳动力的就业工作一起列入政府职能部门的工作职责范围，实施“两个相同”措施，即农村富余劳动力享受与城镇劳动力相同的就业服务和就业政策。一是就业工作城乡统筹来考虑；二是将农村富余劳动力统一纳入技能补贴培训范围；三是城乡居民统一享受就业优惠政策，对农民进城从事餐饮、家政等社区服务业的，享受城镇非正规就业的优惠政策，对农村就业困难人员实施就业援助。另外还通过职业培训、政府购买服务等方式增加农村失业人员的就业机会。

2. 社会保险方面

上海市建立小城镇保险，实现“征地安置、社会保险、户籍转性”三联动。在征地安置中必须解决被征地农民的社会保险，否则不予办理户籍转性。“镇保”制度可简述为“24 + X”。其中的“24”是指“镇保”的基本费率为24%，养老保险17%，医疗保险5%、失业保险以上一年度社会平均工资的60%作为基数，这是“镇保”的基础平台，实行社会统筹，用以确保基本的养老、医疗、生育和失业保障。常熟市政府根据农村养老现状和本地经济发展水平，按照“社会经济与自我保障相结合，公平和效率相结合，社会统筹与个人账户相结合”的原则，以“促进城乡劳动力合理流动，推动城乡统筹就业，加快小城镇就业和建设步伐”为目的，重新设计农村社会养老保险制度。他们在筹资方式上寻求制度改革的突破口，建立起统账结合、与城镇职工基本养老保险制度相接轨的农村社会养老保险，出台常熟市农村养老保险暂行规定。农村社会养老保险的缴费数为人均400元/月，缴费比率与本市城镇企业职工基本养老保险一致，目前为25%（其中用人单位18%，职工个人7%），并规定“今后随城镇企业和职工养老保险缴费比例的调整作相应调整”。

（二）浙江社会养老保障城乡一体化的举措

浙江主要以个人缴费、集体补助、政府补贴的方式，为每个城乡居民社会养老保险参保人建立终身记录的养老保险个人账户。并与原农村社会养老保险制度、职工基本养老保险制度、被征地农民基本生活保障制度及其他保障待遇进行衔接。“凡已参加了原农村社会养老保险（以下简称老农保）、年满60周岁且已领取老农保养老金的参保人，在继续领取老农保养老金的同时，享受城乡居民社会养老保险基础养老金；已经参加了职工基本养老保险这一保障的城乡居民，期间如果因为就业情况发生变化而导致中断缴费的，或者职工基本养老保险缴费的年限累计起来不满15年的，可以将职工基本养老保险关系转移到户籍所在地参加城乡居民社会养老保险，依据相关规定享受城乡居民社会养老保险的待遇；在城乡居民社会养老保险制度实施之后，参加城乡居民社会养老保险的农村居民，如果该农村居民被征地且符合参加被征地农民基本生活保障条件的，可以同时参加被征地农民基本生活保障。”

二、社会保障城乡一体化面临的问题

我国的社会保障城乡一体化，究其实质就是通过打破相对较落后的农村地区与发达的城市之间存在的社会保障体系割裂的壁垒，改变因城乡二元化发展造成的城乡二元社会保障结构。“在社会保障制度的设计上把城镇居民和农村居民作为一个整体来进行综合研究、谋划统筹，并依据市场经济规律的要求，通过政策调整和体制改革，借此消除体制性和制度性障碍，实现逐步缩小直至消灭城乡社会保障之间的基本差别，实现城乡在体系上的互补、政策上的平等、国民待遇上的一致，是整个社会保障协调、全面、可持续的发展”。

当前，在我国社会保障城乡分立向城乡一体化的转型的进程中，经历了试点、扩大试点等实践探讨。在这过程中，学者们对社会保障制度当前现状和在发展过程中出现的问题进行了多方面的探讨，本研究将社会保障城乡一体化过程中需要解决的问题概括为以下几个方面。

1. 社会保障城乡一体化的方向性问题

社会保障城乡一体化的方向性问题是社会保障制度公平与效率之争议的延续，即在社会保障城乡一体化的过程中，建立、发展社会保障制度应以实现其基本功能——维护社会公平——为主要目标。还是应以建立社会保障制度的最终目标促进生产力的发展，以及我国当前的首要任务保持和提高生产力发展水平（即提高效率）为主要目标。

2. 社会保障制度壁垒——“碎片化”问题

社保制度的“碎片化”指不同人群依据不同身份拥有不同的社保制度。

这种“碎片化”现象在全国普遍存在，起因是我国的社会保障制度的改革始于国有企业改革，带有明显的国企改革配套特征。随着改革深入和参保范围的扩大，统账结合制度从国企走向社会，向非公经济成分、农村、其他群体时，难以适应这些不同的群体。因此，为满足各地参保群体的意愿和要求，适应社会发展的需要，许多地方政府开始纷纷采取措施，例如降低费率、单独建立小制度的办法，以最大限度的覆盖城镇灵活就业人员、农民工、务农农民、失地农民等不同群体。这在当时就使社保制度逐渐呈现一个碎片化发展趋势，形成城市与目前农村分割，私人部门与公共部门对立的多种退休制度并存状况。“碎片化”问题具体表现为以下几种特点：

（1）有碍于社会稳定，“碎片化”的社保制度必然导致多种不同保障待遇，待遇之间的差距必然导致不同群体之间的攀比，进而造成社会摩擦和社会矛盾。

（2）有碍于社会流动，在社会大转型的时代，劳动力要素流动是市场经济的一个内在要求，全国大市场的形成需依赖于社保制度的配套和支持。如当前农村的社会保障方式，以家庭保障为主。而家庭保障又以土地为核心，不适应工业化与城市化的要求，使农村剩余劳动力难以脱离土地，改变身份，融入城市。一则导致人地矛盾激化；二则使城镇缺乏劳动力，企业招工困难。同时，在市场经济条件下，城镇居民身份变化频繁、流动性大，这种状况也给城镇居民带来诸多不便。

（3）使社保资金运用效率低下，“碎片化”的社保体系使社会保险经办机构重复建设严重，这种状况不但加大社会保障工作行政成本，也给制度统一性、规范性和可持续发展造成障碍。

（4）难以扩大社保的覆盖面，通常制度越简单，越容易推广和被大众接受。而“碎片化”的社保制度，有多种制度并存，令参保者无所适从，尤其对于介于城镇农村之间的农民工来说，增加了他们对社保制度认知的难度，影响他们的参保积极性。近年广东的农民工退保现象的多发已经凸显了这个问题。

（5）有碍于社会和谐。在“碎片化”社保制度下，同工不同待遇。实质上是一种“身份歧视”“制度歧视”“待遇歧视”，不仅为制度运行带来较大的成本和困难，同样也不利于社会融合。

中国传统模式社会保障制度是一个项目不全、范围狭隘、互相脱节的、残缺的、“碎片化”的体系，同时也是一个独立板块结构。而社会主义市场经济和中国社会的健康发展却需要有互相协调、体系完整的社会保障制度，从而决定了中国在进入社会保障总体改革与整体推进阶段时，首先应当实现对传统模式社会保障制度的体系创新，打破制度壁障，克服“碎片化”以此创立一个统一的社会保障体系。

3. 阶层分化问题——导致社会参与度失衡

世界各国的发展经验表明，中等收入者占大多数的社会，即两头小中间大的“橄榄形”或“纺锤形”社会，是比较稳定的社会，也是理想的现代化社会结构。与之相对的则是传统的“金字塔形”结构，即少数人居于社会上层，中间呈过渡状，而下层很大的社会结构。不少学者认为，我国正处于“金字塔形”向“橄榄形”过渡的转型期。社会的中间阶层规模比较小，社会阶层结构不够合理。美国政治学家塞缪尔·亨廷顿曾在其著作中指出：一个国家的社会形成了这样一种橄榄型的社会阶层结构形态，这个国家可以说就真正实现了现代化，国家的长治久安也有充分的保障。

中国的社会阶层结构在过渡期间，可视为一种中下级的阶层群体偏大，中间阶层萎缩的“洋葱头”形，甚至有学者认为中国社会阶层结构已经呈现一种危险的“E”形，即底层大、中间小、上层畸形的形态。但从整个社会即城乡一体化的这个角度来看，整个中国的社会阶层结构应该视为一种呈现金字塔形的结构，因为在我国还存在相当庞大的农业劳动者阶层。从社会保障的定义及其基本特征可以认定，既存的与潜在的社会弱者是社会保障的核心，而社会的下层成员由于其比较低的抵御风险的能力而成为社会弱者的主要来源。因此显著的阶层差距是社会保障城乡一体化过程中，难以回避的问题，不论是在制度设计上，还是社保资金的统筹上。

4. 城乡二元经济结构的制约

“城乡二元经济结构一般是指以社会化生产为主要特点的城市经济和以小生产为主要特点的农村经济并存的经济结构；我国城乡二元经济结构主要表现为城市经济以现代化的大工业生产为主，而农村经济以典型的小农经济为主；城市的道路、通信、卫生和教育等基础设施发达，而农村的基础设施落后；城市的人均消费水平远远高于农村；相对于城市，农村人口众多等”。这种状态不仅仅是中国，同时也是大多数发展中国家的经济结构都存在的突出矛盾，该矛盾是导致这些国家相对落后和贫困的重要原因。在我国正是因为长久以来所形成的这种城乡二元经济结构，产生了城乡分割的政策壁垒，形成了城乡居民权力的差异。这种结构使得农产品市场难以得到扩张，农业生产难以实现持续增长，农民收入的增加受到十分严重影响。二元结构还导致城乡居民消费水平与收入水平的差距不断的拉大，农村和城市之间消费品市场、等级也在不断拉大，在城乡之间构筑起一道道市场、资金、劳动力、技术等壁垒，阻碍了各生产要素在城乡之间的交流，从而影响整个国民经济的协调发展。

经济基础决定上层建筑，这些经济结构造成的壁垒，也是影响社会保障城乡一体化最重要的因素之一。例如，城乡居民在收入上的差距直接导致城乡居民在缴纳保费上存在的差别，这是实现社会保障城乡一体化的重大障碍。这个问题，只有在农民的收入不断增加达到和城市居民真正相同时，农民才具备参与现代社会保障事业实力，所享受的保障待遇也才能和城市居民达到公平。因此，只有改变城乡二元经济结构，缩小城乡居民收入之间的巨大差距，才能真正实现社会保障的城乡一体化。

以浙江的社会保障城乡一体化措施为例，浙江省规定的新农保缴费标准为每年100元、200元、300元、400元和500元五个档次，参保人自主选择参保档次，多缴多得。城乡居民养老金待遇由个人账户养老金、基础养老金和缴费年限养老金三部分组成。“在不计利息、且现行基础养老金金额及政府补贴标准不变的前提下。假设参保人今年45岁，年缴保费100元，连续缴费15年，到60岁时，每月能领取养老金104元。而浙江省欠发达地区——衢州市2009年的农村低保标准线就已经达到每月188元。也就是说该参保人15年后所领到的养老金还不及现在衢州市农村的低保金。”可见，农村养老保障水平仍然很低。农村和城市的养老保障水平也存在着很大的差异。要根本上解决这个问题，则必须要改变城乡二元经济结构，大力发展农村经济水平，提高农民的收入。

第三节　农村社会保障的国际经验借鉴

在当今的西方国家的“农民”主要是一种职业概念，或称之为“农业工人”。农民社会保障是专门针对从事农业活动劳动者而建立的保障制度，其前提是必须以农业劳动为主要职业，这种概念较之于我国以身份界定的农民社会保障有所不同，而且在国外农村针对农民实行的社会保障主要是社会保险。促使许多国家实施农民社会保障制度的基础和具体条件不尽相同，通过对其中一些国家覆盖全民或只针对以农业劳动为职业的农民所建立的社会保障制度具体实践的考察，分析其农民社会保障制度演变过程中的经验和教训，不仅能够拓宽我们的视野、提供政策启示，也能增强我国农民社会保障制度建设的科学性和合理性。尤其是我国作为一个拥有8亿农村人口的发展中国家，农民社会保障体系起步晚、标准低，面临的任务十分艰巨，要在一个农业人口占70%的国家建立起农民社会保障制度，在国际上还没有先例可循，没有现成的道路可以走。而在我国，建立起农民社会保障制度，保障农民最基本的生活需要，是农村社会进步的迫切需要，也是国民经济持续发展的迫切需要。在一定意义上而言，我们需要走一条传承历史，衔接现在的道路。

大部分西方发达国家早在几十年前就已经建立起了覆盖全体农村劳动者或农村人口的农村社会保障制度，并积累了丰富的经验。尽管我国农民社会保障制度的发展和完善主要取决于我国农村经济的发展和政府经济政策，但是在建立农民社会保障体系的过程中，吸收和借鉴发达国家的经验和教训，对农民提供行之有效的社会保障，无疑具有重要的现实意义。

由于世界各国的农民社会保障制度差异较大，综合考虑各国经济发展水平、经济结构、社会环境、地区差异等因素，本小节选择了德国、日本、美国和法国等有代表性的国家作为样本，进行较为系统的阐述。这些国家都有健全的农民社会养老保险制度，特别是日本作为东方国家，与中国有着许多社会文化上的共同性，日本的农民社会保障政策对于中国有一定的借鉴意义。

一、德国农民社会保障模式

1. 德国农民社会保障发展的大致脉络

德国是世界上最早建立社会保障制度的国家，早在19世纪80年代就率先建立了社会保险制度。1885年10月生效的《工伤事故保险法案》标志着德国社会保险制度的正式建立。1885年之后，德国将《工伤事故保险法案》的适用范围扩大到国家与各州举办的工业企业的工人。1886年，又将其适用范围扩大到农业和林业从业者，这也标志着德国农村社会保障体系的正式形成。1957德国开始实施《农民老年救助法》，规定当土地被转予继承人或出租时，老年农民将获得老年补贴，其只须证明自己曾经是一个农民就可以得到老年补贴而不需要缴纳任何费用。与此同时，农民协会开始建立农民养老金制度，老年农民养老金的费用来源于农民自己缴纳，并很快得到联邦财政日益增长的财政补贴。1972年德国又颁布了《农民疾病保险法》，规定农民、自我雇佣者及其抚养者以及在疾病保险之下领取老年救助者均不领取病假工资，但在一定情况下，政府可以向他们提供替代性工作以便继续其生活。1995年的农业社会保障改革，针对1995年以前暴露出的问题，对农业社会保障制度进行了补充和修订，并颁布了全新的《农业社会保障改革法》和《农民老年保障法》，这部法律为21世纪老年保障的财政稳定提供了可靠的法规依据，为建立整个联邦领域的统一法律提供了背景条件。

2．德国农民社会保障的重要内容

德国农民社会保障模式是以社会保险为核心，以社会救济和家庭补贴相结合的模式。德国社会保障体系的确立迄今已有一百多年的历史，内容包罗万象，仅社会保险项目就有100多种。德国农民社会保障体系主要包括建立农民养老保险、农民医疗保险、面向农民的工伤事故保险、农民护理保险和生育保险五个项目，可以向农民和他们的家庭在发生变故时，例如生病、丧失劳动力、年老、死亡等情形时，提供全面的保护。这里主要借鉴最为重要的和最具代表性的农民养老保险和农民医疗保险。

（1）农民养老保险。社会保险型养老制度是当今世界农村社会化养老的主流模式，通过社会保险机制为劳动者建立退休收入保障计划，它强调缴费与其个人收入、退休待遇的相互关联，因此也被称为收入关联式年金模式。为了推进农业现代化的顺利进行，降低农业结构调整的社会成本，以及为老年人口提供充分生活保障，德国根据1957年7月颁布的《农民老年救助法》建立起农民养老保险制度。其主要任务在于，在农民、共同劳作的家属及其遗属出现诸如年老、丧失劳动能力的情况时，以现金的形式支付养老金，为老年农民和过早丧失劳动能力的农民提供基本生活保障。农民养老金的资金来源主要是投保人缴纳的保险费和国家的补助金，农民缴费方式与城市类似，农民按其实际净收入的一定比例承担自己的保险费，国家通过税收、利息、财政政策等给予支持。德国农民养老保险的资金来源、给付形式和组织机构的具体情况如下：

资金来源方面，农民养老保障如同其他所有保险一样，没有保险费是无法实施的。这种保险费自从1957年实行农民老年救济以来，尽管有了明显的提高，但主要还是联邦援助的大量增加。目前德国农民养老保障基金主要有两个资金来源：农民缴纳的保险费和国家的补助金，其中绝大部分是投保人缴纳的保险费，大约有1/3来自国家的补贴。德国农民养老保障实行“统一保险费”原则，对于所有保险费缴纳者来说，保险费标准是一样的，而不依据农民生产经营规模的大小，并且以后每个人也能获得同样标准的待遇，这是非常公平的规定。

组织机构方面，德国政府劳动与社会保障部门的主要职能是对农民养老保险实行统一立法和管理监督，农民养老保险的具体业务山联邦和各州农村社会保险经办机构管理，农村社会保险经办机构是自治的法人组织。目前德国有3个直属联邦的农村社会保险经办机构、16个州直属的农村社会保险经办机构，并在全国组建了一个自己的总联合会，即农村养老保险机构总联合会（GIA）。农业家庭企业的社会保险由它所在地的农民社会保险经办机构管辖，这些自治组织由代表大会、理事会和业务领导人组成，各经办机构必须分别接受联邦保险事务所和各州有管辖权的州行政机关的监督，州行政监督机构就是政府社会保障部门。

支付条件方面，农民享受养老金一般需要具备三个基本条件：第一，年龄条件，规定男女分别是年满65岁和60岁；第二，缴纳时间，按规定必须交满15年保险费才有资格享受标准养老金待遇；第三，为了实现农场经营的年轻化，以更快推定农业现代化，提高的国农业生产率，德国规定，农场主到达65岁时要将农场移交给继承人（家庭继承人或政府选定的继承人），或者以出售、出租等方式转移他的农场，尽快脱离农业劳动成为退休者，这样才能领取养老年金，或政府为其提供的“农场移交养老金”。

（2）农民医疗保险。1972年，德国通过颁布《农民疾病保险法》，建立了面向农民的医疗保险体系。在德国，医疗保险方面对待农民与对待职工一样，在医疗保险资金的筹措方面也采用共同承担经济责任的原则，即每一个农民应按照自己的经济能力缴纳一定的医疗保险费。由于确定农民的收入比较困难，德国的医疗保险机构按照“收入替代标准”为农民确定了20个保险费等级，并且为每一个等级确定了应缴纳的保险费的数额，规定最高保险费数额不得低于最低保险费数额的6倍。此外，农民疾病保险机构的待遇标准，原则上与其他的法定疾病保险机构没有区别。总之，德国的农民疾病保险，不仅为农民家庭提供了一项社会保障，同时也降低了德国农业企业的风险。

二、日本农民社会保障模式

20世纪40年代，日本还是一个农业国，农业人口占40%。第二次世界大战后的短短50年间，日本成功地完成了城市化，建立起广泛覆盖的农民社会保障体系。这对于维护农民利益、缩小城乡差距、推进城乡经济一体化、稳定农村经济社会发展、实现农业与农村经济现代化等方面都起到了重要作用。

1．日本农民社会保障体系的发展历程

20世纪30年代至第二次世界大战结束，为解决当时农村医疗设施不足以及农民医疗费用负担沉重等问题，日本首先建立了由农民参加的“普通国民健康保险互助会”（而后在城市建立“特别国民健康保险互助会”），但其覆盖面较小，保障程度很低。1938年7月首次制定了以面向农村居民为主的国民健康保险法，标志着农民的公共医疗保险制度正式起步。1955年日本政府提出了普及国民健康保险制度的施政方针，在经过广泛的宣传和普及之后，1957年日本政府发布了《普及国民健康保险4年计划》，并于1958年颁布了新的国民健康保险法案，将健康保险制度覆盖到全体国民。以此为基础建立了以农村公共医疗和养老保障为支柱的农村社会保障体系。

20世纪70年代后，日本农村保障制度的内容更加完善，不仅各类社会保险制度得到发展，以生活保护制度为核心内容的社会救助制度也逐步完善，各种社会福利制度的快速发展成为这一时期农民社会保障制度发展的重要表现。例如，1972年日本建立了老人医疗费支付制度，规定70岁以上的国民中健康被保险者和健康保险参加者的家属应由自己承担的医疗费用，全部由国家和地方政府承担，这项制度的出台使得日本全民皆保险体制增添了新的内容。与此同时，各种社会保障津贴的标准明显提高，社会保险与社会救助以及各种福利制度之间的协调机制逐渐建立。例如，从1971年开始日本政府开始对养老金的津贴标准逐年提升，将养老金的调整标准与物价挂钩。

2．日本农民社会保障体系的重要内容

日本农村社会保障体系覆盖了医疗、养老、护理保险、公共援助、老人保健、儿童津贴、农业灾害保险等众多领域。日本农村社会保障体系包括：覆盖全体国民的最低生活保障制度、医疗保险制度和国民养老保险制度，面向农民的养老基金，面向特定农民群体的护理保险，保障农业生产的农业保险。

（1）日本的农民医疗保险。日本的农民医疗保险属于社会医疗保险模式，其特点是医疗保险基金由社会统筹，实行社会互济共助，政府给予一定的补贴。日本政府于1959年修订并颁布新的国民健康保险法，决定从1961年4月全面开始实施，并要求全国的农民、个体经营者等无固定职业和收入者均必须强制加入这一医疗保险。这种医疗保险制度覆盖全体国民，不仅所有被保险人可以享受健康保险津贴，被保险人的家属也可以享受相关的健康保险，对于由于贫困等原因无力参加健康保险者也可以通过医疗救助制度获得健康保障援助。其财源的构成来自三方面：①参保者根据收入水平缴纳的保险费；②国家补助保险费的50%；③被保险者个人及其被抚养的家属负担实际医疗费用的30%。由于农民、个体经营者等“非雇佣者”基本以参加国民健康保险制度为主，第二、三产业的“被雇佣者”主要参加健康保险制度（例如公务员健康保险、教师健康保险），故而日本的国民健康保险常被视为“职域性保险模式”。

从1973年开始，日本逐渐采取新的措施改善和推进全民皆医保体制的发展。首先，不断提高健康保险津贴支付标准，对被保险者家属的支付标准从50%提高到70%，建立大额医疗费用支付制度，当被保险者自己支付的医疗费用每月超过30 000日元时，超过部分由健康保险基金负担，被保险人生育津贴从20 000日元提高到60 000日元，配偶的津贴从10 000日元提高到60 000日元，被保险人的丧葬费最低为30 000日元。其次，设立了护理保险。它保障的是年满40岁以上的公民，这就同样也适用于广大农村的农业生产经营者。护理保险的经费来源为国库负担25%，都道府县和市町村各负担12.5%，护理保险费占50%，由全国各市町村地方政府进行管理，并且护理服务的费用标准按服务类型及患者病患成都划分为5种类别，个人享受护理待遇时必须负担所需费用的10%。

（2）日本的农民养老保险。日本从1942年开始推行养老保障制度，直到1959年颁布国民养老金法，规定20周岁以上、60周岁以下的日本农民必须加入国民养老保险，正式建立了面向农民、个体经营者的国民养老保险制度。

日本国民养老保险制度的覆盖人群包括了年满20岁以上60岁以下的从事农业生产的农民、个体经营者及其配偶等，缴费年限为25年以上，开始领取国民养老金年龄为65岁。并且对在国民养老保险制度推行时年龄已经超过60岁或者无力缴纳养老费用者实行免费型养老保障。养老金缴纳和津贴实行定额制，国库负担50%国民养老金、国民养老金的全部运行费以及无力缴纳养老费用者所需要的全部支付额。

另外，日本政府在1970年制定了农民养老金基金法，作为农民参加国民养老保险制度的重要补充。这部法案具有以下三方面的特点：一是自愿性，农民除了必须参加国民养老保险外，可在一定条件下自愿加入农民养老基金，完全尊重农民的个人意愿；二是申请加入者必须具备一定的资格条件，即主要包括年龄未满60岁，每年从事农业生产经营时间达60天以上；三是农民申请参加养老基金后，年龄满65岁后除了可以领取国民养老金外，还可以领取一定数额的“农民老龄养老金”。

（3）日本农协的建立。建立于1947年的日本的农业协同组合（以下简称“农协”）是以相互扶助精神为基础，以保护和提高广大农民的农业经营和生活为目的，主要对合作事业和相关活动进行扶持而建立的一种组织。日本农协在农业和农村中始终位于举足轻重的位置，各项事业活动均离不开各级农协组织的参与，其政治影响力巨大，经济辐射力遍及各个角落。它不以营利为目的，以市町村委单位开展活动，并得到了政府的大力支持，在农村养老及其他方面的社会保障中发挥了重要的作用。由于日本的农民基本上都参加了农协，农协又在管理体制上形成了基层农协、县级共济联合会和全国共济联合会的三级风险分散机制，它现已成为为农民谋求更多利益，弥补农村社会保障力量不足的补充机制。此外，日本农协作为农民的代言人，很注意反映农民关于农业和农村发展的各种利益诉求，起到了“农民保护伞”的作用。

三、美国农民社会保障模式

1. 美国农民社会保障体系的发展历程

由于美国农村人口占总人口的比例一直很低（大致维持在10%以下），农业产值占国内生产总值在1990年时只有2.0%，城乡差距并不明显，城乡二元经济结构并不突出。因此，美国的社会保障制度基本上是覆盖全面的统一的社会保障制度，没有明显的农村社会保障和城市社会保障之分。20世纪30年代，世界性经济危机带来的严重社会问题和西欧各国社会保险制度的纷纷建立促使美国政府面对民众的呼吁，采取措施建立社会保障制度。1935年8月由罗斯福总统签署的《社会保障法》正式生效，标志着美国社会保障制度的正式建立。之后，面对国内不断涌现出的改革呼声，1939年美国国会颁布了社会保障法修正案，主要涉及了放宽老年保险体系的限制，扩大保险覆盖面，在1942年前开始提供养老保险年金，提高非缴费性养老金领取者的津贴标准等内容。1935年的社会保障法和1939年的社会保障法修正案奠定了美国社会保障制度的基础，成为美国联邦政府社会保障制度建立的标志。

美国国会在20世纪40年代后期和60年代前期，多次通过社会保障法修正案以扩大美国社会保障制度覆盖面，提高社会保障津贴的标准，增加联邦政府对各州社会保障计划拨款以及建立社会保障局等，达到不断完善美国社会保障体系的目标。进入20世纪70年代以后，美国社会保障制度自身发展存在的缺点、人口老龄化带来的挑战与社会经济的衰退交织在一起，使得美国社会保障制度进入了调整期，不断地对不合理的制度设计进行改革。

2. 美国农民社会保障体系的重要内容

美国社会保障制度就内容来看，包括养老、医疗、失业、残疾、生育以及社会救济等保险项目。就设计范围而言，其是一种连同农民在内的全民社保制度，即农民同城市居民一样能够享受医疗保险、养老保险等社会保障公共产品。此外，政府还通过了专门针对农业的保险政策。

（1）美国的农村商业医疗保险。美国是实施市场主导的商业医疗保险模式的典型代表，并没有建立覆盖全民的医疗保障制度。商业医疗保险是把医疗保险作为一种特殊商品，按市场法则自由经营的医疗保险模式运行。商业医疗保险的资金主要来源于参保者个人及其雇主所缴纳的保险费，一般而言，政府财政不出资或不补贴。尽管美国政府设立了包括医疗救助和健康服务在内的社会医疗保险计划，但其并不占主要地位，其覆盖的范围十分有限，主要是针对低收入家庭、缺少生活来源的贫困家庭及个人。

针对当前医疗保险制度存在的种种弊端，奥巴马总统于2010年3月23日正式签署了《医疗保险改革法案》规定："第一，禁止保险公司拒绝为投保者已有疾病进行赔付、不受理患者的投保要求或者为终身保险设定上限，并限制保险公司设定每年的赔付计划；第二，放弃公共医疗保险计划；第三，建立以州为基础的医疗保险市场，使没有雇主提供医疗保险者可以自己购买医疗保险；第四，要求有收入能力者必须购买医疗保险，否则将被处罚款，大公司如不为雇员购买医疗保险也将被处罚款；第五，由镇政府向收入高于政府医疗救助计划的要求但低于联邦贫困线的4倍（2009年的贫困线标准为四口之家年收入2.2万美元）者提供补贴。"这一法案的签署生效在1935年《社会保障法》颁布以来美国医疗保险制度改革基础上迈出了决定性的一步。

（2）美国的农民养老保险。美国的养老保险体系分为三个层次，即国家强制性保险、企业年金计划和个人养老储蓄，形成了美国所特有的与市场化观念相衔接的社会安全网，这张网被美国人比喻为"三条腿的板凳"，具有极好的稳定性和平衡性。美国农民的养老保险主要采取国家强制性保险和个人养老储蓄两种方式。国家强制性养老保险是美国目前覆盖面最广、最基础的养老保险制度。按照美国《社会保障法》规定，凡缴纳社会保险税达到10年且年满65周岁的公民都可以领取养老保险金。从2000年起退休年龄延长到了67岁。此外农民个人或家庭可以自愿将一部分收入购买养老保险、人寿保险等，为老年生活做准备。这些形式多样的储蓄都可以纳入广义的养老保障方式中，即个人养老储蓄。这是一种完全由个人自愿参加的计划，为鼓励个人储蓄养老的发展，政府一般对个人开设退休账户提供税收优惠。例如，美国1981年曾经立法，规定对于没有企业年金计划的农民给予养老储蓄优惠，储蓄不需要纳税。

（3）以农作物为主的农业保险。美国于20世纪30年代开始试办农业保险，并以农作物保险为主要组成部分，因此，习惯上称其农业保险为“农作物保险”。经过近70年若干次的实践探索与创新，美国农作物保险基本实现了由传统农作物保险向现代风险管理制度的历史性演变，其保险密度已高达70%左右。美国现行的农作物保险是由参议院提议后，经过14年的论证于1938年在《联邦农作物保险法》中确立的。该法规定了农作物保险的目的、性质、开展办法和经办机构等内容，为联邦政府在1939年全面实施农作物保险提供了法律依据和保障。但经过40多年的发展，农作物保险事业在美国发展并不理想，直到1980年，美国开办的农作物保险范围仅限于不需要联邦补贴的地区和农作物上面，这虽然有利于遏制经营亏损，弥补农民的经济损失，但它在农业生产中的作用显得异常薄弱。1980年后，美国再次修订《联邦农作物保险法》，将农业保险作为农业灾害保障的主要形式，鼓励农民参加农作物保险，为参加农业保险的农民提供保险津贴，并且只要农产品当年的收成比历年产量少很多，或者整体收入锐减，农民就可以获得保险赔偿。

四、法国农民社会保障模式

1. 法国农民社会保障体系的发展历程

法国是欧洲农业最发达的国家。目前法国农业现代化程度很高，农产品不仅能够充分满足本国的需求，而且还能大量出口，是世界上农产品出口量最大的几个国家之一。法国农业的经营方式主要是中小农场，其中耕作面积在80公顷以下的农场占农场总数的81%，它们构成了法国农业生产的主力和农村经济结构的基础。应当说，法国政府长久以来一直推行的兴农政策对于推动法国农业发展发挥了至关重要的作用。

从19世纪90年代以来，法国农民社会保障一直是政府对农业公共支持的重要组成部分。1928年由议会通过的社会保险法案规定农业社会保险缴费率为工资的2%，国家为农业社会保险基金提供较多的财政补贴。1932年，法国政府要求农业雇主向农业工人提供家庭补助。1952年，法国政府在城市养老保险制度之外，单独为农民建立了社会养老保险制度。1961年，法国疾病和生育保险的适用范围不断扩大，专门为农场主建立了疾病和生育保险制度，将农业从业人员纳入疾病医疗保险体系，使农民在遇到风险时能够获得经济支持和社会援助，同时也提高了农业现代化水平和国际竞争力。1982年法国颁布了《农业保险法》，明确规定农业保险的项目由国家法律规定，保险责任、再保险、保险费率、理赔计算及许多做法也由法律或法规确定。进入20世纪90年代，法国政府对农业和农民的社会保障内容又进行了一系列改革，农民社会保障体制得到进一步完善。

2. 法国农民社会保障体系的重要内容

（1）农村社会保险政策。法国农村社会保险是由农村社会互助会（MSA）负责经办，该会是一个承担公共服务使命的民营组织，受政府委托通过提供"农业社会互助金"的形式对农业经营者和农业劳动者的社会风险进行管理。"农业社会互助金"这一体制集收缴和发放于一身，以单一"窗口"提供医疗保险、养老保险、家庭补贴、工伤补贴、职业病补贴及社会和卫生行动综合服务，是仅次于普遍社会保障体制的法国第二大社会保障体制。一般认为，法国的"农业社会互助金"由多方面构成：第一是农业人口所交纳的各种保险金。这种保险金又包括两种：一种是职业保险金，含疾病、工伤、残疾、丧偶、死亡、年老、生育、失业和家庭补贴等各项目；另一种是附加保险金，用于农村社会保险的管理、卫生和医务监督等。第二是所谓人口补偿，即投保人比例较高的保险体制有义务在财政上支持投保人比例较低的体制。第三是所谓家庭补贴，它由全国家庭补贴金库提供，约占全部资金来源的4%。第四是国家财政预算补贴和国家对家庭的补贴，约占全部资金来源的14%。第五是部分税收政策上的补贴，约占全部资金来源的27%。从总体上看，法国农业社会互助金的外部来源占3/4左右，国家予以支持的部分接近1/2，可见法国政府对稳定农业的重视。

具体就法国农村养老保险来看，在实践中，法国根据不同的保险对象把养老保险制度分为两大类：一类是针对农民及其家属的社会保险，被称为"农业非工薪人员保险制度"，是法国全民社会保险体系中的一项专门制度；另一类是针对农业工薪人员及其家属的社会保险，与其他养老保险制度类似。根据法国的法律规定，农民及其家属必须参加养老、医疗、妇保、工伤和残疾等各项保险，经费由《农民社会保险预算附则》规定，每年都由法国议会表决后通过执行。农民只要在60岁退休时缴纳养老金达到160个季度即可享受全额养老金，65岁退休未达到缴费时间标准的也可享受全额养老金。与德国一样，法国也鼓励土地经营权的流转。在20世纪70年代后期，对60~65岁接近退休的农民发放"非退休的补助金"，鼓励他们在退休前的几年中将土地经营权转让给年轻一代。1961年的法令将法国疾病和生育保险的适用范围逐渐扩大，为农民建立了疾病和生育保险制度。其规定作为该项法令受益者的农场主、在农场工作的家庭成员、农场工作的参与者、农业养老金制度的参与者、配偶及其抚养的孩子等必须选择参加一个组织，或者是农业社会补贴机构，或者是农业互助保险机构，或者是互助会，或者是其他为此目的而特别建立的社会保险机构。生育保险保证参加者除了获得每天的补贴以外，还能获得与其他雇员同样的待遇。

（2）农业保险制度。农业作为立国之本，既是基础产业又是弱势产业。农业生产过程对自然资源、环境、气候条件的要求极为苛刻，使得农业生产活动面临着不同于其他产业的特殊风险。如何规避农业风险，尽量减少各种自然灾害对农业生产者造成的损失，这是各国现代农业发展进程中面临的共同难题。

法国自始至终都非常注重运用立法形式去规范和完善农业保险制度。1900年7月，法国政府颁布了农业互助保险法（AMA），该法界定了农业互助保险社的法律地位和权益，同时划分了互助保险社所应承担的风险范围。按照规定，火灾、冰雹、牲畜意外死亡险等由互助保险社承担，而诸如洪灾、旱灾等互助保险社无力承担的巨灾风险，则由政府和社会来承担。1960年，法国颁布了农业指导法，对农业保险的经营与发展做出了较为明确的规定。1964年，法国政府开始实施“农业损害保证制度”。1982年颁布了农业保险法，明确规定农业保险的项目由国家法律规定，关于保险责任、再保险、保险费率、理赔计算及许多做法也用相关法律或法规进一步细化，并对一些关系到国计民生的大宗产品实行强制性保险。

第四节　农村社会保障路径选择

经济基础对社会保障的构建与发展具有决定性作用，因此要实现社会保障城乡一体化，必须坚持不移地发展农村、农业经济，增加农民收入；最低生活保障保障的是公民的最低生存权，属于公共物品范畴，其资金国际上通用做法由财政完全负担，应该率先实现全国统筹；社会保险保障的是公民的基本生存权，属于公共物品范畴，其费用一般由政府、企业（集体）或个人负担，改革开放30余年后，我国中部地区经济有所发展，可考虑实现城乡社会保险一体化；社会福利代表社会保障的最高层次，旨在提高公民生活水平和质量，一般建立在较高的经济基础之上，所以我国目前只能在东部沿海经济较发达的省市实现城乡一体化。社会保障城乡一体化还需做好户籍、立法、行政机构设置等配套工作。

一、分地区、分项目实现农村社保向城市并轨

(一)贫困地区确保社会救助城乡一体化

多数贫困地区的农村自然条件差、生产方式落后、产业结构单一，经济发展水平低，因此，不具备建立现代意义的社会保障体系的经济基础。但他们生活普遍困难，长期渴望健全的社会救助体系。

早在新中国成立之初，党和政府就在农村地区开展了“农村五保户”救助计划，为无法完成规定扶养义务、无劳动能力、无生活来源的“三无人员”在吃、穿、住、医、葬方面给予的生活照顾和物质帮助，但毕竟这一政策覆盖面窄、保障水平低，不能做到“应保尽保”。于是 1996 年底，民政部制定《农村社会保障体系建设指导方案》要求积极稳妥地建立农村居民最低生活保障制度。翌年，我国部分有条件的省市逐步建立了农村最低生活保障制度。截止 2012 年 11 月，全国有 5 302 人在获得农村居民最低生活保障制度资助。

这在一定程度上缓解了农村贫困问题。然而，2000 年农村税费改革以后，集体经济的财力被削弱的同时，地方政府财政投入又没跟上，造成用于农村最低生活保障的经费非常有限，据统计，2011 全年各级财政共支出农村低保资金 667.7 亿元，全国农村低保平均标准 143.2 元/人，而 2011 年我国城市低保平均标准 287.6 元/人。

可见，目前城乡有别的最低生活保障制度，在现有物价水平和土地保障功能日益弱化的背景下，既难以保障农村困难家庭的最低生活需求，也打消了农村困难群众走向城市脱贫致富的勇气。今后农村最低生活制度的改革应该向城市最低生活制度靠拢。

(二)中等欠发达地区实现城乡居民社会保险一体化

中等欠发达地区主要分布在我国中部，该部分地区相对贫困的西部地区而言，农村生产水平较以往有一定的提高，产业结构有所调整，农民生活状况也有所改善，温饱问题基本得到解决。但是，总体来说尚未实现富裕，而且多数农民已长年在外务工，他们渴望有一份稳定的收入，渴望融入城市社会，担心一旦遇到天灾人祸而返贫，对社会保险的需求非常迫切。然而，现行的农村社

会保险无法满足其需求。

首先，新农保——定点医疗机构报销制与农民工岗位流动性之间的矛盾削弱了新农保的便利性。1998 年，世界银行的《卫生保健筹资报告》显示，20 世纪 80 年代末，中国农村人口中有 90% 要为自己看病支出全额买单。农村“看病难、看病贵”的问题非常突出。为此，2003 年 1 月 23 日，国务院办公厅转发了卫生部、财政部和农业部《关于建立新型农村合作医疗制度的意见》，开始试点新型农村合作医疗制度。新农保提倡“小病不出村、大病不出乡、急危重病及时转诊”的就医理念，实行定点医疗机构就医制度，采用住院分级报销医疗费用的管理办法。以江西省为例，规定住院补偿比例为乡（镇）级 75%、县（市、区）级 60%、县外 45%、非定点医疗机构为 35%。各统筹地区根据基金筹集和使用情况可对县（市、区）、乡（镇）两级定点医疗机构补偿比上下浮动 5%。新农保定点医疗制度鼓励农民就近就医，对缓解我国城乡医疗机构饱饿不均问题起到了一定的作用，但是，随着工业化、城镇化的推进，越来越多的农村中青年劳动力外出打工，更多的农村老年人和未成年人随亲属进城生活、学习，该制度弊端日益显现。比如，外出农民及其亲属在外地生小病，一般选择打工所在地看病，这样就无法享受新型农村合作医疗的实惠；如果得了大病时，甚至有些急性病，由于打工所在地路途遥远，他们只能在就近的大型医院就医，享受非定点医疗机构 35% 医疗费用。可见，尽管起初新农保的设计理念是对的，但是随着时代的发展，其已不能有效分散农民医疗风险，应该适时变革，而变革的方向是打破城乡户籍界限，允许农民工自愿参加城镇居民医疗保险，在城镇实现就地就医。

其次，农村养老保险待遇低。2009 年 9 月，国务院印发《关于开展新型农村社会养老保险试点的指导意见》，要求在全国选择 10% 的县（市、区、旗）进行新型农村养老保险试点。截至 2011 年年末，全国有 27 个省、自治区的 1 914 个县（市、区、旗）和 4 个直辖市部分区县开展国家新型农村社会养老保险试点，参保人数达 32 643 万人。我国现行新型农村养老保险制度采用个人缴费、集体补助、政府补贴的筹资机制，农民个人缴费标准设每年 100 元、200 元、300 元、400 元、500 元 5 个档次（地方可以根据实际情况增设缴费档次）。实行社会统筹与个人账户相结合计发养老金待遇，其中，社会统筹部分的基础养老金标准中央每人 55 元/月，地方政府根据实际情况提高基础养老金标准，个人账户养老金的月计发标准为个人账户全部储存额除以 139。依据这种养老金给付模式，据测算农民 60 岁达到退休年龄后每月可领取 107 元的养老金，大约为同年城镇居民平均可养老保险金的三分之一。显然，这种水平的养老金对于满足未来农民的老年生活花销只是杯水车薪，无法满足基本的生活需求。

最后，其他险种尚处空白。目前，我国为城镇居民建立了包括养老、医疗、失业、生育等在内的较为全面的社会保险体系，对化解城镇居民社会风险起了重要作用。但是，在广大农村，除了提供低保、养老、医疗等几项社会保障之外，农民还无法享受失业、工伤和生育等重要险种。然而，随着工业化和城市化的快速推进，失地农民越来越多，从事非农产业的农村人口比例也在逐渐增大，他们面临的失业风险、工伤风险与日俱增，出于社会公平、公正的考虑，应该为其提供失业、工伤、生育等重要险种。

(三)发达地区可考虑实现社会保障城乡完全一体化

改革开放30余年后，我国东部沿海多数农村社会经济组织方式、生产过程以及社会结构发生了巨大的变化，已经具备建立现代意义的社会保障制度的物质基础。

首先，东部沿海多数农村地区交通便利、经济发达、产业结构较为合理，农民收入相对较高，已开始全面进入小康社会，农民个人、集体均有一定的经济积累，形成了对社会保险、社会福利的强烈需求。

其次，思想观念发生深刻变化，社保权益意识明显提高。改革开放以来，我国东部沿海发达地区农民不断流入城市，在城乡之间频繁交流，他们耳闻目染城乡巨大差距后，愈发激起对社会公平的期待，逐渐认识到建立健全的农民社会保障制度是解决社会公平问题重要举措。

综上所述，发达地区农村社会保障制度改革应尽快向城市接轨，率先实现我国社会保障城乡一体化。

二、大力发展农村、农业经济，夯实农村社保物质基础

根据马克思社会保障理论知，剩余物质是建立社会保障基金的物质基础，也就是经济因素决定社会保障水平。这一点，西方发达国家社会保障发展轨迹也可以得以证实。19世纪末到20世纪初，西方发达国家陆续完成了工业化发展的第一阶段，统治阶级利用有限的社会剩余为广大劳动者建立了应对人身最基本风险的生活保障制度，这时的社会保障水平比较低。到20世纪40、50年代，其高水平的成熟工业化为社会创造了更多的剩余，促使西方发达国家为全民提供“从摇篮到坟墓”的社会福利。可见，只有大力发展农村、农业经济，增加农民收入，夯实农村社保制度物质基础，才有可能实现社会保障的城乡一体化。

第一，大力发展农村农业经济，促进在家务农农民增收。首先不断优化农业产业结构，实现土地效能最大的发挥和综合利用。其次推动农村土地市场化发展，增加农民土地出让收益。最后加大政策扶持力度，鼓励农民经商创业。

第二，大力拓宽就业渠道，促进进城务工农民增收。首先，通过开展农民工免费劳动技培训以提高其劳动技能，从而稳定其收入。其次，大力发展第三产业，以增加就业的需求量，为农民工就业创造条件。最后，加快小城镇发展步伐，实现农民工就地就业。

三、规范农村社保资金筹资模式，拓宽资金来源渠道

稳定可靠的资金来源，是社会保障制度正常运行的前提和基础，然而，长期以来，我国农村社会保障制度建设面临着资金来源渠道单一化、资金筹集机制混乱，缺乏法制化和制度化等难题。因此，建立新型的农村社会保障制度，一是要建立规范的资金筹资机制，二是要拓宽资金来源渠道。

（一）建立规范的农村社会保障资金筹集模式

一个成熟、可行的社会保障资金筹集模式都会明确社会保障资金由谁承担，然而，正如上文所述，基于各种原因，目前我国农村社会保障资金到底是由政府、集体还是农民个人来承担以及各责任主体的承担比例都是非常模糊的，以致尚未形成规范的农村社会保障资金筹集模式。对此必须从理论上给予分析。

1. 最低生活保障资金完全要由政府承担

农村社会保障体系中的五保制度、最低生活保障制度、农村扶贫开发制度等项目，保障农村居民的最低生存需求，具有社会救助的性质，属于纯公共产品，依据公共财政理论应由政府承担。当然，慈善机构等社会团体也会在这一领域中起到非常重要的作用，但只能是政府的有益补充，而不可能替代政府行使这一职责。

2. 社会保险资金由个人、集体、政府三方承担

社会养老保险、医疗保险、生育保障属于社会保障体系中的第二个层次，虽然保障的还是基本生活保障，但因其是社会经济发展到一定的水平之后才出现的产物，需要大量的资金，单纯依靠国家，特别是发展中的中国，显然是不现实的。因此，这部分资金应依靠农民自身及其所在的集体组织缴纳，国家给予适当补贴。

3．社会福利项目由国家和集体承担

社会福利代表社会保障体系中的高层次的项目，主要目的是提高居民的生活质量，一般是在一个国家或地区经济比较发达、人民的生活相对富裕时，才会得到大范围地推广。改革开放三十多年后，我国东部沿海地区经济发展水平得到明显提高，许多地区已具备为农民提供社会福利的物质基础，但由于社会福利产品一般都具有非排他性和非竞争性，具有公共资源的性质，所以其资金主要应由国家或集体提供。

（二）拓宽农村社会保障资金来源渠道

根据现行我国农村社会保障的设计，其资金主要来源有三：一是依靠农民个人的缴费；二是集体经济的补助；三是政府财政的支持。事实上这三者均未能解决农村社会保障所需资金的问题。

首先，各级政府不重视农村社会保障资金的投入。据有关资料显示，国家对农村社会保障的投入只有城市的1/8，农民人均占有国家社会保障投资的份额仅为城镇居民的1/30。

其次，农村集体经济无力补助农村社保资金。20世纪90年代后期，随着乡镇企业的改制，特别是后来的农村税费体制改革，使得村级组织经济职能不断弱化，逐渐失去了为农民缴纳社会保障资金的能力。

虽然最近几年我国农民的收入增长较快，但总体来看，收入水平还是较低，其经济能力仍十分有限。他们中多数人仅够支付当期开支，储蓄少，一旦遇上子女就学、疾病等事件，通常还会入不敷出。因此，如果让他们承担较多的农村社会保障经费既不现实也不公平。

综上所述，有必要探讨农村社会保障资金的其他来源渠道。

一是土地资本收益充实农村社会保障资金。现阶段和今后相当长的时期内，我国实行土地公有制条件下的农民家庭承包责任制。在这种土地占有关系下，农民在获得土地自身产出权（土地保障）的同时，也拥有转让土地经营权的权利。因此，当农民转让其承包土地或其承包土地被征用时获得相应补偿时，理应拿出一部分用于缴纳社会保障费。

二是将部分耕地占用税划入农村社会保障基金专用账户。耕地占用税是对占用耕地建房或进行非农业建设的单位和个人征收的一种税，我国于1987年开征耕地占用税，初衷是保护农用土地和农民的权益。起初耕地占用税收在我国税收入体系中是一个征收标准低、范围小的税种，但是随着城镇化和工业化的推进，越来越多的农业用地被征用，其税收总量也在不断攀升。据统计，仅广西省，2012年前三季度耕地占用税收入突破60亿元，成为当地政收入中仅次于营业税和企业所得税后的第三大税种。可是，我国耕地占用税长期存在减免项目多、资金使用不规范等问题。不仅国家税收被流失，而且农民利益没有得到保障，因此，建议一方面减少耕地占用税减免税项目；另一方面考虑将部分耕地占用税纳入农村社会保障统筹基金。

三是粮食补贴直接用于农村社会保障。湛忠清指出，随着粮食直接补贴政策的稳定连续实施，粮补资金对农民的效用是呈递减的，如果将这部分资金用于农村社会保障，不仅不会显著降低农民生活水平，而且会显示政策补贴的巨大效果。

四、做好户籍、立法、管理机制等配套改革，扫清农村社保向城市并轨的制度障碍

（一）适时改革户籍制度，消除以户籍为基础城乡社保有别的歧视性制度

长期以来，我国实施城乡分治，将国民分农业户口和非农业户口，由此形成了两套待遇水平截然不同公共服务体系。其中，城市非农业人口可以享受教育、医疗、住房、就业等一系列较为完善的公共服务，而农村农业人口长期以来得到不包括教育、医疗、住房、就业等在内基本公共服务。当然，不可否认，这种双轨运行的公共服务体系在计划经济年代有一定的合理性，但随着工业化、城市化的不断发展，它的负面影响日益显现，不仅制约了我国城市化和工业化进程，而且使得失地农民和长期进城务工及生活的农民被边缘化，给社会稳定造成极大的隐患。因此，应该本着以人为本的原则，适时改革户籍制度，消除目前建立在户籍制度基础上的教育、住房、就业、社会保障等不平等的歧视性制度，

（二）建立健全农村社会保障相关法律法规

综观西方国家建立社会保障制度的经历，一个明显的特征就是立法先行，无论是德国俾斯麦时代的《社会保险法》，还是美国罗斯福时期的《社会保障法》均可得以证实。然而，与西方健全的社会保障法律体系相比，目前我国社会保障立法非常滞后，而与农村社会保障制度有关的法律法规更是鲜见，因此今后应该加快农村社会保障立法步伐，为农村社会保障事业提供可靠的法律保障。

首先，明确立法模式。关于我国社会保障法的立法模式选择一直存在是先立基本法，还是先立单项法律之争。笔者认为，社会保障立法是一项系统、长期而全局性的工程，不是临时性的政策或局部性的规定可以规范完成的，因此必须先立基本法。即由全国人民代表大会制定农村社会保障基本法，对农村社保的管理体制、保障项目及保障水平、资金来源与运用等做出基本规定。在此法基础上，中央层面由国务院制定相关社会保障项目单行法规及条例，地方层面结合实际，做相应补充，待条件成熟时编撰成一部综合性法典。

其次，提高农民社会保障法律意识。由于农民文化层次低，秉性忠厚老实，加之农村信息闭塞，一旦遇到社会保障倾权问题（如医疗保险报销难）只能忍气吞声，有的做出过激行为；而有的认为社会保险是“顺风车”，逃费、欠费动机较为普遍。总之，农民社会保障法律知识贫乏、法制观念淡薄，今后应该通过广泛的宣传教育，使他们充分认识到农村社会保障的重要性，及其在某种程度上具有的强制性，从而推动农村社会保障事业的顺利发展。

最后，加大农村社会保障司法救济制度。根据我国相关法律规定，绝大多数的案件都遵循“谁主张谁举证”的原则，即当事人如果希望通过诉讼的途径维护自身的合法权益，就需要在提起诉讼的同时提供必要的证据来支持其诉讼主张，由人民法院在审查后依法立案审理；而如果当事人无法提供相应的证据，那么法院很可能会采取不予立案的做法。然而，除上文所述目前我国农民法律知识贫乏、法制观念淡薄之外，农民经济条件较差、信息不占优势，经常无力举证。因此，当前应该加大农村社会保障司法救济制度，比如鼓励律师、乡镇司法工作人员为农民提供法律援助；简化社会保障纠纷解决程序，加强司法人员专业知识与素质提升培养，提高社会保障案件的处理效率等。

(三)健全农村社会保障管理、监督机制

近年来，在党和政府的高度重视下，我国农村社会保障制度发展非常迅速。其中，最低生活保障制度已全面覆盖；新型农村合作医疗制度已全面实施；农村养老保险制度试点范围在逐步扩大。这些对稳定农村经济，构建和谐社会起了重要作用。然而，由于农村社会保障事业的复杂性，目前在农村社保管理中依然存在一些突出问题，如“一些农村低保管理者利用低保谋私，徇私舞弊”“医疗机构千方百计多获取医疗保险基金”“一些城镇退休人员重复享受农村养老保险待遇”等。

这些问题对我国农村社会事业的健康发展极为不利，需要从管理体制上研究、解决。

1. 建立完善的农村社会保障管理机构

由于至今我国仍未健全较为完备的社会保障管理体系，导致我国农村社会保障管理既未形成统一的管理机构，更没也有出台统一的管理办法，农村社会保障事业管理条块分割、政出多门的问题突出。因此，一是要重新整合农村社会保障管理机构，明确各管理机构的职责范围，做到各司其职，改变目前多头管理局面；二是要加强农村社会保障信息的收集和积累工作；三是要配备专业性工作人员，提高农村社会保障管理效率和服务意识。

2. 完善农村社会保障监督机制

完善的监督机制是保障农村社会保障事业良性运行的前提条件。然而，当前农村社会保障事业无论是内部监管还是外部监督都存在一定的空白。因此，加强农村社会保障事业的监管具有紧迫性：一是健全行政监督机制，明确相关职能部门之间的责任边界，做到各司其职，特别是要强化审计部门对农村社会保障业务的审计工作；二是完善社会监督，充分发挥新闻媒体、社会团体等非政府组织对农村社会保障的工作落实情况、资金运行情况的监督作用。

第五节　重庆市户籍制度改革情况

一、重庆市户籍制度改革的内容

2007 年 6 月，重庆获批成为全国统筹城乡综合配套改革实验区，从此开始探索二元户籍制度改革。同年，在重庆多个地区开展城乡户籍改革试点，其中在江北区和九龙坡区取得了一定的成效。随后经过一年多的集中调研，于 2007 年月 12 日由重庆市政府第 75 次常务会审议并通过了《重庆市统筹城乡户籍制度改革意见》《重庆市户籍制度改革配套方案》。2010 年 7 月 25 日，重庆市政府发布重庆户籍制度改革的四份文件，于 8 月 15 日在 40 区县全面启动户籍制度改革，户籍制度改革进入破冰之旅。之后，为解决土地过渡期及相关问题，于 9 月 11 日发布《重庆市人民政府办公厅关于推进重庆市户籍制度改革有关问题的通知》（渝办发〔2010〕269 号）；为进一步落实户籍制度改革的养老保险问题，于 9 月 29 日发布《关于重庆市农村居民转为城镇居民参加基本养老保险有关问题的处理意见》（渝人社发〔2010〕182 号）。

重庆户籍制度改革体现综合配套、自愿有偿。从转户对象和目标规模上讲，重庆户籍制度改革分两步走。第一阶段，即2010年8月至2011年，重点推进有条件的农民工成为城镇居民，解决户籍遗留问题，力争新增城镇居民300多万人，非农户籍人口比重由之前的29%上升到37%。第二阶段，即2012年至2020年，通过系统制度设计，进一步放宽入户条件，力争每年转移80~90万人，截至2020年共新增城镇居民700万人，非农户籍比重提升至60%，主城集聚城镇居民1 000万人，区县城集聚城镇居民600多万人，小城镇集聚城镇居民300多万人。从户籍制度改革的核心讲，可以概括为用“脱下三件衣服，穿上五件衣服”。整个配套政策可以概括为“335”，即3年过渡、3项保留和5项纳入，确保转户居民与城镇居民享有同等的待遇。转为城里户籍后3年内承包地、宅基地及农房均可保留；保留3项农村权益即林地使用权、计划生育政策、农村各项补贴，居民转户后就业、社保、住房、教育、医疗纳入城市保障体系，实现转户进城后“五件衣服”一步到位，与城镇居民享有同等待遇。但当“三件衣服换五件衣服”引起争议后，重庆市发布的《重庆市人民政府办公厅关于推进重庆市户籍制度改革有关问题的通知》（渝办发〔2010〕269号）中对土地问题进行了了补充，即可以“暂时不脱三件衣服”，并且可以“穿上五件衣服”。

二、重庆市农民工转户基本情况调查汇总

重庆市农民工户籍制度改革自2010年8月15日全面启动以来，截至2012年3月18日，全市累计转户3 278 244人、整户转移839 881户。其中，户改第一阶段（2010年8月15日至2011年12月31日）实现转户3 218 899人、整户转移823 105户，完成转户300万人的阶段预期。从目前转户总体情况分析，全市转户数据结构良好，符合改革方向。

1. 区域分布较为合理

从“一圈两翼”分布情况来看，在1小时经济圈转户166万人占50.6%，渝东北地区转户105.7万人、占32.3%，渝东南地区转户56.1万人、占17.1%；从三级城镇分布情况看，转户人员在主城居住90.8万人、占27、7%，在区县城居住88.2万人、占26.9%，在乡镇居住148.8万人，占45.4%。

2. 以农民工及新生代为转户主体

有条件的农民工群体及新生代转户204.4万人，占转户总数的62.4%。其

中，农民工 151.2 万人，占 46.2%；新生代 53.2 万人，占 16.2%。已转户人员中农村劳动力年龄段人口 211.2 万人，占转户总数的 64.4%。

3. 户籍人口城镇化大幅提高

重庆市 2012 年户籍人口城镇化率为 38.54%，较 2010 年 8 月户改启动时的 29.20% 上升 9.34 个百分点。而 1997 年初，重庆市户籍人口城镇化率为 19.50%，到户改启动时的 13 多时间中仅上升 9.7 个百分点。同时，与常住人口城镇化率比较，重庆市常住人口城镇化率在直辖以及户改启动时分别为 31%、51.6%，目前为 55.02%，两种城镇化率差距从直辖时的 11.5% 上升到户改启动时的 22.4%，目前差距 16.48 个百分点。

第九章 城乡一体的公共财政体制

第一节 中国财政体制现状的二元性

我国二元经济结构的产生，是社会生产力发展的结果，同时二元经济的长期存在又是社会生产力比较落后的体现。由于受“工业偏好”思想认识的支配，新中国对工业和农业、城市和乡村、城市居民和农民实行不同的资源倾斜政策。我国这种资源配置在工业和农业之间的严重不均衡，对农业投资不足，支农支出比重下降，导致农业发展长期落后。同时，公共产品供给的城市化倾向导致了农村公共产品的不足和滞后。自 20 世纪 80 年代以来，随着人民公社制度的解体，我国农村公共产品供给主体缺失，虽然之后经济快速发展，但是并没有建立相应的公共产品的正常提供机制。纯公共产品主要由中央政府提供，由于农村的边缘性、公共产品受益的区域性及生产的分散性，中央政府提供的纯公共产品和服务对农村发展的直接效用不大；作为准公共产品提供主体的地方政府也并没有承担起农村公共产品的供给责任，而是将供给责任层层下推，因此大部分准公共产品或者不能有效提供或者最后由农民自己负担。例如义务教育、公共卫生医疗、养老社会保障、农田水利设施建设等基本上实行的是农村地区“自给自足”的政策。而城市公共产品由中央和各级地方政府提供。这种状况一直持续到 2010 年左右才开始有所改观。

一、我国城乡差别化财政支出的现实表现

1. 财政在城乡经济发展中的差别化支出，造成城乡居民收入的断裂

财政对农业的投入对农民纯收入的增长具有显著的促进作用，且二者间存在一个长期稳定的均衡关系。财政支农的基本目标是增加农民的收入，但目前财政对农村的投入还远低于对城市的投入，这直接影响了农民收入的稳定增长。具体表现在以下两个方面：一方面，财政用于农业的投入严重不足，无法满足农业的发展需要。我国很长一段时期用于支农的财政支出占财政总支出的

比重不仅低于我国农业 GDP 占全国 GDP 的比例，而且与 2008 年新《农业法》的相关规定也不相符。另一方面，财政支农资金的管理体制还存在缺陷和不足，影响了支农资金的使用效率。主要体现在财政支农资金投入的内部结构不合理方面。同时，由于缺乏对支农资金使用的有效监管以及对资金使用效果的评估，致使大量资金被地方政府随意扣留或者挪用，降低了该资金应有作用的有效发挥。从目前我国的农村发展来看，尤其是以农业收入为主要收入来源的地方，政府支农投入的不足，将直接或间接降低农业收入的增长，使得农业收入对农民收入增长的带动作用无法很好地显现。这也造成我国农业收入对农民收入增长的贡献率在数年中一直保持在一个较低水平，并在一定程度上助推了城乡收入差距的不断拉大。

2. 财政在城乡社会保障上的差别化支出，使得社会保障产生断裂

从法理意义来讲，社会保障是一项最基本的公共服务，每位城乡居民都应该拥有平等享受的权利。但我国政府目前将更多的社会保障资金用在了城市，造成农村投入量的严重不足，使得城乡社会保障产生断裂。尽管我国城市在财政的大力扶持下，已经建立起了覆盖面较广的社保体系，如养老保险金制度，但农村却由于投入的不足，造成还有相当数量的人未纳入保障范围。

二、二元的财政结构对城乡发展失衡的影响

城乡居民收入的高低，从某种角度来说，取决于其可支配使用的经济资源的总量在政府拥有强大的资源动员能力及分配权力前提下，城乡居民能否拥有所需的资源数量，不但依赖于自身获取资源的能力，而且还依赖于政府的资源分配政策倾向。城市偏向型的经济资源分配制度，是以国家具有集中分配资源权利为前提，并且在该制度框架内，城市居民获得了相比农村居民而言更多是财政、经济资源。从实质来看，城乡收入差距已早在分配过程，甚至是生产过程开始之前就已经决定了。从基础设施投资规模、基础教育资源分配、资金在城乡之间的流动三方面来分析城市偏向型的财政资源分配模式对城乡收入差距的影响。

1. 城市偏向型下，财政投资对基础设施投资规模的城乡差异的影响

在城市偏向型的投资取向下，大量的财政资金集中于城市，使得城市的基础设施在较短时间内得到了很大的改观。我国的各大城市基本都建立起了四通八达的交通网，有些城市甚至实现了地下、地表、高空三位一体的交通网络。但是，在广大的农村地区，尤其是西部偏远山区，道路交通还远不能满足农村

经济发展的需要，不仅路线覆盖面不够广而且现有道路规格也比较低，存在很多安全隐患。基础设施投资的城乡差别决定了城乡居民在享受公共服务水平上的差别、居住环境的差别。更重要的是，这直接决定了城乡发展机会的差别。因为基础设施跟不上，在招商引资以及对外来资金的消化能力上农村（尤其是偏远地区农村）还远不如城市。因此，要缩小城乡硬件设施的不平衡，就需要加大对农村、农业的财政支持力度，通过完善农村的基础设施，为农村经济的发展创造基础条件。

2. 城市偏向型下，财政投资对基础教育分配城乡差异的影响

享受平等的教育是每一个国民应有的一项权利。这种平等不仅体现在量上而且也体现在质上。提高全民的文化素质，获取高的人力资本不仅是居民获取较高收入的直接渠道，也是增强一国经济竞争力的必要手段。然而，在城市偏向型的分配制度下，农民的教育资源远低于城市的拥有量。对于一些相对富裕的城市来说，不仅可以通过常规的政府投资渠道获取所需资源，而且还可以通过一些非常规的非政府投资渠道获得更多的资金。比如，教师的工资收入这一块，尽管从财政拨款这方面来看，一已经逐步实现了城乡间教师收入差距的缩小。但是，城市里的教师还有许多其他收入来源，使得其总收入仍然远远高于乡村教师收入水平，这也是乡村无法吸引大量优质教师的直接原因之一。

3. 城市偏向型下，财政投资对资金在城乡间流动的影响

从各国工业化及城市化的进程来看，投资于工业及服务业的资金的回报率要远远高于农业。这不仅是各产业自身性质所致（如根据功能分配理论，城乡各产业拥有的生产要素的边际生产力是有差异的），而且一定程度上受国家政策的影响。我国在工业化初期，为了建立较为完善的现代工业发展体系，以极高的“剪刀差”的形式，将农村、农业作为城市、工业发展的后方基地，使得我国在较短时间内就完成了现代化工业体系的建立，但同时也迅速拉大了城乡之间的差距。以上原因使得很少资金流入农村而且农村的闲散资金也大量流入城市，农村经济发展更是难上加难。因此，要缩小城乡间的差距，大力发展农村经济发展农业需要必要的资金流，国家增加财政资金投入的同时还需要积极吸收大量的民间资金。因此，如何为农村经济发展量身打造金融环境也是一个值得研究的问题。目前，我国金融体系的一些政策及操作规则在农村并不适用。由于农村、农业投资回报率低，在吸收资金方面存在先天不足，而现行的农村金融制度安排不仅没有能遏制农村资金大量外流，反而起到了推波助澜的作用。

第二节　发达国家农业财政补贴政策

当今发达市场经济国家和地区在历史上也曾经历过工农关系和城乡关系不协调发展的时期，如美国、日本等，但又都是在经济发展进入成熟阶段后开始全面实行工业反哺农业、城市支持农村政策，而后使农业相对发达的。为了促进城乡协调发展，处理好城市发展与反哺农业的关系，国外普遍通过财政来保护农业和提供农村公共产品，保障本国农民收入的稳定增长。

一、发达国家的农业保护政策及其启示

发达国家对农业保护，主要体现在普遍实施包括农业补贴和价格支持在内的农业政策。虽然各国在自然资源禀赋、经济发展阶段、国内市场规模、文化历史传统以及社会体制等多方面存在着较大差异，而且对农业补贴的动机和补贴的政策目标不尽相同，所采取的手段多种多样，但是都促进了本国农业生产的发展，提高了农业的市场竞争力，增加了农民收入，从而使城乡关系和工农关系步入相对协调发展的轨道。

（一）美国的农业保护政策

美国对农业的保护政策可追溯到新中国成立初期。在 20 世纪 30 年代以前，美国的农业政策主要是通过公有土地的分配确立家庭农场制度和完善农业基础设施，为农业的发展奠定基础。现行的价格支持和农业补贴政策始于 20 世纪 30 年代，美国政府为了缓解大萧条的危机，保护农民利益，促进农业生产力的提高，制定了一系列的农业支持和保护政策，具体包括：① 最低保证价格的农产品抵押贷款。② 目标价格。③ 无追索贷款。④ 储存或缓冲库存。⑤ 生产和销售限额。⑥ 扩大需求和粮食援助计划。⑦ 投入物和劳务补贴。⑧ 食品券计划。另外，还有土地休耕保护计划、生产灵活性合同补贴、农业灾害补贴等。

第一次世界大战以后，农产品价格大幅度下降以及需求急剧减少等原因，美国农业遇到了极大的挑战，特别是 1929 开始的大萧条经济危机，使美国几百万农民濒临破产。在此背景下，美国国会通过了《1933 年农业调整法》，对农产品市场实施干预，以此为开端，经过 60 多年的调整和充实，最终形成了

一个较为完善的财政支持农业的政策体系。此政策体系的核心是农产品价格支持和收入政策，同时强调自然环境的保护。在这一时期，美国财政支持农业政策在一定程度上缓和了农业危机。但是，这些政策的长期推行也使美国财政付出了高昂的代价，仅1986—1995年美国政府对农场主的直接补贴就高达1 081亿美元之多。巨额的农业补贴给美国政府带来巨大的财政压力。同时，与WTO所倡导的农产品贸易自由化背道而驰。为此，90年代后期，美国政府对以往的财政支农政策进行了改革。1996年联邦政府完善与改革法案（AFRI法）以及2002年农业安全及农村投资法是美国财政支持农业政策的重要转折点。1996年的AFRI法对自20世纪30年代以来沿袭近70年的传统农业政策做了重要调整和改革，首次在法律上把政府对农业的支持和补贴与农产品的价格脱钩。美国最主要的农业直接补贴项目包括贷款价差支付、脱钩支付和市场损失支付（2002年后被反周期支付取代），都是以农民增收为目标的。

1. 贷款价差支付

事先规定一个贷款率，以此作为最低收购价格，当市场价格低于贷款率时，按两者之差和农民实际售出的产品数量给予农民补贴。推行这种政策，目的在于保证农民可以获得不低于贷款率的价格。这种政策起源于保护价格收购：当市场价格降低到贷款率以下时，农民可以将产品抵押给政府，按贷款率标准，获得贷款、如果市场价格升高了，农民可以将产品在市场上售出，并偿还政府贷款。如果市场价格没有回升，则农民可以放弃抵押给政府的产品，也就不用还政府贷款了。后来为了减少政府储备负担，并且让市场价格发挥作用，就发展到不需要农民抵押实物了，政府可以根据市场价格与贷款率的差额对农民进行补贴。

2. 脱钩支付

在1996年引入，农民在历史基期中的种植面积和单产作为计算补贴的依据，《农业法》事先确定各种产品的支付率。因为农民获得这种补贴的多少与当年的生产与价格无关，故将其称为“脱钩补贴”。

3. 市场损失支付

作为1996年以后新增加的一个直接补贴种类，市场损失支付的计算方法非常独特。20世纪90年代中期，粮食等农产品的世界市场价格大幅度上涨。美国政府预计农产品价格将继续上涨，政府就逐步减少补贴。但是，后来农产品价格的发展态势发生了逆转，价格开始下跌，原来的农业法规定的补贴远不能满足农民的需要。在农民利益集团的压力下，美国国会开始增加农业补贴。新增加的农业补贴就是市场损失支付，即为了弥补市场价格下跌给农民造成的收入损失。计算的基数仍然是脱钩补贴的基数，相当于增加脱钩补贴的标准。2002 年以前，每年根据市场价格变动情况，确定一次补贴率标准。2002 年农业法修订之后，将这项补贴规范化，赋予了一个新名词，即“反周期支付”，意思是弥补价格的周期性波动给农民造成的收入损失。同时确定了反周期支付标准的确定机制：新确定了一个比较高的目标价格，如果市场价格、贷款价差补贴和脱钩补贴三者之和低于目标价格，则实行反周期补贴，其标准就是三者之和低于目标价格的部分。也就是说，不管市场价格如何变化，农民总是获得相当于目标价格水平的收益。

（二）日本的农业保护政策

日本农业保护政策的出发点就是保证农产品生产的安全、稳定农产品价格、增加农民收入。为此，1961 年日本政府颁布了农业基本法，通过农产品价格支持手段来保护农业，实现工业剩余回流农业的方式就是农业补贴，促进城乡关系和工农关系的协调。把保持农产品价格稳定作为日本价格政策的主要目标。其价格管理形式有如下：

1. 成本与收入补偿制度（统一价格或管理价格制度）

实行这一制度的主要是大米。所谓成本与收入补偿，是指大米的生产者价格由“生产成本和收入补偿公式”确定。按照公式，大米价格由单产低于全国平均水平一个标准差的农场的生产成本计算，农民投入水稻生产的劳动价格按工人的工资水平计算。这样确定的大米价格，既保证了绝大多数农民的水稻生产收入能补偿水稻生产成本，又保证了水稻生产者的收入与工人相当。由于工人工资的增加，按此公式计算的稻农的收入也随之增加。日本政府于 1960 年使用这一公式，到 1968 年大米的生产价格就上涨了一倍，生产者价格超过进口价格的幅度由 1960 年的低于 50% 提高到 1968 年的 120%，农民生产的大米有政府按规定的价格全部采购。后来政府修改了对大米流通的管理，将大米分为政府米和自由流通米。对于两者，政府都要控制面积、产量和销售量，但实行不同的收购方式和收购价格。政府米由政府收购、政府定价（高于国际市场价数倍）。流通米政府不收购，但需按特定渠道流通，以政府定价为基准（不久，部分自主流通米的价格开始以大米交易所投标价格为基础）。为适应农产品贸易自由化和 WTO 农业规则的要求，日本从 1995 年起，大幅度修改农业政策，1995 年实行新的粮食法（减少政府管制的大米流通份额，允许第一年国内消费量 4%，5 年后达到 8% 的大米进口等），1999 年出台大米流通法并颁布农业基本法与农业改革方案。

2. 最低价格保护制度

实行这一制度的主要是小麦、大麦以及加工用的土豆、甘薯、甜菜、甘蔗等。为了保证这些产品的价格不跌到很低的水平，政府规定了最低价格标准。若市场价格低于政府的最低价格，产品全部由政府有关机构按最低价格购进。

3. 价格差额补贴制度（补助金制度）

这种制度主要适用于大豆、油菜籽和加工用牛奶等产品。根据这一制度，政府规定目标价格。当市场价格低于目标价格时，政府把两者的差额直接补贴给农民。这一制度的作用与最低保护价类似。不同的是，在这一制度下，农民可以在市场上以体现供求关系的自由价格全部出售其农产品。

4. 价格稳定带制度

实行这一制度的主要是肉类和奶类产品。政府在自由贸易的前提下，通过买进和卖出方式，使农产品的市场价格稳定在一定的范围内，形成一定的“价格稳定带”。这一价格一般要高于市场均衡价格。

5. 价格平准基金制度

实行这一制度的主要是蔬菜、小肉牛、仔猪、蛋类及水果等。这一制度实质上是差价补贴制度。不同的是，当这些产品的市场价格低于政府规定的目标价格时，价格差额不是全部由政府支付，而是由政府、农协和生产者共同建立的基金支付。这种基金就是“价格平准基金”。

以上价格制度中，除管理价格制度外，其他的均以自由价格为前提，政府或者通过直接参加市场活动（买卖、收购等），或者通过价格差额补贴来稳定农产品价格。尤其是价格平准基金制度，政府鼓励农民建立自己的组织，有计划地生产、销售农产品，再通过建立基金保持农产品销售价格的稳定。1999 年 7 月，日本国会通过了新的《食品 · 农业 · 农村基本法》，同时废除了 1961 年的农业基本法中有关农业支持政策与补贴条款。由价格补助转向“绿箱”政策的农业劳动者补助、农业灾害赔偿、农业金融补助等，以强化农业的生产能力。这一转变既为市场机制发挥作用提供了空间，又没放弃政府支持农业发展的作用。

（三）欧盟的农业保护政策

农业补贴尤其是农产品价格补贴是欧盟共同农业政策的重要内容。虽然欧盟农业产值仅占其国民生产总值的1.4%，但农业补贴占欧盟预算的一半。20世纪90年代初期之前，实现高于世界农产品市场价格的内部市场价格支持政策一直是共同农业政策的核心。其主要政策措施有价格支持政策和非价格支持政策。1992年，欧盟为协调乌拉圭回合谈判中的立场，对其农业共同政策进行了系统改革。主要内容是将其农业保护政策从单纯的价格支持转向价格支持和直接补贴相结合。改革目标是通过降低农产品价格水平，保障欧洲农业在世界市场的竞争力，控制农产品生产和财政预算开支的过度增加，进行国土整治和保护环境，促进农村发展。现阶段，欧盟的主要农业补贴有：

1. 休耕补贴

休耕补贴有两种，一是面积补贴中涉及的，每年同面积补贴一起申报。二是多年休耕。最少休耕10年。100公顷以下的农场最多休耕5公顷，100公顷以上的最多10公顷。休耕的要求如下：休耕地不得裸露，至少应该绿化、或者种草；休耕地不得施肥、喷洒农药；休耕地不得生产除非食品原料之外的任何农产品。

2. 按种植面积补贴

按照欧盟2000年农业政策改革计划，谷物的支持价格降低15%，油料、蛋白作物则按照世界市场价格。为了弥补价格下降对收入的影响，按面积和产量对农民进行直接补贴（欧盟对谷物等的价格支持仍然存在，但支持价格水平大幅度下降）。获得这种补贴的条件是，规模较大的农场（谷物生产总量超过92吨），必须将土地休耕10%（休耕的土地获得休耕补贴）；规模小于上述标准的小农场，不要求休耕义务但可自愿选择休耕一部分土地，获得休耕补贴。大于自愿休耕的面积总量不限，但享受休耕补贴的上限为耕地面积的33%，超过的面积不予补贴。农民根据每年种植的各类作物面积的多少申请面积补贴。可享受面积补贴的作物有各种谷物、油料作物、豌豆、蚕豆等蛋白作物等。对其他饲料类作物、甜菜、马铃薯、草籽等不予补贴。每公顷面积的补贴额，各种作物之间不同，不同地区不同，因为补贴标准是按每吨补贴额与平均单产确定的。

3. 环境保护补贴

这是欧盟一项很有特色的政策补贴。环境保护补贴的原则是自愿参加，至少5年，遵守有关环境保护的规定。具体类型：① 生态农业。整个农场的生产活动（种植业和畜牧业）必须全部符合生态农业的标准。所有产品符合生态农业标准，并粘贴生态食品的标签。② 粗放性草场，包括耕地变为草场。草场载畜量不超过每公顷1.4大牲畜单位，最少不少0.3大牲畜；大幅度减少肥料和农药使用量；不转变为耕地。③ 对多年生作物（水果、葡萄等）放弃使用除草剂。④ 多年休耕。此项补贴列在环境保护项目之下。

（四）发达国家农业保护政策的启示

1. 农业保护的法律、法规化与制度建设

日本、美国对农业保护制定了周密而详尽的法规，而且形成了每五年修订一次立法的制度，从而使日本、美国农业保护从法律上有了根本的保证。对农业实施保护，其收益不在实施农业保护的当年，而在于对其滞后效应的获取，而农业保护的当期一般又处在农业供给过剩（有时是阶段性过剩）之时，这个特点往往使人们因当前农业的乐观形势而对农业保护的必要性产生怀疑。而一旦农业保护开始削弱，其后遗症往往要等一年甚至几年后才会显现，在那个时候再重新实施农业保护，则必须等一年甚至几年才能产生作用，这样必然会造成农业发展过程因农业保护政策和措施的摇摆不定而出现人为的震荡。因此，如果农业保护措施不是连续的，那么从农业保护这一措施中的收益也必然不是连续的，同时农业保护的效率也必然会因农民对农业保护政策产生信任危机而大打折扣。因此，要使农业保护政策保持必要的连续性，就必须有法律上的保证，必须制定关于农业保护的相关法律及建立执行这些法律的基本制度。

2. 农业保护政策方式需要多样化

美国的农业保护历史较长，在其长期的农业保护实践中，形成了一整套多样化的农业保护方式和方法，这些不同的农业保护措施适应了不同的农业保护要求，因而在客观上充分地起到了保护农业的作用。我国的农业保护从严格意义上讲是从1996年秋开始的，国务院在1996年秋收后颁布的对粮食实行最低保护价的政策，这一政策在1997年夏收后得到进一步完善和充实。由于时间短，加之财力有限、经验不足，到目前为止，所谓对农业的保护政策，主要只体现在对粮食的最低收购价上。比较日本、美国全面的农业保护措施及其效果，我们仅仅实施的农产品价格支持的农业保护政策就是相当单一和薄弱。事实上，在WTO市场规则框架内对我国农业的保护政策，除了实施价格支持外，还可以采取多种形式，如金融优惠、财政支持、农业保险和贸易保护等。

二、国外农村公共产品供给经验借鉴

公共产品是满足社会公共需要的产品，具有非竞争性、非排他胜的特点。政府的重要职责就是提供公共产品，当然也包括农村的公共产品。农村公共产品按特征分类，即以农村公共产品的非竞争性和非排他险的程度进行分类，可以将其分为纯公共产品和非纯公共产品。农村纯公共产品是指具有完备的非竞争性和非排他性的农村公共产品，包括大江大河的治理、义务教育、农村行政管理、农村社会救助、自然灾害救助、医疗保险、养老保险、公共卫生、农业基础性科学研究、农地制度、农业资源和环境保护（包括森林保护、防沙治沙、水文水质水土资源管理等）、防汛岁修抗旱、动植物品种改良、农业生物与气象灾害控制等；农村非纯公共产品是指部分地具有不同程度的非竞争性或非排他性的产品，它又包括公池产品和俱乐部产品两类。公池产品是具备非排他性和竞争性的一类农村公共产品，例如住宅用地、农业生产用地、池塘等集体公共资源。俱乐部产品是指具备排他性和有限的非竞争性的一类农村公共产品，这类产品容易排他并且排他的经济成本也很低，例如小型农田水利设施、农村合作组织等。

(一)日本农村公共产品的供给

日本财政支农资金规模大，日本政府对农业的支持力度和保护程度是发达国家中较高的。日本财政支农投入主要用于土地改良、农业基础设施建设和发展农业科技等农村公共产品的供给上。

1. 日本农村公共产品供给的发展历程

19 世纪 80 年代至 20 世纪初期是日本工业化的初期阶段。这一阶段日本的农业剩余流入工业，70% 以上财政支出投向工业部门。虽然日本征收高额农业税来攫取农业剩余，但是还积极通过推进农业技术进步并大力推广、兴修农田水利等方式来扶持农业生产，以此来保证农业不断增长。20 世纪初期至 40 年代，日本进入工业化发展中期阶段，这一阶段为了使工农业平等发展，日本政府采取了一系列措施，如减轻农业税、进行农地改革、增加对农业的投资、提供农业信贷资金以及促进农业协同组织的发展等措施。另外，日本政府继续促进农田水利建设的发展和农业科技的进步与推广。但由于日本政府推行军事扩张政策，财政支出也主要用于军事工业和军队，对农业的支出也不多。第二次世界大战以后，日本进入工业化发展的后期阶段。1961 年，日本颁布《农业基本法》，这是日本工业剩余开始回流农业的标志，政府对农业的财政支出加大，出现了中央政府农林渔业财政支出在财政总支出中的比重大于农林渔业产值在国民生产总值中比重的局面。

2. 日本农村公共产品供给的特点

（1）农村公共产品供给范围广。日本农村公共产品供给包涵农业的生产领域、流通领域和生活领域，具体包括基础设施、公益事业、文化、教育等方面。

第一，农业基础设施。农业基础设施建设主要包括农地的建设，为适应农业机械化的农村道路的建设和网络化避免工业污染保证高质量农产品的农业新水源开辟、水环境治理和为改良土地进行的排水灌溉、土地平整、土地开垦等基本建设。这些建设依照工程性质和规模大小，分别由中央政府、地方政府和农户共同投资建设，大型农业工程建设直接由政府负责投资兴建，小型农业工程建设由农民及农村合作组织负责投资，而政府提供补贴额将占到全部费用的80%左右，有时甚至可达90%；农民联合购买现代化机械设备或其他生产资料则由政府给予补贴。20世纪70年代以来，日本对农田基本建设项目的财政投入占整个农田基本建设投入的90%。

第二，农村义务教育，日本政府实施农村与城市一体化的义务教育财政体制。目前，日本农村义务教育经费由中央、都道府县和市町村三级政府共同分担，中央财政通过国库支出金和地方交付税等转移支付手段对农村义务教育经费进行财政补助。日本的中小学主要由市町村政府设立，上级部门即都道府县政府会给有困难的市町村必要的经费支持。在振兴偏远地区农村的教育上，日本通过颁布法律《偏远地区教育振兴法》《孤岛振兴法》等，明确各级政府的任务，从而提高对偏远地区教育公共产品的提供水平。在农村还设有社会教育设施，如图书馆、青少年之家、文化中心、博物馆、妇女教育中心等社会教育设施，为农村社会教育的普及和发展提供了优越的硬件条件。

第三，农业科教和技术推广。日本政府对农业教育、农业科学技术开发和推广都很重视。国家设有农协中央学院，各地方有41所农协大学及各种研修中心，农协有完整的教育体系来培养农协人才，日本的农协类大学校对从事农业经营者提供必需的贷款，并优先到国外进修，学生的学费、教材、住宿费全免，伙食费由学生负担一部分，一部分由社区及农业团体发给奖学金。日本实行的主要是政府统一组织和指导的农业技术推广体系，在全国都建有国立和公立科研机构、大学、民间企业三大系统组成的农业科研体系。日本中央财政、各都道府县均有农业科技专项预算，农业推广经费由中央和地方共同分担的、经费由两大部分组成：一部分为专项经费、中央和地方政府各按一定比例分摊，另外就是根据各县特殊业务需要而提供补助经费，要求提供相应的配套经费。日本把全国分为 9 个区，在每个区设立地方农政局，负责监督和指导都道府县的农业技术推广工作及发放推广经费。2000 年前后，日本国家和地方政府的农业科研经费投入总额占农业国内生产总值的 2.2% 左右。

第四，农村社会保障。日本农村社会保障制度是在实现农村城市化和农业现代化的过程中逐步建立和完善的。城镇和农村居民享受的保障制度类型相同，日本的农村社会保障项目有以下几类：一是国民健康保险。承担国民健康保险的保险运营主体为地方政府，国库补助保险费为 50%，被保险者个人及其被抚养的家属负担实际医疗费的 30%。二是基础养老金，国库负担 1/3、其余来自被保险者缴纳的保险费。三是农村公共援助，日本建立起了覆盖全体国民的“最低生活费”保障体系，具体涉及生活、教育、住宅、分娩、医疗、丧葬等，其经费来源为国库补助 3/4，都道府县与市町村分别负担其余的 1/4。四是农村福社，包括农村居民的公共医疗卫生与健康保健和其他公共福利设施等，按 2002 年的标准计算，各种公共医疗保险机构共同负担保障费用。国家财政负担约 23%，都道府县与市町村分别负担 5.5% 左右。五是农业灾害保险，农业保险基金由农民投保保费和政府补贴各占 50% 组成，基本覆盖了农村居民所面临的各种风险。

（2）充分发挥农协在农村公共产品供给中的作用。农协是集农业、农村、农产三类组织为一体的综合社区组织，是农户保护自己的利益而组织起来的群众性组织。几乎所有的农户都参加农协组织。农协为农民提供的各种服务，其农村综合服务几乎涵盖农村的各个领域。第一，指导农业经营。农协对组合成员的生产项目、生产规模及时予以指导，以免农户盲目生产。指导内容包括土壤改良、引进良种、农药施用、栽培技术、市场信息、标准化生产等以及传授、推广本地和外地的先进经验等。第二，供应农业生产资料。采取预约订购、送货到户的办法来帮组农民购买农药、化肥、农用薄膜、饲料、民用煤气农业机械等。第三，销售农副产品。对农户生产的农副产品实行无条件委托贩卖，畜牧、园艺、果蔬、粮食、奶类等主要农产品约占 70% 以上是由农协经营的，其中小麦、大米、牛奶等产品已达到 90% 以上。第四，提供农村金融服务和农业保险服务。农协信用事业是以接受组合员的存款，向组合员贷款为基础的，主要用于有利于组合员的各项事业。第五，提供信息服务。基层农协将收集到的农户生产信息、生产资料供应信息以及各种农副产品销售信息传递给县联合会和中央联合会，上级联合会经过汇总分析后再通过农协信息网向下传递，直至农家。据统计，日本农民有关生产方面的信息71%来自农协系统，而有关生活方面的信息有59%来自农协。第六，提供设施设备事业。农协统一建设和购买大型的设施设，如联合收割机、大型拖拉机、大米加工设备、农机维修站、农用仓库、文化娱乐中心、加油站等供农协社员有偿使用。第七，开展老年福利活动、农协组织农协成员到高龄者家里帮助做家务、照看老人、建造特别养老院、培养家庭服务人才及建立自发性互助组织。日本政府在法律、经济等方面加强对农协的支持。

(3) 农村公共投资具有多渠道、多层次性。日本农业资金的投入渠道有以下几点：其一是中央政府主要是对建设项目进行财政拨款及贷款，目前日本政府每年拨款大约10亿日元对农业进行补贴。补贴方式主要有6种，即农地整治补贴、水利建设补贴、基础设施补贴、农业生产资料购置补贴、农业结构调整补贴和农贷利息、补贴。其中中央补贴50%，县级财政补贴25%。二是为农民提供低息贷款，来解决农业资金短缺的问题。对用于农业机械化、水利化、化肥化等设备设施的购买和维修改良，实行7年低息贷款，农协开展的低息、贷款业务则由国家进行利息、补贴。三是各级农林渔业金融公库投入农业固定资产，用于农林渔牧业的基础建设，实行20年低息贷款（利率5%左右）。四是利用地区开发金融发放贷款，以促进特定地区的产业发展为直接目的，贷款对象限定于特定地区的企业或法人。五是发行债券，用于公共设施的建设。

(4) 建立了完善的农业生产、销售和农业科技信息服务系统。日本的农产品市场信息服务主要由农林水产省统一管理，由统计情报部、协同组合检查部负责综合农业经济分析、趋势分析和农产品质量安全信息工作，综合食料局国际部负责国际农产品贸易与市场信息的收集、分析，同时，分管与世界贸易组织有关的事务。日本的农业市场信息服务系统主要由两个系统组成：一个是由“农产品中央批发市场联合会”主办的市场销售信息服务系统。日本现在已实现了国内82个农产品中央批发市场和564个地区批发市场，这些市的销售量以及海关每天各种农产品的进出口通关量的实时联网发布，农产品生产者和销售商可以简单地从网上查出每天、每月、年度的各种农产品精确到公斤的销售量。另一个是由“旧本农协”自主统计发布的全国1 800个“综合农业组合”各种农产品的生产数量和价格行情预测系统。凭借着两个系统提供的精确信息，每个农户都对国内市场乃至世界市场都了如指掌，可以根据自己的实际能力确定和调整自己的生产品种及产量，使生产处于一种情况明确、高度有序的状态。同时，日本也重视以信息技术为载体的农业科技推广，日本现已将

29 个国立农业科研机构、2 381 个地方农业研究机构以及 70 个地方农业改良普及中心全部联网，根据 271 种主要农作物的栽培要点按品种和地区特点等可以在网上详询结果。并且其中 570 个地方农业改良普及均来自于农协或农户之间的双向网上咨询。另外日本于 1997 年制订了“生鲜食品电子交易标准”，建立了生产资料共同定货、发送、结算标准，并对各地的中央批发市场进行电子化交易改造。

(二)澳大利亚农村公共产品的供给

澳大利亚经历了200 多年的开发，现已成为世界上经济最发达的农业大国之一。澳大利亚政府十分重视农村公共产品的供给，其供给内容主要包括以下方面。

1. 政策类公共产品

澳大利亚政府为了稳定农民的收入，针对其旱灾多的问题，制定了缓解旱灾的政策，其主要内容有：①帮助农民实施风险管理，通过收入平等保证金和农场管理债券，让农民按照公共管理计划把农场的收入储蓄起来，以备农场需要时抽回资金。②实行收入平均税方案，确保农民与那些有稳定收入的人以同样的税率交税。③对于遭受特大旱灾的农民提供福利补贴。另外，政府还通过加强财政政策与金融政策的配合，支持农业的发展。

2. 交通运输等基础设施类公共产品

在澳大利亚农业发展的过程中，政府十分重视交通运输的发展。澳大利亚不仅在人口集中、繁荣富庶的沿海地区有发达的公路网，即使是在人口稀疏、偏僻的农村和山区，也能保证汽车的畅通无阻。发达便利的交通运输，使得农牧区的水果、蔬菜、活畜及食品可以通过公路运往城市，城市的工业产品通过公路运往农村，这不仅加大了国内的有效需求，也加强了城乡之间的信息交流：使农民活动的区域更加广泛，加大了农民的就业机会，这有利于农业的发展和农民收入的增加，也有利于缩小城乡之间的差距，可以说，澳大利亚政府对公路交通这一公共产品的投入是促进澳大利亚农业发展的一个重要因素。

3. 农业教育、科研和技术推广

澳大利亚政府非常重视农业的科研推广和农民的职业教育培训。澳大利亚政府组织建立了完善的农业科研体系，由三个层次组成：一是全国性的联邦科学与产业研究组织，主要进行理论性较强的研究。二是各州农业部所属的科研

所或实验站，主要研究和解决生产中存在的实际问题。三是高等院校更侧重于基础研究。在农民的教育培训方面，澳大利亚政府还根据农业发展的需要，委托不同院校和培训机构对农民进行多种形式和内容的培训，不断提高劳动者的综合素质。目前，在澳大利亚，具有大学文化程度的农业科技人员占农业从业人员的比重已达到31%。农民不仅不会失业，而且较高的农业劳动生产率也给农民带来相当高的收益。在农业技术推广方面，政府机构主要由州农业局承担，局内设乡村事业发展总部，统管农技推广工作。澳大利亚在应用农业新技术方面发展很快，包括卫星追踪天线系统、农用电子计算机系统以及基因工程技术等已广泛用于农业生产和农场经营中。

（三）韩国农村公共产品的供给

20世纪70年代开始，韩国政府发起了以“勤勉、自助、协同”为基本精神，以“脱贫、自立、实现现代化”为根本目标的新村运动，来改善农村生存环境和生产条件，进而向现代化生产方式和生活方式迈进，取得了令人羡慕的经济效益和社会成就。虽然韩国的“新村运动”主要由农民进行，但政府在其中发挥了重要作用，政府不仅是发动者、引导者，而且在不同阶段提供财政支持、管理和规划方面的帮助。在“新村运动”中，新村建设的资金来源渠道主要有两个，一是政府投资，二是村庄集资。政府投资在总投资额中的比例是很高的，韩国政府在资金投入上扮演着重要的角色。韩国政府在农村公共产品供给问题上注意从改善农民生活条件入手，1970年至1973年间，韩国政府重点改善农村居民居住条件和公路、桥梁、水利、电力等基础设施。而随着农村社会经济文化水平的不断提高，对农村公共产品的需求层次也在提高，低级公共产品向高级公共产品演进，在1974年以后，农村公共产品供给更多地集中于农村经营模式、农村流通市场、农村教育、农村社会保障等方面。

1. *改善生活环境方面*

改善和建设农村道路、住宅、电力系统、电信、自来水等基础设施，以及为农民安装电灯、电话、修建公用水井、农村公共澡堂、洗衣房、图书阅览室等，以改善生存条件、提升生活质量。目前，韩国大多数农村已基本进入了住房砖瓦化，村村电气化，交通网络化，教育普及化的阶段。从1970年到1980年，韩国政府财政累计向新村运动投入2.8万亿韩元，参加新村运动人数累计达11亿人次，效果明显。全国农村共架设了65 000多座桥梁，各村都修筑了宽3.5米、长2～4公里的进村公路。到70年代后期，除特别偏僻的农村外，全国所有村都能通车。1970年全国250多万户农民中有80%住在稻草房中，1977年全部农民都住进了瓦片或彩钢顶的房屋，新铺自来水管道4 440公里，建设新村会馆35 950座，1978年，全国98%的农户装上了电灯，目前全国农村都已实现了电气化。

2. 改善生产条件和扩大收入来源方面

完善灌溉系统，治理河流，开发农业用水，修筑农用道路，采用新的生产技术，实现农业机械化，调整农业生产结构，开展多种经营，实行专业化生产，以及兴办农村副业，投资兴建批发市场，加强流通服务城市化的建设，提高农民收入水平。韩国政府在新村运动中采取的在农村修建桥梁、公路等做法降低了农民的运输成本，设置公用积肥场进行“集团栽培”也使农民的生产成本大大下降。新村运动对耕地的治理以及水利设施的兴建使农村生产的自然风险大大降低，同时，在推广“统一号”水稻过程中采取的保护性财政补贴政策控制了农业生产的社会风险。

3. 注重农村的可持续发展，大力发展环境友好型有机农业

20世纪世界农业拼命追求农产品和纤维原料的增产，导致农产品的大量过剩和积压，引发世界农产品贸易秩序的混乱和资源的流失，环境急剧污染，生态遭到严重破坏。对每个国家来说，环境亲和型有机农业不是一种人为选择，而是必然的发展趋势，是不以人的意志为转移的。韩国政府首先通过立法确立环境亲和型农业的地位、职能和作用，并于1997年制定《环境亲和型农业育成法》；2001年修订、建立和改进相关的组织机构和认证制度，积极扶持有机农业，加强标准化管理；韩国农渔业对策委员会于2005年2月组建环境亲和型政策协议会，正式组织开展系列活动；2005年3月31日，韩国农林部在农村振兴厅举办了由900人参加的“环境亲和型有机农业专题研讨会”。韩国的环境亲和型组织有30多个，有机农业产品的市场规模达到6 000亿韩元，而且每年以7%的速度增长，韩国把标准化的概念引入环保型农业。把无公害农产品分为四种，即农药残留量在标准1/2以下的“低农药农产品”、不施农药的“无农药农产品”、不施农药和化肥超过一年的“转换期有机农产品”和不施农药和化肥超过三年的“有机农产品”。每一种农产品都有具体、严格的认证标准，认证制度已全面开始实施。据调查，80%以上的顾客对有机农产品表示欢迎，74%的顾客认为有生产履历的产品价格即使贵5%～10%也愿意购买。加大有机农业新技术的培训力度，培植有机农业示范户，发展生物技术和

环境亲和型农业相融合的有机农业，提高农产品的附加价值，增加农民收入，这是新世纪韩国农业发展的又一新特点和新亮点。

4. 积极推进新村精神建设的制度化进程

包括发展农村义务教育、农业科技教育、改进食住习惯，倡导学习文化，培养互助协作精神等，宣扬健康的社会意识。韩国农村基础教育的管理体制独具特色。韩国1949年制定的《教育法》明确规定实施小学义务教育，到2002年才在全国范围内实施了初中义务教育。在普及义务教育过程中，韩国实行了先偏僻山区、农村，后城市的政策。国家优先投资偏僻、贫穷地区的教育，大中城市的教育主要靠地方和私人来办。为保证偏远地区的教育发展，韩国专门制定了偏僻、岛屿地区教育振兴法。韩国在财政紧张的情况下，首先在贫困地区实行免费的义务教育然后再逐渐推广到全国的这一措施，后来被许多发展中国家模仿，如对偏远地区实行拨专款进行补助的“教育优先区制度”，对低收入家庭的学生提供足够其学习的奖学金，或者对贫困家庭直接发放“教育代用券”等。为使农村的自然部落转变为自然循环型和环境亲和型农村，最主要的课题是当地农民的主动参与和建设。因此，建立了农民自治的组织机制，培养农民的自我管理能力，确保农民自主设计、管理和运营。例如全罗南道为培养环境亲和型有机农业的精锐人才CEO，自从2005年在全国首次举办“全罗南道生命农业大学”，根据全罗南道农业技术院介绍，“全罗南道生命农业大学”是为了提升绿色全罗南道的形象，及早落实发展环境亲和型农业而成立，教育目标是培养环境亲和型农业的实践及教育的意志强，具有指导能力的当地农民，使其成为先导农民，开设的课程为环境亲和型有机农业的理论与培养体系结构合理的最高教育培训课程。尤其值得指出的是，其还邀请国内外最高水平的专业讲师，将增加农民收入为宗旨的风险农业、高科技农业理论与实习相协调，注重现场实习、体验教育培训和参与式学习。为培养环境亲和型农业的骨干，韩国首家环境亲和型大学于2005年3月在忠清南道洪成郡（音译）成立，学校学制为1年，教学安排每周1次3小时课程、农忙期间的远程教育、4天的现场教育和3天讨论与发表组成，有农业基础课程、环境亲和基础课程、环境亲和市场课程和农村开发4个课程。

5. 改善医疗服务条件，减轻农民医疗保险费负担

韩国1988年以后，逐步在农村实行了强制性医疗保险，覆盖90%的农村人口，其余10%贫困线以下的农民由政府提供医疗救济。新村运动之后韩国经济发展很快，到八十年代末，韩国城乡居民收入差距较小。韩国农村医疗保

险经费筹集结构是，农民家庭支付50%，政府支付50%。法律规定医疗服务实行逐级转诊制度。

6. 韩国政府重视农村经济信息服务建设

韩国政府已经出台政策减少不同产业、不同地区和不同收入阶层之间的信息差距。为了加强农业信息基础设施建设，政府资助农民购买计算机，农林渔信息服务部折价将计算机卖给农民，同时改善农村通信网络，在农村建立信息超高速公路，并对农民进行培训，包括如何使用计算机、商业应用软件、因特网和通信技术以及农场管理软件。

第三节 完善财政制度，推动城乡一体化发展

一、扩大支农资金规模，创新投入机制

1. 财政支出向“三农”倾斜，保证支农资金的平稳增长

在制定预算时要充分考虑到我国农村经济社会发展的实际情况，积极扶持农村基础工程建设，鼓励农村特色经济稳步发展，持续优化财政支出结构。在财政支出的增量上要适当地向“三农”倾斜，保证财政支农资金能够平稳的持续增长。

2. 激励机制，发挥财政导向作用

财政的导向功能在城乡一体化发展进程中具有重要作用，财政能够引导多方资金参与到新农村建设，但是如何提高投入资金的使用效率以便更好地吸引民间资本投入仍是亟待解决的问题，这就要不断创新财政投入激励机制。在具体实践中，财政资金投入机制的创新可以从农业保险、投资参股等方面入手，充分提升财政支农资金的使用效果，并吸纳更多的民间资本和信贷资金，充分整合资金，加快城乡一体化建设步伐。

只有不断创新财政投入激励机制，才能充分发挥政府支农惠农政策的导向功能，引导信贷资金及社会资金投入现代农业发展和新农村建设。创新投入激励机制可以从投资参股、财政贴息、以奖代补、信贷担保、农业保险等方面入手，引导信贷资金、民间资本等参与新农村建设，尽快形成多方位、多元化的中国特色农业现代化建设投入格局。

3. 创新农村基本公共服务供给制度

在我国现行的财政体制下，农村的基本公共产品和公共服务主要由各级政府承担，但是在财政支农支出有限的情况下，农村的基本公共服务供给就落后于我国农村广大人民群众的实际需求，也与城乡一体化发展的要求相去甚远。此时，农村基本公共产品和公共服务供给制度的转变与创新刻不容缓。在实践中，政府可以引进多方主体参与农村基本公共设施的建设，充分运用市场的资源配置功能。政府可以以建立现代农业为着手点，将农村的劳动力资源优势与第三方的资金优势相结合，提升农村基本公共服务供给质量。

二、建立城乡一体化财政政策体系，促进城乡基本公共服务均等化

城乡基本公共服务的均等化对提升城乡一体化有着相当重大的作用，实践的结果也完全印证了这一点。而基本公共服务和发展机会均等化的实现更离不开城乡统一的财政制度建设，它是挪威城乡一体化建设的基本制度保障。

城乡统一的财政体系能够优化资源配置，将有限的资金资源适当地向农村基本公共产品和公共服务缺乏的地区倾斜，加快这些地区的公共基础设施建设。而城乡统一的财政制度体系的建立主要依靠包括：建立促进城乡一体化财政体制的主要途径包括建立公共财政体系，扩大公共财政覆盖面，增加对农村公共品供给；增加对农业和农村发展的投入，推进农村基础设施建设、赋予农民平等的国民待遇、完整的财产权利和平等的发展机会等。同时，加强对广大农民科技支农的培训，引导农民发展思维的转变，以保障农村经济的长期稳健发展。

三、整合财政支农资金划拨机制，加大资金使用监管的力度

一是财政支农资金划拨机制的整合，改善我国支农资金来源渠道无序、多头管理和集中性不强的现状。将财政支农资金的划拨管理权集中到一个部门能够降低支农资金管理成本，同时资金的使用也更易形成规模效应，从而提高资金使用效率。

二是建立和完善资金审计监管制度，加强资金使用监管。在整合财政支农资金划拨的基础上引入审计监管制度，对资金使用的全过程进行论证考核，发现问题及时更正。这有助于提高资金管理的覆盖面，保证资金的合理有效使用，避免资金流失。

第十章　重庆农村“三权”抵押研究

农村“三权”包括农民家庭耕地承包经营权、林权、宅基地使用权以及附着其上的房屋产权。目前重庆农村“三权”流通呈现出多样化、市场化、组织化的特征，以地票为特色的农村建设用地使用权交易，更是开创了农村土地使用权非实物化和资产化流通的先河。在此基础上，重庆又开始探索扩展农村“三权”抵押权能，以期解决农村贷款缺乏资产抵押的问题。由于农村“三权”抵押最终会涉及抵押权实现后的流通环节，所以本章以农村“三权”抵押所涉及的问题为讨论对象，寻求解决农村“三权”流通问题的对策，为市委市府提供决策参考。

第一节　推进农村“三权”流通的必要性

“三权”流通是发展农村金融、繁荣农村经济的重要内容。推进农村“三权”流通，有助于整合城乡资源，引导城市资本下乡；有助于增加农民融资手段，扩大农业投入；有助于盘活农村资产，拓展农民财产性收益渠道；有助于解决农民进城创业的资本金，促进户籍制度改革，加快城镇化进程。

一、农业经济的特点与农村资源约束要求通过“三权”流通实现农村经济转型

目前我国农产品价格波动不稳，国际竞争力不强，农业发展增长点不明显，农民增收难等问题突出。究其根本原因是农村土地分散经营难以实现农业生产规模化、产业化、标准化，导致生产效率低下，农产品质量难以控制，农业技术推广和农产品流通成本加大。同时，另一不争的事实是我国人多地少，人均耕地仅为世界人均水平的1/3左右，而且耕地面积仍在不断递减，从资源约束的角度对农业集约化发展提出了更高的要求。对此中央除了相应调整农业

和农村工作的中心任务，重点抓好结构调整，使农业从粗放型经营向集约型经营转变，大力发展现代农业，提高农业规模化、产业化水平外，还及时调整了农村土地政策，突破了农地使用权不可转让的限制。

从发达国家农村经济发展的特点来看，也表现为专业化程度高，规模经营占主导，建立起了相当完善的乡村农业社会服务体系，农业管理实现了宏观上的法制化和信息化，微观上的企业化和自动化，简而言之实现了农业现代化。而农业生产产业化、集约化、工业化和农村建设城镇化既是实现农业现代化的必由之路又是其主要标志。

作为统筹城乡试验区，分析重庆推进农村“三权”流通的意义，一方面通过土地资源集约化使用，促进改变传统的“粮食生产型”农业产业结构，发展新兴农业，从整体上实现农业的产业升级；另一方面促使农村劳动力从土地上转移出来，通过技能培训，使农民从简单体力型从业向专业技能型从业转变，既为农业集约化、工业化经营提供充足的人力资源，同时又为农村城镇化建设过程建立完善的社区服务体系提供就地取材的劳动力资源，使一部分农民转化为小城镇中从事第三产业的专业化人才。

二、农村“三权”流通丰富和发展了公有制的实现形式

农村“三权”是建立在农村土地集体所有制基础上的一种经营权和使用权，是农村土地产权的一项权能，所以农村“三权”流通仅是产权（所有制）的一种运作或实现形式，它可以服务于不同的产权制度。在资本主义土地私有制的背景下，农村“三权”是土地私有制的一种有效实现形式；而在我国土地公有制的前提下，它是维护公有制、提高公有制经济的控制力和保障农地保值增值的有效实现形式。允许“三权”流通，绝不是私有化，更不是私有制，而是新时期我市在中央农村改革发展的政策指导下，在科学理论定性的基础上，结合农村实际，为促进资产流动、重组和提高公有制经济实际控制力，而采取的一项公有制有效实现形式。其意义在于，使城乡生产关系更加适应生产力发展的要求，通过农村“三权”流通制度的创新与运用，盘活广大农村土地资产，促进农地增值，提高集体经济在国民经济中的所占份额，保证公有制经济在国民经济中比重下降的情况下其实际控制力稳步上升。

三、唤醒沉睡的农村土地资产，增加农民家庭财力

目前农村宅基地及附着其上的房屋是农民最大的固定资产之一，但受法律

和政策约束无法有效交易和变现，农村宅基地和房屋成了农村最大的不能流动的“死资产”。据统计，重庆农房面积约9亿平方米，林地面积超过6 000万亩，农村土地流转规模已占承包总面积的35%，“三权”抵押价值在1万亿元以上。但实际上2010年重庆农民人均财产性收入仅占人均纯收入的1.7%，远低于全国3.4%的平均水平。进城务工农民面临着“城里的房子买不起，乡下的房子卖不掉”的困境，不得不“一边在城市租房，一边在农村建房”，造成土地和资产的双重浪费，流转置换潜力巨大。若宅基地实现无障碍流转，如按1平方米600～1 000元估算，全市农民每户可增加7万～12万的可变现财产，除宅基地本身的价值外，全市农村可人均增加2.5万元以上、户均增加10万元以上可变现财产，可净增4.5万公顷～6.5万公顷耕地或置换建设用地指标。

四、解决农民贷款难的问题

根据2009年对开县200户农户进行的问卷调查，结果显示其中51%的家庭急需资金，但分别有36.8%和43%的农户反映在银行或信用社贷款有困难和很困难，仅有2.5%表示获得金融贷款很容易，这表示农户的资金需求并没有得到满足。在问及“根据您目前的状态，您对银行或信用社给您已有贷款的满足程度是多少”时，有55.9%的人选择“不满意”，33.5%的人选择“不太满意”，选择“基本满意”的只占11.6%。此外，有85%的农户是因为“无抵押物又无关系”而被银行拒绝贷款。

长期以来，农民的农房、林权、承包地“三大资产”因法律障碍，不能充当抵押物，融资多依靠农户小额信用贷款。但农户小额信用贷款难以满足专业大户、经济能人的大额资金需求。“三权”抵押贷款，可以赋予土地承包经营权、农房、林权抵押担保的功能，有利于激活农村资产价值、丰富农村融资渠道、满足农民金融需求，是解决农民贷款难问题的有效渠道。

第二节　重庆农村“三权”流通现状

作为全国城乡统筹改革试验区，重庆市在农村土地制度改革方面先试先行，取得了初步效果。以农村土地承包经营权（包括耕地、林地）流转、地票交易、“三权”抵押为主要内容的农村“三权”流通在试点的基础上正逐步推广，在盘活农村土地资产、增加农民家庭财产性收入、繁荣农村金融等方面发挥了积极的作用。

一、农村“三权”确权登记工作稳步推进，为“三权”流通奠定了基础

截至2010年，重庆市约有62%的集体土地所有权、57%的农村宅基地使用权和50%的其他集体建设用地使用权已发证，并计划从今年起到2012年，用3年时间实现农村集体土地所有权、农村宅基地使用权和其他集体建设用地使用权登记发证全覆盖。同时，截至2010年，重庆市林权主体改革基本完成，全市集体林地总面积5 565万亩，发证面积5 426万亩。

二、土地承包经营权流转成效明显

按照重庆市统筹城乡改革发展的总体目标要求，全市上下坚持把加快土地流转、推进适度规模经营作为统筹城乡发展的重点，大力调整农业结构，促进农民转移就业；积极培育市场主体，加强流转管理服务；探索创新工作机制，强化政策扶持引导，重庆市农村土地流转取得了明显成效。到2011年6月月底，全市农村土地承包经营权流转总面积737.4万亩，占家庭承包总面积的37.3%，比上年末增加20.3万亩，增长了1.03个百分点；农村土地适度规模经营面积达到557.4万亩，占农村土地流转总面积的75.6%，农村土地适度规模经营集中度达28.2%，比上年末增长7.2%。近年来重庆农村土地流转呈现以下几个特点：

(1) 进程加快。全市土地流转总面积比“十五”末增加了22倍，土地流转正由零星分散向成片规模流转转变，规模经营程度从1997年的1.2%提高到28.2%。

(2) 出租增速。以出租方式流转的土地面积达到280.9万亩，出租量占比从2007年的23%迅速上升到38.1%，是近年增速最快的流转方式。

(3) 对象多元。除农户之间流转外，专业大户、专业合作组织、龙头企业等社会资本参与土地流转逐步增加，规模经营呈现较强发展趋势。全市承包耕地流转入农户（包括大户）的土地面积为374.2万亩，流转入农民专业合作社的有107.1万亩，流转入企业的为150.6万亩，流转入其他经营主体的为73.9万亩。

(4) 区域差异明显。从“一圈两翼”来看，“一圈”流转376.8万亩，占

区域承包耕地面积的39%；“渝东北翼”流转256.4万亩，占37.1%；“渝东南翼”流转104.2万亩，占32.5%。“一圈”的占比高于“渝东南翼”6.5个百分点。

三、农村土地交易所平台效益显现，地票交易量价同步增长

重庆农村土地交易所的建立，是重庆推进统筹城乡综合配套改革迈出的重要一步，是统筹配置城乡土地资源，加快农村“三权”流通的重要平台，不仅提供了农村土地财产权变现的交易场所，而且显化了农村土地房屋价值，为“三权”抵押提供了估值体系和处置机制。

从2008年12月4日第1次交易，到2011年4月，重庆农村土地交易所共举办地票交易会22场，累计交易地票5.6万亩，交易价格逐步提高，成交金额达86.64亿元，成交均价由开始的8万元/亩增加到目前的15.47万元/亩。目前，已有52宗1.34万亩地票获征（转）用批复，其中7宗1 718亩地票已完成招拍挂，正组织开发建设。已办理地票质押10宗1 500亩，质押贷款1.43亿元。累计交易968亩耕地承包经营权、3 000亩林地承包经营权。同时，免费为农民、市民和其他单位发布农村土地流转信息，已发布实物供给信息12 759亩、需求信息近万亩。

四、农村“三权”抵押稳步推进

重庆农村“三权”抵押融资自2010年11月正式开始推广。至2011年9月末，已累计发放农村“三权”抵押贷款99.5亿元，其中林权抵押贷款80.7亿元；农村居民房屋抵押贷款8.7亿元；农村土地承包经营权抵押贷款3亿元；另外，部分区县积极创新，推出如委托贷款、集体建设用地使用权、塘库堰承包经营权抵押贷款等共计7.1亿元。目前，重庆农村“三权”抵押融资正有序推进。

1. 组织机构基本确立，政策体系逐步完善

重庆市成立了“农村金融服务改革创新领导小组”，牵头组织市财政局、市农委、市国土房管局、市林业局、市政府法制办等市级部门和人行重庆营管部、重庆银监局、重庆证监局、重庆保监局等在渝金融监管部门，在全市范围内全面推动农村“三权”抵押融资工作。在领导小组协调下，各部门对三权抵押工作，高度重视，加大工作力度，加强协作配合，形成合力共同推进各项工作。目前，市级层面农村三权抵押融资政策系统已经初步形成。市政府下发

了《关于加快推进农村金融服务创新的意见》。市政府办公厅下发了《关于开展农村土地承包经营权、居民房屋和林权抵押贷款及农户小额信用贷款工作的实施意见》；市农委、市国土房管局、市林业局分别出台“三权抵押”登记实施细则；市财政局出台了《重庆市农村“三权”抵押融资风险补偿资金管理暂行办法》，建立起农村金融风险分担机制。市高院在系统内下发了《关于为推进农村金融服务改革创新提供司法保障的意见》，从司法方面对“三权”抵押设定的有效性予以了明确；市人大在《重庆市实施〈中华人民共和国农民专业合作社法〉办法》中，明确了鼓励金融机构推进“三权”抵押融资业务。

2. 相关制度建立运行

一是政府确立了统计制度。进一步规范和明确我市农村“三权”抵押贷款的统计口径和范围，做到应统尽统，及时全面掌握“三权”抵押贷款推进情况，重庆市金融办研究制定并下发了全市农村“三权”抵押融资统计报送制度，明确有关统计口径和范围，将直接或间接以“三权”作为抵押物获得贷款纳入统计范围，并定期从区县金融办和金融机构两个途径收集农村“三权”抵押融资情况。二是银行逐步规范三权抵押贷款制度。农业银行重庆分行印发了《中国农业银行重庆市分行农户贷款“三权”抵押贷款管理办法(试行)》明确了贷款对象，抵押物条件、抵押率以及价值评估要素等。重庆市农商行也出台了林权、农村土地承包经营权、农村居民房屋抵押贷款相关管理办法和操作规程，对贷款对象、抵押物条件、贷款程序、贷款利率等做出了详尽明确的规定，为“三权”抵押贷款营销打下了制度基础。

3. 区县与银行积极推动三权抵押

一是部分区县高度重视该项工作，制定了比市里力度更大的激励措施及政策。例如，黔江区、丰都县等制定了不同程度的财政贴息政策；万州区、彭水县等设定贷款利率在同等条件下优惠10%。部分区县结合实际情况，大胆创新，如綦江县创新整合政策资源，将农村“三权”抵押贷款与小额担保贷款、微企贷款、再就业贷款等贷款产品相结合，成功发放“组合贷款”，且全部为财政贴息。二是金融机构积极参与。农行重庆市分行截止2011年前三季度，累计发放“三权”抵押贷款7 230万元；截至9月月末，“三权”抵押贷款余额达到4.62亿元。农发行重庆分行、邮政银行重庆分行等均已向其总行争取获准开办“三权”抵押贷款业务；市农业担保公司创新产品，接受“三权”作为反担保物，为农户融资提供担保；此外，重庆还成立了兴农融资担保有限公司，该公司注册资本30亿元，主要业务是为“三权”抵押提供第三方担保。

五、区县在“三权”抵押方面进行了有益的探索

目前重庆市许多区县都开展了“三权”抵押试点工作，其中石柱县在“三权”抵押试点工作中的探索值得借鉴。该县近年来积极探索建立农房流转制度，开展了农房确权、抵押及抵押租赁试点工作，取得了良好的效果。其主要做法如下：

1. 强化组织领导

第一，加强领导形成合力。县委，县政府高度重视，明确由县委副书记牵头，分管金融、农业的副县长配合，通过定期不定期专题研究开展农房抵押贷款试点过程中遇到的相关问题，深入基层以现场办公会的形式听取农户的建议，解决贷款操作过程中的实际问题；县增收办每半个月组织农商行石柱支行、县农委，县国土局召开部门联席会，通报有关情况，交换有关数据，总结经验教训，分析研究试点中存在的突出问题，共同推进贷款。第二，出台政策，明晰方向。县政府出台了由农商行石柱分行、县农委、县国土房管局联合制定的《石柱县农村居民房地产抵押贷款管理办法（试行)》，对贷款对象、范围、条件、利率、期限、额度、办理程序都作出了具体规定，使农房贷款抵押有章可循。第三，强化宣传，营造氛围。农商行及时将该管理办法（试行）转发到各分理处，要求信贷人员认真学习文件并对政策进村宣传和讲解；各乡镇积极做好宣传发动工作，动员农户贷款发展产业致富；石柱电视台、《石柱报》等媒体通过制作专题片、专版等形式广泛宣传，营造农房抵押贷款的浓厚氛围。

2. 强化贷款服务

一是提高农房产权办证速度。县国土房管局按照“急事急办，特事特办，委托办理，分别处置”的办法，通过对用地、规划等手续不齐全的需贷农户采取先办理权属登记，而后完善相关手续的方式变通处理；将农房权属登记的终审权下放到各片区房管所，根据需要直接办理登记，以不超过3天的时限完成初始登记和抵押登记，及时满足农户贷款需要。二是规范农户抵押贷款程序。农房抵押贷款分为申请、调查、审批、登记和房贷五个环节。层层把关，降低贷款风险，确保资金投入到扩大生产、提高农民收入上。三是加强后续跟进服务。县农委、县畜牧局组成3~5人的工作小组，定期或不定期地对农户特色养殖业发展情况进行指导和帮助，并积极为农户提供可靠的种源和销售渠道；农商行对农户贷款的使用进行跟踪调查，对不按协议使用贷款的，停止贷

款发放，最大程度上发挥农房抵押贷款效益

3. 强化风险防范

一是建立了“两基金一制度”防范机制。“两基金”由专业合作社、业主和政府各出一部分建立500万元农房抵押贷款担保基金，由政府预算出资300万元建立了农房抵押贷款贴息基金；“一制度”即：农房宅基地政府收购储备制度，在贷款确实出现还款风险时，政府优先对抵押物即农房宅基地进行收购储备，复垦后的地票变现收益用于偿还贷款，风险防范机制的建立，使农商行大大增强了房贷信心。二是扩大保险业务范围。鼓励保险公司不断提升农业保险覆盖面和渗透度，最大限度减少自然灾害给农业生产造成的损失；支持金融机构将涉农保险投保情况作为授信要素，提高借款人对贷款抵押物进行投保的积极性。三是增强农民诚信还款意识。农商行在放贷前注重考查贷款人信誉、思想道德、经营能力和项目选择情况；在审批过程中，要求农户提供有效身份证明，合法的抵押物权属证明，并对抵押物的权属状况、抵押状况、同意处置抵押物、抵押住房出之后有安居之处以及贷款用途等方面做出承诺，使农户更加珍惜和合理使借款，调动农民主动还款的积极性。

第三节　农村“三权”抵押面临的问题与困难

对于土地流转和地票交易两种流通方式，之前已经做过专题研究，这里就不再赘述了。就“三权”抵押工作来看，目前存在着发展规模小、地区和抵押品种分布不平衡、部分银行积极性不高等问题，作用和效力有待进一步提升。首先，截至2011年9月月末，我市农村“三权”抵押融资总额为99.5亿元，这与1 000亿元的工作目标存在很大的差距。其次，各区县业务推进不均衡，黔江区已经累计发放“三权”抵押贷款11亿元，而有的区县仅仅发放了几百万，甚至为零。同时，三种抵押品发展不均衡，林权抵押融资金额最大，占“三权”抵押融资的80%，主要部分区县融资平台以国有林权抵押融资形成，而土地承包经营权抵押贷款由于其性质特殊，无论是发放笔数还是发放金额，均滞后于农村居民房屋和林权。最后，银行之间的积极性不高。除了重庆农村商业银行和农行重庆分行对“三权”抵押积极性较高、工作进度较快外，其他银行积极性有待提高，多数持观望态度。

因此，有必要深入分析目前农村“三权”抵押面临的问题与困难。

一、法律障碍

1. 农房抵押的法律效力问题

根据《土地管理法》第八条规定，宅基地和自留地、自留山，属于农民集体所有，农民只是享用宅基地使用权，而不具备处分的权利。而根据《担保法》第三十七条第二项规定，耕地、宅基地、自留地、自留山等集体所有的土地使用权不能抵押，仅允许“四荒”土地使用权可以抵押。同样的，《物权法》第一百八十四条第二项也做出了类似规定。农房虽然附着于农村宅基地之上，但农民只享有宅基地使用权，抵押房屋若不能一同转移宅基地，那就从根本上否认了房屋这一不动产的抵押特性，最终导致抵押无法进行。《物权法》第一百八十二条就规定了“地随房走，房随地走”的原则，以建筑物抵押的，该建筑物占用范围内的建设用地使用权一并抵押；以建设用地使用权抵押的，该土地上的建筑物一并抵押。三部法律直指宅基地的抵押问题，法律之所以作此禁止性规定，主要在于如果允许农村村民房屋设定抵押权，抵押权的实现将使农民居无定所，影响农村社会稳定。由此可知，法律的直接约束导致相关政府部门、信贷机构不得不暂停农房抵押贷款业务，使农房抵押陷入“沉睡”状态。

2. 宅基地抵押是否合法

当前，重庆市各地农村试行的农村房屋抵押贷款，按照“地随房走”的现行房地产立法体系，实际上变相地实现了宅基地的抵押。而现行《担保法》第三十七条明确规定：宅基地使用权不得抵押。因此，目前农村房屋抵押难以开展最根本的原因在于宅基地使用权抵押不能合法化，因而导致农村房屋抵押在法律程序上的整体失效。虽然从土地管理法的规定出发，农村居民一户只能拥有一处宅基地使用权，但调研显示，有的农民在本村拥有一处以上的房产，将其用于出租、经营用途的较为常见。有的家庭则由于外出务工而成为城镇居民，但在本村留有房产和土地。因此，此类农村住房不宜再被视为必备的生活设施，而应归为农户的经营资产。

3. 农村土地承包经营权抵押缺乏法律依据

土地承包经营权作为用益物权，产权是清晰的，适宜作为抵押。但需要明确的，能够作为抵押品的农村土地使用权只限于法律规定的两类，即通过招标、拍卖、公开协商等方式承包荒地（荒山、荒沟、荒丘、荒滩）等农村土地承包经营权（物权法，2006）和乡（镇）、村企业的厂房等建筑物占用范围内的土地使用权（与建筑物同时抵押）。而根据《担保法》第三十七条第二款和《物权法》第一百八十四条第二款规定："耕地、宅基地、自留地、自留山等集体所有的土地使用权不得抵押，但法律规定可以抵押的除外。"由于物权法对物权的种类和内容采取法定主义，未明确规定即禁止。因此，现行立法上对以家庭承包方式承包的农地禁止抵押。尽管在部门文件的依据下，法律不允许用作抵押的土地经营权可以小范围进行抵押贷款试点。但是，一旦出现信用风险，如何处置抵押品缺乏明确的法律依据，不利于银行贷款风险的有效防范。因而，银行类金融机构没有动力提供此类贷款。

二、制度障碍

1. 抵押权实现的利益分配问题

当前，各地涌现的宅基地和房屋抵押实践实际上是房屋所有权和宅基地使用权的共同抵押。从宅基地使用权的性质看，主要是宅基地所有权权利集中，因强化占有和使用权而逐渐剥离并最终取得独立地位的物权。因此，从理论上讲，在特定的法律环境下，这种物权能在不受所有权干涉下行使相对独立、完整的收益和处分权。但其宅基地使用权取得方式存在特殊性，它是由农户通过"一户一宅"这种福利性、无偿性、划拨性的方式向集体经济组织申请而得，而不是经由市场的自发交易而形成的。如当前重庆市各区县的农村房屋抵押实践在程序上必须要先征得本村集体经济组织同意，才能向金融机构申请抵押贷款，同时向房地产管理部门申请抵押登记。这说明，这种物权与农民集体土地所有权存在较强的依附关系。

因此，如果涉及抵押权实现时的经济利益分配，必然会出现一个重要问题：农民集体经济组织即宅基地所有权人，是否具有一个天然的顺位权以参与宅基地抵押权实现的利益分配？这是设计宅基地抵押制度的一个重要问题，因为所有权是否参与抵押权实现时的利益分配，关系到农民集体经济组织是否有能力为因抵押权实现而失去土地的本集体经济组织的农民提供一定的经济补偿（福利金），弱化农民因失去房屋和土地可能导致的社会风险，从而维护农村基本生存制度的稳定性和均衡性。

2. 宅基地抵押权实现问题

由宅基地抵押权实现引发的农民失地风险，是放开还是禁止农民宅基地抵押的关键问题，同时也是实施宅基地抵押需要思考的深层次问题。因此，试行农村宅基地及房屋抵押后，一旦抵押权实现，农民失去住所后如何安置是一个现实需要解决的问题。现行农村宅基地产权制度设计的核心就是为保障农民的基本生存需要，所以才仅仅赋予宅基地以占有和使用的权能。如果推进农村宅基地产权市场化改革，允许农民行使宅基地使用权的处分权能，则抵押权实现风险就会与国家设计宅基地产权制度的初衷相矛盾。如果不能采取有效手段以解决因宅基地抵押权实现导致的农民失地风险，则有可能积累社会风险甚至最终激化社会矛盾。

由于农房和宅基地使用权是农民安身立命的基本生活保障，若允许放开抵押和流转，可能导致农民居无定所，不利于农村社会稳定，也不利于保护土地资源，出于以上考虑，国家在法律制度安排上作出了一定的限制，这也导致在涉及农户的银行贷款纠纷时，地方法院往往偏向维护农户的利益，即便判决银行胜诉，也在执行上消极作为，致使银行陷入"赢了官司输了钱"的无奈境地，一定程度上助长了少数村民逃废银行债权的不良想法和失信行为。

3. 制度不健全造成"三权"流通过程中受让人资格限制和权利义务不清

一是城乡隔离的制度造成农村土地使用权转让中受让人资格被限制，直接影响"三权"流通价格或抵押权实现时农村资产处置价格，使农地资源的市场价值无法充分体现。二是以保护农民利益为核心的制度安排，使得抵押权实现时银行处置农村土地资产出现困难，一定程度上影响了银行开展"三权"抵押的积极性。三是农地承包合同与使用权转让合同及当事人的法律责任，无法律规制。如民法通则、合同法、农业法、土地管理法以及民商法、经济法、行政法中都无明确翔实的规定，导致当事人合同行为成本过高和任意性太大，同时提高了解决司法纠纷的难度和成本。四是地方政府在农地使用权转让中的地位、职责、作用，既无法律规定又无政策依据。

三、担保与风险防范体系不健全

1. 风险管理及农业保险问题

自然灾害一直是危及农业贷款安全的主要潜在因素，而作为可分担信贷风险的农业保险机制却很不完善。土地经营权抵押贷款资金安全在受到自然灾害威胁时，还存在着土地流转过程中发生纠纷后的仲裁执行风险。相比现在各涉农金融机构普遍采用的联保放贷方式，土地经营权抵押贷款明显存在"多环节，高成本"的缺点，这些势必影响金融机构的推广热情。

2. 风险保障机制缺失

农村土地经营权商业化运作，需要相应的中介组织和必要的风险保障机制。但据调查，我市尚未设立流转土地中介组织，土地经营权流转方式主要采取自行协商、反租倒包和龙头企业向农民租用三种形式。银行在借款人不能按时还本付息时，通常将作为抵押物的土地经营权进行流转来回收资金，而土地经营权的流转市场机制尚不健全，交易主体和交易机制欠缺，经营权变现困难。

四、"三权"抵押工作层面的问题

1. 确权颁证有待完善

一是农村土地承包期限问题，对使用权抵押的价值评估将产生直接影响。二是限颁证率不高。据调查，截至 2011 年 6 月份，全市农村居民房屋颁证面积不足 50% 的区县达 17 个，影响了农村居民房屋抵押贷款的推进。三是颁证确权准确率不高，颁证确权面积低于实际面积的较多。四是抵押登记难，抵押登记的要件、流程各区县不一致，个别区县抵押登记办理程序较为繁琐，耗时较长，客户往返花费较高。

2. "三权"价值评估难，收费高

作为新兴的农村物权，"三权"价值确定制度尚不健全，对"三权"权利的评估缺乏完善的评估模型和成熟的第三方评估机构。目前，重庆具有林权评估资质的公司只有 3 家，且收费较高。

一是林权价值评估有待完善。由于全市林权价值评估机构少、收费高，客户办理林权抵押积极性不高。如农业银行梁平支行某客户林权抵押贷款 100 万元，评估机构拟收费 2 万元，而房地产抵押评估费仅仅几千元。

二是农村土地承包经营权价值不易评估。抵押品的价值必须易于评估，这样才可以确定贷款额度。但是，农村土地承包经营权价值不易评估，这是由于：第一，土地使用权流转市场发育尚滞后，因此无法获得土地承包经营权的市场价格。价值评估只能依赖于传统的现金流贴现法，但由于土地经营权价值取决于土地承包经营的时间、土地经营收益，受自然条件、生产经营项目等因素影响较大，每年产生的现金流有非常大的差异，因此，对未来现金流的估计很困难。因此，评估机构难以对土地经营权的实际价值做出准确判断，估价普遍低于土地经营权实际价值。第二，缺乏专业的评估机构和专门人员，价值评估标准和操作流程等制度尚未建立，使得土地经营权价值评估主观判断成分较大，实际价值难以合理确定，评估价值往往低于土地经营权实际价值。最终确认的价值公允性难以让农村土地承包经营权所有人与贷款银行同时接受，制约了该类贷款业务的开展。

三是宅基地价值难以评估。宅基地的价值是影响宅基地是否能够顺利抵押而获得贷款的重要因素。银行一般不愿意接受宅基地作为抵押物，因为除宅基地抵押涉及的产权及流动性问题比较复杂外，宅基地的市场价值评估也存在很大的困难。在距离城市比较近的农村如城郊农村，因地理区位优势显著及城市化空间扩展的用地需要，农村土地的市场价格将有所提升，进而可能会提高农村宅基地及房屋的抵押价值。如果在距离城市比较远的农村，情况则正好相反。因此，如果以农户的农村房屋及宅基地向银行申请抵押贷款，从银行贷款利润最大化和风险管理的角度看，仅仅只有一小部分农村的宅基地及房屋能够引起银行的兴趣。哪怕是能获得抵押贷款的农村房屋及宅基地，在抵押时通常也被附加一些减小银行贷款风险的条件，如重庆市某区县农村商业银行在处理农村宅基地和房屋抵押时，要求必须引入熟悉农村当地情况的担保公司，并且只是直接与担保公司发生联系。

3．“三权”抵押登记缺乏法律效力

一是林权抵押登记的问题。区县抵押登记机关缺乏登记经验，没有操作细则，或是缺乏培训，操作标准及程序不统一。林权是“三权”中相对容易作价、变现、抵押的资产，但其抵押登记的要件、流程在各区县并不一致。

二是农地登记制度、登记机构缺失问题。缺少土地承包使用权证。目前，农村土地经营承包权登记分为两种形式，一是村集体与承包经营人双方签订承包合同，主要为承包果园、林地、鱼塘等；二是村集体对土地经营权承包人承包土地情况进行登记，承包人签字认可，主要的土地形式为耕地。两种土地经营承包权登记缺乏法律效力，是当前涉农金融机构不愿开办农村土地承包经营权抵押贷款业务的重要原因。

三是土地经营权的抵押登记问题。由于土地经营权抵押贷款是一项刚开始试行的贷款品种，大多数市县没有成熟的土地经营权登记部门，即使有些地方可以做登记，也仅仅局限在村镇一级土地流转服务机构，缺乏规范的流程和必要的法律保障。如何建立登记使土地经营权抵押真正为法律所保护，是推进土地经营权抵押贷款工作中面临的又一个问题。

四是房屋抵押登记问题。因为土地经营权的不变原则，农村存在相当数量的子种父田、孙种祖田或土地经营权私下流转情况，以及实际耕种人与村土地台账登记所属权人不符的现象，经营权证的落实需要建立在大量调查核实和稳定协调工作上，需要一定的时间，给农民土地经营权抵押贷款的试行增添了困难。根据《房屋登记办法》第 87 条规定："申请农村村民住房所有权转移登记，受让人不属于房屋所在地农村集体经济组织成员的，除法律、法规另有规定的外，房屋登记机关应当不予办理。"由此可知，农村房屋的移转登记只能发生于同村村民之间，而农村信用社等金融机构既不可能在同一行政村范围，更没有"法律、法规另有规定"的除外情形，所以房屋管理部门依据《房屋登记办法》规定，无法给予抵押登记。根据物权法的规定，房屋抵押权自登记时设立，抵押农户无法完成登记，抵押行为无效。这就给金融机构在现实操作中带来了难处，没有法律、法规的另行规定，房屋管理部门就缺少抵押登记的法律基础。

4. 流转集中后土地承包经营权抵押人与权利人分离造成抵押登记困难

《农村土地承包经营权抵押登记实施细则》规定："通过转包、出租、入股流转方式取得土地经营使用权抵押的，应取得原农村土地承包方同意的书面证明。"由于专业大户或企业流转的土地多、面积大，涉及几十、上百户农户，一些农民外出不能或不愿签字，无法办理抵押登记，导致贷款无法发放。

5. 抵押期内抵押品销售经营许可办理程序烦琐

以林权抵押为例。林权抵押一般期限较长，林木生产者一般会分批砍伐销售林木，但林权证抵押后，无法办理砍伐证，需要先还清贷款、办理砍伐证，然后再对剩余的林木进行评估抵押，程序较为繁琐，增加了贷款成本，也给林农和林业企业资金周转代来很多不便。

6. "三权"抵押处置难

一是土地承包经营权抵押处置难。现行法律规定土地承包经营权流转，不得改变土地集体所有性质，不得改变土地用途，不得损害农民土地承包权益。这一规定导致银行以土地经营权抵押的债权变现难度极大。首先，土地承包经营权落实不明晰，易引起土地纷争；其次，土地评估机构缺乏，土地价值难界定。由于乡镇一级没有资产评估机构，县城的资产评估机构也大多是市级评估机构的派出机构，导致农村房产价值评估困难、费用高、时间长，难以实现抵押贷款；再次，流转市场并不健全，抵押土地难以变现。双方权益难以得到法律保护，一旦贷款逾期，贷款抵押物处置困难；最后，风险保障机制不完善，市场风险难以把握。农业抵御自然灾害的能力弱，由于现阶段农业保险业务尚未全面展开，如遇到较大的自然灾害或市场因素影响，将给开展土地经营权抵押贷款业务的金融机构带来不可预知的风险。在发放贷款的过程中，抵押物价值的确定、抵押物的流转变现等等，仍然存在许多法律上的限制。由于相关市场不规范，此项贷款风险要大于已经开办的其他信贷产品。

二是抵押的农房处置难。由于农房流转机制未建立，很难实现交易，抵押物（即农房）很难变现，当借款人不能偿还到期贷款时，银行因对抵押农房难处置（无人购买）而导致贷款沉淀。此外还有一些具体的情况，如地处集镇或聚居区以外的农房，变现能力较弱，相对价值又低，难以变现；即使地处集镇村落，由于传统的乡土人情关系，一般本村居民不愿购买，外村人也不敢购买；如果抵押的是一个院落中的部分房屋，多余的农房同生活用房难以分割，影响处置。

五、三权抵押风险评估

1. 农民面临的风险

一是生存风险。“三权”抵押中，农民面临最大的风险莫过于失去房屋、宅基地和土地承包经营权，进而影响自身生存。这种风险是与农民参与市场经营过程中面临的经营风险息息相关的。假如农民抵押土地使用权是为了发展农业生产，那么就会面临自然和市场双重风险。

二是时间风险。目前，农民的经营方式决定了农民的贷款要求是“短、频、快、急”，而抵押贷款手续繁琐，很难满足农民在获取资金时间方面的要求。银行办理土地经营权抵押贷款，需要土地经营承包权人提出贷款申请，提供土地承包合同、村集体允许抵押证明、土地经营权价值评估资料等，还要签订反担保协议，共需10余个环节，办理一笔贷款一般需要2个月至3个月的时间，贷款周期长，效率低。

三是价值损失风险。由于农房大多评估价值较低，同时抵押率又低（现行原则上规定不超过40%），制约了农房抵押贷款额度。同时，农村房屋地理位置差异很大，房屋评估缺乏统一的标准、依据，也导致价值评估不准。因此，农民能否获得相对公允的价值评估是“三权”抵押至关重要的环节，也是农民自身面临的风险。

2. 金融机构面临的风险

由于相关法律条款对“三权”抵押的限制，以及农村土地经营权和使用权交易的限制，各涉农金融机构在提供“三权”抵押贷款时都存在三大担心：一是抵押权的实现。确定抵押物进入拍卖程序的合法性、受买人的合法性，进而影响抵押物拍卖变现的可能性或拍卖价格。二是抵押方以法律限制条款为依据，不承担相应还贷义务，出现信用风险。三是“三权”抵押品管理专业性强、难度大、成本高。以林权为例，林地一般分布在山区，地理位置偏僻，面积较大，且交通不方便，要有效防范盗伐、违规刊发等带来的风险，需要消耗大量的人力、物力。

3. 政府部门面临的风险

由于农业生产经营存在的高风险性特征，且产权交易市场存在信息的不对称情况，政府从保护农民利益、保障农民生存安全的角度设计了相关的法律制度，一旦被突破，农民有可能因市场经营风险而失去土地，从而失去生产与生活的基本保障流离失所，引发社会安全问题。

第四节　解决农村“三权”流通问题的对策建议

一、政策依据

根据国务院办公厅《关于重庆市统筹城乡综合配套改革试验总体方案的复函》（国办函〔2009〕47 号）要求，土地流转和节约集约利用是推进统筹城乡综合配套改革试验的“三条主线”之一，是需要攻克的土地制度创新难题。党的十七届三中全会也把“统筹土地利用和城乡建设”摆在统筹城乡发展的“五个统筹”之首。因此，探索农村土地制度改革是重庆实施城乡统筹发展的重要任务。

1.《中共中央关于推进农村改革发展若干重大问题的决定》

该决定提出，要赋予农民更加充分而有保障的土地承包经营权，现有土地承包关系要保持稳定并长久不变。逐步建立城乡统一的建设用地市场，加快宅基地换证确权工作，适度推进农村集体建设用地流转工作，扩展土地承包经营权的权能。

2. 国发〔2009〕3 号文件

国发〔2009〕3 号文件明确指出：以统筹城乡综合配套改革试验为工作抓

手，在重要领域和关键环节率先突破。建立统筹城乡的土地利用制度，稳定和完善农村基本经营制度，赋予农民更加充分而有保障的土地承包经营权，保持现有土地承包经营关系要长久不变。继续推进集体林权制度改革。稳步开展城乡建设用地增减挂钩试点。设立重庆农村土地交易所，开展土地实物交易和指标交易试验，逐步建立城乡统一的建设用地市场，通过统一有形的土地市场、以公开规范的方式转让土地使用权，率先探索完善配套政策法规。

3. 重庆市有关文件

根据国务院要求，制定出台了《重庆农村土地交易所管理办法》（试行）和《重庆市人民政府关于统筹城乡户籍制度改革的意见》（渝府发〔2010〕78号）。2010 年 11 月重庆市政府第 85 次常务会议，审议并原则通过了《重庆市人民政府关于加快农村金融服务改革创新工作的意见》及配套办法。会议认为，我市开展以农村土地承包经营权、农村居民房屋及林权抵押融资为核心的农村金融改革，是农村资产及权益运用的重大突破，是推动统筹城乡改革发展和实现农民增收致富的重要举措。该意见及配套办法明确了农村“三权”抵押融资的主体、基本条件、办理流程、抵押登记等内容。按照政府引导和市场化运作的原则，建立风险补偿基金，进一步完善农村金融风险分担和补偿机制，有效降低金融机构的信贷风险。同时，落实好农村社会保障相关政策，保证农民基本权利不受损害。

二、推进“三权”抵押工作的对策建议

通过对“三权”抵押存在的法律障碍、制度障碍等问题分析，从贯彻落实中央与重庆地方政府对农村发展改革要求出发，按照激活农村资产，促进城乡资本双向流动，活跃农村金融市场，有效保护农民利益，最大限度降低“三权”抵押风险，增加农民财产性收入的原则，设计推进农村“三权”改革的系列对策措施。建议如下：

1. 确权延期

在第二轮承包基础上续签承包合同，延长承包期，并明确农村“三权”的继承权。

使用权期限的长短是影响“三权”价值的重要因素之一。按照国发〔2009〕3 号文件精神，以第二轮承包为基础，合同到期后，由原家庭签约人或其仍在该村集体从事农业生产的家庭成员与村集体续签原承包地的承包合同，承包期延长致使该家庭无人在该集体从事农业生产为止，宅基地使用权同

期延长。其在承包期内的使用权是家庭财产的组成部分，受法律的保护。其直系亲属对该承包经营权及宅基地使用权享有继承权。

2. 城乡同权

研究制定农村“三权”抵押管理办法，按照城乡财产同权、城乡居民同权的原则，解决抵押权实现后抵押物受买方的合法性。

受目前相关法律限制，银行和担保机构对抵押权实现后抵押物的变现前景表示担忧，这是金融机构对农村“三权”抵押缺乏积极性的重要原因。重庆可制定出台地方“三权”抵押管理办法，突破现行法律法规对农村资产的束缚，明确农村“三权”抵押的合法性，允许城市资本和城市居民通过指定机构，以公开、公平的方式购买农村资产，包括农民的房地产，并通过权证的发放来保护其合法性，解决抵押权实现后抵押物的变现担忧。

3. 两权合一

进一步完善农村财产权登记和权证发放制度。耕地承包经营权、林权、房屋产权都是一种依附于土地这一不动产之上的物权，“三权”证书的核心价值在于对农村集体土地的使用权。建议将证书的签发由目前多部门发放，统一到由国土房管部门签证发放，率先在我市探索将“三权”的物权与土地使用权两权合一，不仅便于土地使用方向的管理，而且使“三权”的财产价值得以放大。

4. 三道防线

建立“三权”抵押担保和风险防范机制。一是探索建立以村为单位的农村资产经营专业合作组织。将集体资产中未分配的部分量化分配到农户，增加农户资产拥有量，再按股份制的方式成立农村资产经营专业合作组织，该组织作为产权人参与宅基地抵押权实现时的利益分配和资产经营的利益分配。设立农村“三权”抵押担保基金和风险基金。该基金由市、区（县）两级财政各拿出一部分、农村资产经营所得拿出一部分构成（各约占三分之一），专项用于农户抵押担保和农民“三权”抵押还贷出现困难时的补贴。当抵押权实现时，在同等条件下赋予其优先回购本村抵押物的权利。形成三权抵押的第一道安全防线。二是建立抵押参保制度，即抵押人必须将其抵押物投保农业保险，使农业保险公司与农户共同分担自然风险，尽量规避抵押权的实现，形成保护农民财产安全的第二道防线。三是建立生产者与市场之间的购销合同制度，大力发展订单农业，形成有效规避市场风险的第三道防线。

5. 加强服务

建立“三权”流转的价值评估、法律援助、政策咨询体系，并在重庆农村土地交易所集中交易。

“三权”抵押后，由于清偿引起土地使用权的流转程序。所以“三权”的合理估价、法律援助、政策咨询是流转过程中保护农民权益的一个重要环节。建议以重庆农村土地交易所为平台，引入农村“三权”价值评估、法律援助和政策咨询等中介机构，为村集体和农民资产流转提供全方位、一站式服务。按照市场发现价格的原则，建立三权价值评估体系，使农村集体和农民家庭在“三权”抵押时能接受到公开的市场信息，从而享受公平的交易的权利。

6. 底线保护

建立健全抵押权实现后的农村保障体系。当抵押权实现后，农村资产进入拍卖程序。为切实保护农民的基本权益，避免农民家庭流离失所，建议重庆率先建立农村保障房制度，以较低的租金将住房提供给城乡皆无居所的农民个人或农民家庭。继续完善农民社会保障体系，进一步弱化土地的社会保障功能，免除农民以土地、房屋设定抵押的后顾之忧。

7. 加强配套体系建设

一是加快各项基础性工作。切实加快农村居民房屋的确权颁证进度，并优先服务需要贷款的农户；尽快解决权证面积与实际面积不一致的问题；进一步完善有关操作规则，简化登记程序，尽量做到简便易行、费用低廉；重新设计土地流转合同，在流转土地时，将承包户同意抵押的条款纳入流转合同，并办理流转证。

二是制订格式合同规制“三权”转让、抵押行为。进一步明确规定农村“三权”转让、抵押合同的类型，并且在性质、基本条款、订立程序方面定型化，同时明确规定合同双方当事人的权利、义务及合同双方当事人的违约责任。

三是简化抵押期内抵押品销售经营许可办理程序。以林权抵押期内林木间伐为例，债务人可将林木销售合同再质押给债权人，由债权人按销售合同出具同意砍伐林木数量的证明材料；允许债务人凭债权人出具的同意砍伐证明材料和林权证复印件到相关部门办理销售合同等量的林木砍伐许可证。销售合同履行后，优先清偿债权人相应的债务，原抵押合同按清偿债务变更后继续履行。

8. 创新机制，分担“三权”抵押贷款风险

一是创新“三权”抵押贷款担保方式。借鉴再就业小额担保贷款模式，由区县政府集中涉农补贴中的部分资金，形成“三权”抵押贷款担保基金。通过成立统筹发展基金、担保等方式发挥资金的“杠杆撬动效应”，可做大“三权”抵押贷款并有效控制风险。

二是加快农业保险机制建设。抓住重庆市成为全国保险创新发展试验区契机，扩大种植业、养殖业、林业保险业务范围。加强涉农信贷和保险合作，鼓励借款人对贷款抵押物进行投保，不断提升农业保险的渗透度。

三是加快成立农村资产经营管理公司。公司负责对金融机构形成的不良资产进行收购。打破农村资产只能在熟人之间、村社之间交易的局限，以此加速农村资产自由流转，解决金融机构的后顾之忧。

9. 明确政府的职责

在“三权”流通过程中，政府的主要职责有：① 加强对流转后农村土地的用途管制，防止农用地流失；② 在土交所的基础上建立农村产权市场，为农地资源高效流通提供场所和服务；③ 利益涉农资金建立“三权”抵押担保基金并制定基金管理政策；④ 研究出台配套扶持政策，通过财税手段如减免税收、贴息贴费、增资注资等方式鼓励各类金融及相关中介服务机构开展“三权”抵押的相关业务，推动农村金融健康发展。

第十一章　农村土地流转收益分配研究

中国是一个农业大国，农村土地占全国可利用土地的绝大多数。随着城市化进程的加快，我国正处于从农业国向工业国、从传统社会向现代社会的全面转型过程中。农民、农业、农村的问题被称为“三农问题”，是当代中国作为一个农业大国的基础性问题。土地作为“三农问题”的重中之重，关系着整个农村社会的稳定。

改革开放以后，中央政府为解决“三农”问题，从 1982 年起连发 5 个“1 号文件”，从 2004 年至 2012 年，连发 9 个“1 号文件”。前 5 个“1 号文件”是以家庭联产承包责任制为契机，拉开了农村改革的序幕。2003 年《农村土地承包法》的颁布与实施，为土地流转提供了政策与法律的基础。在此基础上，后 9 个“1 号文件”在强调粮食安全的同时，对农村改革提出了新的要求。2005 年 3 月颁布的《农村土地经营权流转管理办法》为土地流转管理工作的具体实施提供了指导意见。党的十七届三中全会审议通过的《中共中央关于推进农村改革发展若干重大问题的决定》（简称《决定》）把农村土地管理制度改革作为农村改革中的一项重要内容。《决定》指出：“赋予农民更加充分而有保障的土地承包经营权，现有土地承包关系要保持稳定并长久不变。”“按照依法自愿有偿原则，允许农民以转包、出租、互换、转让、股份合作等形式流转土地承包经营权。”

在工业化和城市化的过程中，土地作为农业的主要资源和基本生产资料的地位从未改变，同时土地也有了新的作用。可以在土地上建起一大批工厂并生产出众多工业产品，建造了城市建筑与社区。不仅如此，土地还成为升值最快的生产要素，成为投资融资的抵押品与担保品。土地的商品化与资本化，成为各个地区经济发展的引擎，也成为中央政府、各级地方政府、土地使用者、农村集体经济组织和农民个体博弈与争论的焦点。这种博弈与争论一方面造成了一系列严重的社会经济问题，另一方面也推动了土地制度的变迁。随着农业现代化与规模经济的扩大，一家一户的小农耕作模式显然不能满足现代农业的发展。而伴随着中国城市化进程的加快与工业化水平的提高，农村土地非农用，即农村集体建设用地入市问题逐渐引起人们的重视。对中国农民来说，土地经营权是一种生产经营手段，更是一种生活方式，土地是农民长期生存与发展的屏障。如何在保证土地经营权的同时，高效率的利用土地，实现农业的规模化，对中国“三农”问题解决和农村经济的发展部具有重大意义。

20世纪80年代初期，土地在农民间就开始自发的流转，当时基本上都是土地使用权的流转。而现在土地流转多是在政府的主导下，不仅土地性质有所改变，而且由于土地性质的改变产生了增值。这部分土地增值的收益，农民只得到小部分，绝大多数都被地方政府与其他外部经济组织拿走，这也是目前农村许多群体性事件发生的主要原因。

现在土地流转有两种形式：一种是土地承包经营权的流转，这种流转土地性质没有改变，即平价流转；另一种是农用地变为非农用地，此时土地性质发生改变，即增值流转。土地平价流转又和农业的规模经营有关。在土地增值流转的过程中如何保证收益在地方政府、农村集体组织与农民间达到合理的分配，这是本课题组要讨论的问题。

第一节　国内外研究现状

一、农村土地产权理论综述

费孝通（2001）在谈到江村经济时指出：“土地的占有通常被看作习惯上和法律上承认的土地所有权。土地的占有不仅是一种法律体系，也是一个经济事实。”因此，只是从法律的观点来研究土地的占有，是不能得到满意结果的。没有对本地人经济、生活的理解，就不能准确地对土地的占有进行有效的定义和描述。

1. 土地的产权

研究土地收益不能跳过土地的产权归属，德姆塞茨（1994）认为：“产权是一种社会工具，它的重要性就在于事实上它们能帮助一个人形成他与其他人进行交易时的合理预期。这些预期通过社会的法律、习俗和道德得到表达。产权还包括一个人或其他人受益或受损的权利气。”张五常（2008）则认为：“产权一般包括资源的排他性使用权，通过使用资源而获取租金的收益权，以及通过出售或其他办法转让资源给他人的转让权。”科斯、阿尔钦、巴泽尔

（Coase，1960；Alchina，1965；Barzel，1989）等人的研究表明，不同的产权制度形成的资源配置效率不同。土地资源作为自然资源的一种，界定其产权非常复杂。利贝卡普（Lipecap，2001）研究美国自然资源产权界定时得到结论：产权不仅仅与法律和社会传统有关，更是由存在竞争关系的利益集团通过谈判妥协的产物。强有力的参与者所采取的立场与让步，决定了任何时代产权制度的政治面貌。奥尔斯顿（U. Alston）等人对亚马逊河流域土地产权制度的研究，也得出了类似的结论：产权制度必定是政治制度。翁贝克（Aambeek）研究矿产权时直接指出："决定了资源的产权界定的是强力而不是公平。"

我国经济学界与法学界对于土地产权的理解没有一个统一的观点。冀县卿（2010）认为："产权在结构上表现得越完整、完全，对当事人的激励和约束就越充分，经济绩效就会越高"。但如果产权内含的权利不完整，使用权、收益权、转让权三者之中缺其一或缺其二；或者权利本身不完全，使用权、收益权、转让权等权利未能得到充分的界定和实施，就会形成产权残缺并导致低效率（冀县卿、钱忠好，2009）。周诚（2006）认为："土地产权就是以土地所有权为基础的，关于土地财产权利的一系列权利束的总和。"张红宇（2002）认为："有效的产权制度并不意味所有的权利束都应集中同一主体，而恰恰相反的是，权利的适当分解才是制度安排的成功要旨。但是，家庭承包责任制毕竟只是一种农地使用制度安排，它不可能涵盖，也不可能穷尽全部农地产权所要求的功能"虽然中国的土地从所有权角度看可以分为国家所有和集体所有，由于二者都具有公有性质，所以真正的权利在实际占有者身上体现。而如何界定政府和土地实际占有者之间的权利是核心问题（范恒山，2006）。林善浪（2000）认为："当代土地制度的发展具有三大趋势，即从土地所有权的绝对性向社会和个人协调演变，从以土地所有权为中心的产权制度向以土地利用为中心的产权制度演变，从以地表产权为中心的产权制度向土地立体产权制度演变。"钱忠好（2002）建议："要加速我国农地市场化进程，就必须按物权理论规范农地承包经营权制度，通过法律制度的建设，从产权安排上克服我国农地市场发育的产权制度瓶颈。"

2. *土地公有制还是私有制*

研究表明，在宋代以后中国开始出现土地私有制，但这种私有制中渗透有强大的国家的权力。这种历史影响对农民的土地观念打上烙印，使农民有"国有土地"的观念，并放大了地方政府的实际权力。在土地实施公有制还是私有化的问题上，虽然西方学术界主流提出的"土地私有化＋流转市场化—

必然导致农业规模经营”思想，在理论逻辑上确实很完整，但不符合中国国情的现实要求。温铁军（2009）认为：“实行土地私有制会出现耕者无田现象，产生城市贫民窟，从而威胁到社会稳定，所以一定不能实行土地私有制。”裴小林（1999）认为，集体土地制是计划体制和重工业导向战略的制度基础，建立它的目的就是要把农业剩余尽可能多和快地转化为重工业投资。而随着计划经济体制的逐渐向市场经济体制转换，这种的集体制度无法解决产权主体“虚化”“委托代理”以及产权的非排他性等问题，效率不高；有人则通过大量研究以及世界各国经验的总结证明，世界上可怕的不是土地私有制，而是土地公有制，土地公有制度是产生浪费和冲突的制度。而认为现在的土地集体所有制是农民社会保障的基础，则是陈词滥调。

从国外的经验看，苏联解体后，白俄罗斯和中亚地区的农地仍属于国家所有，而其余中东欧及大多数独联体国家允许土地私有化，并且所有中东欧国家都不限制土地的交易。中东欧国家基本都将土地归还给原来所有者。所有中东欧国家和部分独联体国家将土地分配给个人，剩余的独联体国家土地所有者未分配到土地却得到一份纸质证明。

3. 土地流转

刘守英（2009）将土地流转分为四种形式：土地转包、反租倒包、土地股份制、土地信托。经过流转，可以将原来零散的土地集中起来，有助于实现土地的规模化经营（杨玉州，2009）。

农地流转作为优化农地资源再配置的市场化手段，通过转移土地使用权来配置土地资源，到目前为止仍然带有试验的性质（北京天则经济研究所《中国土地问题课题组》，2010）。有关农地流转的效率问题，理论界观点不一。虽然都认为通过流转可以使农户的劳动生产率得以提高，但农地的单位生产率能否显著增加却值得商榷。宋伟（2006）认为：“农地流转对农地生产率的提高影响不大，农地流转效率主要表现为租入户由于经营农地数量增加，农户劳动力能够更充分地利用，劳动生产率得以提高，也就是说农地流转使得农户在土地生产率不变或者提高幅度不大的条件下提高了自身的劳动生产率。”林毅夫（2005）也在一定程度上支持这种促进农业生产力提高的观点。

1980 年之前，集体建设用地实行集体所有、集体统一经营的模式；集体建设用地的流转仅仅限于所有权人之间且完全依靠行政权力进行划拨和平调（黄小虎，2006）。改革开放之后，农村集体建设用地逐渐可以入市。而事实上集体建设用地的流转早已自发存在，甚至在数量、规模及地区覆盖面上有不断扩大之势（高胜平，2007）。李延荣（2006）提出："在研究土地流转制度问题的时候要区分建设用地和农业用地，否则会对土地使用权流转的主客体都做了扩大化的理解。"

4. 土地流转收益分配

对于土地资源增值收益的分配，争议也比较多。邓宏乾（2008）提出：土地用途转换引起的增值是由于土地利用类型的变化而引起的土地增值。一般来说分配的主体就是政府与农村集体经济组织和农户。持"涨价归公"者认为，由于社会的发展变化才导致土地的价值增加即这部分价值是由整个社会创造的，所以应该全部归政府支配。而持"涨价归私（农）"观点者依据农民应该拥有所耕种土地的完整的产权，无论所耕种土地发生怎样的变化，其所有者——农民应该获得所有的权益。周诚（2006）等人对这两种观点都持批判继承的态度，主张采取"私公兼顾"论，即首先对于失地农民进行补偿，剩余部分收益则用于加强农村建设。卢吉勇（2002）认为政府投资于基础设施建设使土地增值，所以政府理应参与收益分配。王小映等（2006）在对昆山、桐城、新都三个地方调研时指出："与土地增值收益和土地供应价格相比，征地补偿的具体执行标准显得过低，导致政府可以取得的土地增值收益空间过大，并且土地增值收益主要集中在县、市级政府，绝大部分用于城市建设和城市土地开发。"这种农户得到很少的增值收益的分配显然不合理，一些国外学者（Epstein，Richard，1985；Anderson，1993；VanKooten，1993）分析了存在农地转用市场和政府规划管制的情形下农地价格和市地价格的差异，得出了土地所有者蒙受了损失的结论，主张运用税收等手段对这些增值所得进行调节以促进社会公平。

中国在对被征地农民进行补偿时，普遍采用法定补偿标准的低限，甚至有地方政府依靠行政手段人为地压低标准达不到法定的低限（张秦伟，2002）。沿袭了计划经济的补偿办法将补偿标准定为耕地几年内平均产值的15倍，最多30倍，这种补偿标准很难准确地反映被征用土地的经济价值也无法保证被征地农民的长期生存标准不降低。

国外征地的补偿一般都按现用途进行补偿，而我国却按土地原用途进行补偿。土地征用费占土地出让价的比例过低，进而农民得到的土地征用费中补偿部分很低，尤其表现在重点建设项目上，打着公益性的名义补偿明显低于法定标准，致使农民利益严重受损（蔡继明，2004）。汪阵和黄祖辉（2004）通过分析两个常见的土地投机案例，揭示了现行征地制度的征地范围过宽以及征地补偿不合理可能是土地投机等土地问题滋生的土壤。林丹等（2009）基于马克思地租理论论证了，征地补偿中的农村级差地租主要应归土地所有者即农村集体经济组织所有。目前已有的研究更多是通过分析级差地租的来源，研究级差地租的分配与归属（毕宝德，2006）以及级差地租与征地补偿之间的联系（廖小军，2005）。

国际上的征地补偿主要有三种方式：完全补偿、公正补偿和适当补偿。发达国家大多选择公正补偿，发展中国家大多选择适当补偿。在实际操作中，被征地的用途不同分为公益性与非公益性用地。陈宝等（2009）通过对54户农民意愿调查分析表明，虽然大多数的农民愿意接受公益性比非公益性土地征收补偿低的做法，但是要对公益性和非公益性征地补偿做区别对待，严格界定公益性征收范围，合理补偿。对非公益性使用情况的征地，逐步建立城乡统一建设用地市场，补偿标准既要涵盖经济也要包括非经济损失，按照市场价格进行补偿。

二、农村土地流转实践的理论基础

1. 马克思主义地租理论

马克思的地租理论是马克思主义经济理论的重要组成部分，地租理论对于我们研究现代经济条件下的土地产权的变革、促使土地市场化有着重要的意义。马克思指出，任何地租都是土地所有权在经济上的体现。资本主义地租是生产者租种土地创造出的剩余价值并交给土地所有者的部分。虽然马克思研究的是资本主义地租，但也同样适合社会主义市场经济地租的理论分析。资本主义地租根据其形成的原因与条件的不同可以分为级差地租、绝对地租、建筑地段、矿山地租以及垄断地租等类型。

我国现阶段的农村土地流转从本质上说就是土地承包经营权与土地使用权的交易，是一个地租资本化的过程。马克思指出：“土地的价格的高低是由地租和利息率两个因素来决定的。”用公式表示为：

土地价格＝地租/利息率

即土地价格不是价值的货币表现而是地租的资本化。

土地作为一种生产资料，其肥沃程度会有不同，即同样大小的土地投入、同样的资本，收益却不相同，交给土地所有者的地租也不相同，这种同土地等级相联系的地租就是级差地租。级差地租产生的原因是由于在农业中存在资本主义土地经营权的垄断，使农业中的超额利润固化，而土地的肥沃程度的差异与离市场远近只是产生级差地租的原因。在资本主义制度下，不论租种哪一类土地，即便是最差的土地也必须缴纳地租，否则土地所有者宁可让土地荒废也不会租给生产者。这种由于土地私有权的垄断所获得的地租，被称为绝对地租。

建筑地段地租是经营住宅业的房地产资本家或工业资本家为建筑住宅、厂房、商店等其他建筑物而支付给土地所有者的地租。随着中国城市化进程的加快与工业化水平的提高，城市土地在现代社会经济活动中的地位日益重要，伴随着我国城市土地有偿使用制度的实施，研究城市地租更有必要。城市用地制度改革的关键是如何用地租机制去调节土地资源的合理配置和利用。马克思虽然没有在《资本论》中对城市地租做较多的阐述，但他详细地讨论了建筑地段地租，并把城市地租逻辑性的包含在了建筑地段地租之中。城市级差地租与农业级差地租的形成机制是一样的，主要分为三个种类：城市区位级差地租、城市功能级差地租、城市规模级差地租。社会主义市场经济条件下也存在着级差地租与绝对地租。

2. *产权理论*

产权，也就是财产权，是对物品或者资源的所有权、占有权、使用权、转让权、收益权等一系列权能所构成的权利束。这些权利的主体可以是一个，也可以分属于不同的人或者法人，也可以通过市场交易变更主体。周其仁（2004）认为，在组成产权的权利束中，转让权起着很重要的作用。获得权利界定清楚的转让权就一定能获得权利界定清楚的使用权和收益权，但反过来，拥有权利界定清楚的使用权和收益权却不一定有权利界定清楚的转让权。

研究土地流转的学者，往往首先研究土地产权问题，认为土地产权的不确定性和外部性将会导致资源退化。在市场经济条件下，农地产权安排须满足以下基本要求：产权必须明晰，以免产生不确定性；产权须是排他的或专一的；产权必须是可转让的；产权的行使必须受到必要的限定。改革开放后，我国实行家庭联产承包责任制，所有权与使用权是分离的，即农村土地实行集体所有，农户个体具有承包经营权。所有权与使用权的分离，导致转让权边界不清楚，农村土地的使用者——农户不能随意转让土地，农村集体经济组织虽然拥有土地的所有权，却不拥有现实中的土地本身。农地的所有权的主体就被分为两个：法律上的主体与事实上的主体。法律上的主体就是农村集体经济组织，事实上的主体就是农户个人。法律主体与事实主体合二为一才能提高土地的利用效率。

产权界定不清晰会让市场经济运行存在缺陷，从而造成经济运行过程中出现摩擦和障碍，进一步又影响产权主体的行为和资源配置的效率。产权的重要性就在于它能帮助人们在交易时形成合理的预期，界定其受益或受损的权利。并且，产权能降低交易费用并减少外部性的缺陷。

3. 合约理论

合约是权利交换的承诺，也就是产权交换的承诺。张五常（2008）认为，忽略了合约安排，就会混淆资源使用与收入分配的关系。产权没有卖断的合约，是双方合作的安排，互相影响。合约的条款是为约束双方的行为而设置的，不管是明是暗，这些条款的作用都是多方面的。合约有结构性，合约结构的条款一般的是约束着资产（或生产要素）的使用与收入的分配。后者可以称为收入条款，可以有多种不同形式，例如租金可以固定、分成、分红、按利润算，等等。不同的收入条款厘定，订约双方会有不同的行为，于是合约中关于约束资产使用的条款就会随之变化；另一方面，使用的约束也会影响收入条款的选择。

租用或雇用合约必定是结构性的。这是因为交换的权利只是资产的局部，只是一段时期，而不是将资产卖断。关于土地租用合约，租金只代表着一段时期的某些使用权及收入权的成交，在租约期间双方的行为都会影响土地的使用及收入。农地的使用有土地的投资与改进、植物的选择、杀虫的工作、地耕的密度、收成的处理等等。这些使用的合约条款的或多或少，会因农地的品质而变，因产品的市价而变，因交易费用而变，也会因合约的收入条款而变。

合约理论重于生产要素的合约安排。传统上的收入分配与资源使用，在没有交易费用的情况下由市场这只无形之手处理。生产要素市场与产品市场是同一回事，分不开来。新制度经济学在收入分配与资源使用之上加上制度安排。市场合约是私产制度局限下的合约安排，不研究这些合约安排就不能明白收入分配与资源使用的关系。

在社会主义市场经济条件下，农村土地流转，无论是否改变所流转土地的用途，都会用到合约选择理论。在农村土地资源平价流转的过程中，土地的使用用途没有变化，是一种变化形式的“件工合约”。而在农村土地资源非农用的情况下，一般采用先将农业用地转为建设用地，在其开发建设完成后对外招商引资、出租或转让土地使用权并获得收益。这种利用形式会有三种合约形式参与其中：第一种合约形式的时间工资合约，即村民提供劳动获得劳动报酬；第二种合约形式是土地分成合约，即将土地或其他生产资料入股，按照股份相应获得分红；第三种合约形式是定额地租合约，即农村集体经济组织按照合约内容收取定额租金。

第二节　现行农村土地流转相关政策法规

中国城市和农村实行不同的土地所有制，人为割裂了土地的实际用途，而不同用途土地的估值也存在着巨大差异。不合理的定价、不公开的交易，往往造成大批基层农民的合法权益受到侵害，地方政府与开发商等获得暴利，成为潜在的社会不稳定因素。

一、现行土地制度的基本原则与特征

中国的土地政策由一系列的国家法律、政府法规和部门规章制度组成的繁复的政策法律体系。“但有一个鲜明的特征，就是土地转用的国家垄断和政府管制，农村土地和城市土地，农耕用地与建设用地的明显分割和二元体系。两类土地被人为地分割开，隶属于不同的权利体系，由不同的机构管辖，受不同的规则规制制约。”（天则经济研究所，2007）政府作为农村土地转为城市土地或者说农耕用地转为建设用地的唯一的仲裁者，是农村土地转用后真正的“主人”，拥有获得农村土地并将其转为城市使用者的排他权利。

现行的农地政策有两个基本点：坚持土地集体所有制和家庭联产承包责任制相结合；坚持农地主要用于农业生产，农地转用于非农业用途需要上级相关主管部门批准并履行相应的手续。农地集体所有制从 1958 年确立以来，基本没有大的变化，但经营方式却发生改变，由改革开放前的集体经营方式变为目前的家庭承包经营方式。从 20 世纪 90 年代起，伴随着经济增长、城市化率的提高以及粮食的供求变化，土地管理方式和家庭承包经营政策也相应发生了变化。具体来说有以下几个方面：一是承包权的性质变化。土地承包权在土地管理法中被当做债权对待。在土地承包法中，土地承包权开始向物权转化。随着物权法的颁布与实施，土地承包权有了物权的性质。二是承包期限的延长。土地承包的年限从几年延长到 15 年，又进一步延长到 30 年。土地承包期限的延长，使农民产生稳定的预期，增加对农地各方面的长期投入。三是对发包方和承包方的权利、义务做出了明确的规定。这个立法意向主要是限制发包方的权利，限制了发包方随意撕毁承包合同以及不定时调整合同内容的行为，保证了

承包方的权利，并使承包方的权利主张可以诉诸法律。四是承包方享有土地承包经营权流转的权利。1984年的1号文件首次以政策文件的形式提出允许土地承包权的流转，2001年颁布的《关于土地承包经营权流转的规定》，提出了"依法、有偿、自愿的经营权流转"的原则，并明确了流转的主体是农户。

二、农地非农化政策

农地非农化政策也是农地政策的一个重要方面。从《国家建设征用土地条例》《土地管理法》《土地管理法实施条例》的颁布，到《国务院关于深化改革严格土地管理的决定》，再到《国务院关于加强土地调控有关问题的通知》以及最近几年出台的各项政策，虽然各项法规的具体规定有变化，但基本点不变：在数量上严格控制农地转为非农地；由各级地方政府机构决定农地是否可以转用而不是由农民决定。农地转为非农地的政策有以下几点：

1. 对农地转为非农用地实行指令性管理

《土地管理法》第三章规定：各级人民政府"组织编制土地利用总体规划"；实施《基本农田保护条例》，建立基本农田保护区；"实行基本农田保护制度"，严格控制耕地转为非耕地。《国务院关于深化改革严格土地管理的决定》指出："对农用地转用的年度计划实行指令性管理。"

2. 农地转为非农业用地的政策

农地转为非农业用地首先要经过国家征用，进行土地性质的更改，从集体所有的土地变更为国有土地，这样才能进行非农业建设。但其中的例外条款也为村集体依法实施农地转为非农用地打开了一扇门。

3. 土地被征用的补偿

《土地管理法》第四十七条规定："征收土地的，按照被征收土地的原用途给予补偿。征收耕地的补偿费用包括土地补偿费、安置补助费以及地上附着物和青苗的补偿费。"土地由于性质用途变换而产生的增值收益归征用者所有，而土地所有者只能得到按原来用途的赔偿，却不能分享这部分增值收益。这是我国现行土地政策的一大缺陷。

4. 供给建设用地的政策

农地转为非农业用地后的供地方式有两种：划拨和出让。这两种方式，在现行政策中却成为决定补偿的依据。按“同地、同权、同价”的原则，无论土地用于何种用途，同一块土地获得的补偿应该是一样的，应当是土地未来收益的贴现值。划拨土地按原来用途来补偿，相当于要求被征地农户承担部分成本，而出让土地也参考划拨土地按原来用途补偿，则相当于剥夺了农村土地所有者分享土地增值收益的权利。这也是目前土地问题的一个日益严重的症结。

三、农民征地补偿安置政策的变迁

安置的涵义是指政府在向农民进行土地征用之后，除了对征用的土地按土地原有用途进行补偿之外，还需要为被征地农民安排长远生计。政府做此规定是源于当时计划经济的一个基本特征：政府控制每个人的谋生手段并为每个人安排工作。农民依赖土地获得生活收入和发展的条件，一旦政府征用土地，农民就有权利要求政府重新给其安排生活来源。农民的这种要求权就是其依托土地而拥有的“安置要求权”。虽然，1980 年以后计划经济体制逐渐向市场经济体制过度，但农民却并没有放弃这种依托土地的权利，而政府为了农村社会的稳定与发展也很难舍弃农民的安置要求权。于是这项权利被延续下来。

1958 年 1 月，国务院实施《国家建设征用土地办法》（简称《办法》），这是新中国第一份关于征用土地的法律性文件。《办法》规定的安置不依赖于农民是否拥有土地的所有权，即只要农民是依靠被征用土地谋生计，政府征用土地就需要安置农民。

1982 年 5 月，国务院颁布《国家建设征用土地条例》（简称《条例》），规定：“为了妥善安排被征地单位的生产和群众生活，用地单位除付给补偿费外，还应当付给安置补助费。”《条例》第十二条规定了可以采用招工的办法相应的安置补偿费转拨给用工单位。

1998 年《土地管理法》颁布，跟《办法》和《条例》相比，关于安置条款主要有两项变化。首先，将安置补助费的标准提高了。每亩耕地的安置补助费从最高不超过其年产值的十倍提高到 15 倍，甚至经过省政府批准可以达到 30 倍。其次，提出：“地方各级人民政府应当支持被征地的农村集体经济组织和农民从事开发经营，兴办企业。”

2001 年后，有关部门颁布了《国土资源部关于切实做好征地补偿安置工作的通知》《国务院办公厅转发劳动保障部关于做好被征地农民就业培训和社会保障工作指导意见的通知》《劳动和社会保障部、国土资源部关于切实做好征地农民社会保障工作有关问题的通知》，要求地方政府“从实际出发，采取多种方式保障被征地农民的基本生活和长远生计”。

第三节　土地流转收益分配现状

根据土地是否改变原有用途，土地流转分为平价流转和溢价流转。平价流转以前一般是农村集体成员间的内部流转，不改变土地的使用性质，实质上是土地承包经营权的流转，但随着中国农业现代化进程的加快、农业规模化、产业化经营的要求，现在在我国的很多地区也在尝试着将土地承包经营权转给农业企业的方式。

溢价流转的土地用途中分为公益性与非公益性两种。比如政府征地之后，土地作为高速公路或者城市公园这种公共利益性用途的就是公益性征地；反之，则为非公益性征地。

一、平价流转

所谓平价流转就是没改变土地的使用用途，也就是土地承包经营权的转让。土地承包经营户在其承包期限内依法对集体所有的土地享有占有、经营、使用和收益的权利。它是国家对农村土地使用制度进行重大改革的一项根本措施。我国民法通则和土地管理法对承包经营权作了明确规定。

土地承包经营权是反应农村承包经营关系的一种新的物权。以前这种转让主要是出现在农村集体内部，如本村的农户间土地的转让。现在随着农村土地市场的发展，农村集体的土地也可以转让给有资本或技术优势的企业。家庭联产承包制带来了农村土地使用效率的大幅度提高的同时也有其内在的缺陷，即有限的农村土地做了过于细小的分配。这种“类平均”分配使大部分农民的土地过于零散，使农业走向规模化、现代化的步伐停滞不前。平价流转的形式主要有：互换、转让、转包、出租和其他方式。

1. 土地承包经营权的互换

土地承包经营权的互换是指：在农村集体经济组织内部，相关农户为了方便耕种或其他的目的，对各自承包的土地进行简单的互换，这种互换也是土地经营承包权的互换。互换之后，原本被分割成零散的土地，在一定范围内连成一片，实现规模化、集约化经营。我们知道从安徽小岗村开始实施农村土地联产承包责任制，让广大农民都承包了土地，但这种“类平均”的分配，使承包的土地肥沃程度不尽相同，同一农户的不同成员承包的土地也可能不在同一位置。种种缺陷制约着农村生产力的提高和产量的增长。

土地承包权互换的特征。土地承包权互换是一种比较原始的交易方式，也是农村农户中比较能接受的交易方式。一般来说，交易双方需要是同一个农村集体经济组织成员，也就是在本村内部进行交易。不属于同一集体经济组织的承包地的互换，要按照相关法律法规进行。交易双方本着公平、自愿、有偿的原则进行土地承包权的互换。互换过程中，经交易双方协商对于土地大小、肥沃程度进行相应的补偿（如果双方协商不需要补偿也可以）。土地承包权互换成功后，交易双方需向相关部门进行登记审批。这种承包权互换式的流转，其收益平均分配到两个承包人手中。

2. 土地承包经营权的转让

土地承包经营权的转让是指承包方将自己的部分或全部承包地的承包经营权连同相应的权利义务关系转让给第三方。承包方转让土地承包经营权须经发包方同意，转让后，承包方终止与发包方的承包关系，第三方与发包方确立新的承包关系。第三方享有与承包地相关的权利义务关系，并不得改变土地的农业用途。

土地承包经营权的转让的特点是第三方从承包方手里转让完整的土地承包经营权，与发包方直接发生承包关系，享受相应的权利义务。承包方与发包方不再有权利义务关系。

《中华人民共和国农村土地承包法》第四十一条规定：“承包方有稳定的非农职业或者有稳定的收入来源的，经发包方同意，可以将全部或者部分土地承包经营权转让给其他从事农业生产经营的农户，由该农户同发包方确立新的承包关系，原承包方与发包方在该土地上的承包关系即行终止。”法律上规定了这一流转形式是承包经营权的整体流转，一般发生在集体经济组织内部。现在，越来越多的农村居民选择去城市打工，农村中留下的多是妇女、小孩和老人，没有能力耕种土地。一些留守在农村的务农人员就选择转让这些老人妇女无法耕种的土地，提高土地的使用效率。这种转让是农民自发选择的一种流转方式。由于是一种自发的流转方式，在转让过程中，转让成本、管理成本、信息成本等一些成本费用都比较低。由于这种模式是自发形成的，这部分土地流转收益平均地分配到转让方与第三方之间。

土地承包经营权转让的关键是转让价格的多少。一般来说，一个地方的自然条件是固定的，土地的亩产值也不会有大幅度的波动，所以受让人对于转让后土地的承包权益与农业收益是有一个稳定预期的。这个预期越高，受让人可以接受的转让价格愈高。同样道理对于原承包方也是成立的。

同样作为普通农户的转让人与受让人在转让完成后获得双赢。转让人获得土地转让金，受让人获得土地承包经营权。但同时这种流转方式也有其缺陷：土地收益在转让前后不会发生大的变化，否则转让很难成立；转让人有失去土地及附属在土地上各种权益的危险；一旦承包地发生土地性质变化的流转，转让人与受让人容易发生纠纷。

3. 土地承包经营权的转包

《农村土地承包经营权流转管理办法》对转包的概念做出了明确的规定。转包是指："在承包期内，承包方将部分或全部土地承包经营权以一定期限转给同一集体经济组织的其他农户从事农业生产经营。转包后，原土地承包关系不变，原承包方继续履行原土地承包合同规定的权利和义务。接包方按转包时约定的条件对转包方负责。承包方将土地交他人代耕不足一年的除外。"

转包的特点是：流转双方应当是同一集体经济组织的成员；在流转期内，土地承包经营权归转包方所有，流转期届满，土地承包经营权还给承包方；未经承包方同意，不得进行再流转；不改变土地用途，不超过土地剩余承包年限；原承包关系不变，即承包方与发包方存在权利义务关系；转包是最为常见的承包权流转方式。

根据补偿与否，转包分为：有偿转包、无偿转包、倒贴转包。有偿转包是指，对于质量好的土地，土地收益归转包者所有，但要给予原承包者一部分补贴。无偿转包是指，对于质量一般的土地或者拾荒的土地，转包者从原承包者手中无偿获得耕种土地的权利，土地收益归转包者，原承包者只留有承包地。倒贴转包指土地质量极差或在多数农民看来种田"划不来"的田地上，原承包人一般都要倒贴给转包人一笔钱，有些地方称为"倒贴水"。以安徽寿县丰庄镇为例，既有承包户根据地力向转包户"倒贴水"，好的每亩30元，中等的每亩60元，差的每亩100元；也有乡镇根据地力，把农民自愿放弃的耕地分别以每亩上交税费120元、100元、80元，三个档次对外重新发包，新承包户先交60%的税费，其余40%由弃耕户承担，有效地解决了1万余亩耕地的抛荒问题。土地收益以及倒贴收益归转包人所有，原承包人只留有承包地。在农民土地负担越重，土地质量越差的地区，农民越倾向于无偿转包和倒贴转包。

4. 土地承包经营权的出租

土地承包经营权的出租是指承包方将部分或全部土地承包经营权以一定的期限租赁给他人从事农业生产经营，出租后原土地承包关系不变。原承包方履行原土地承包合同规定的权利义务关系，承租方按约定条件向承包方支付租金。

土地承包经营权出租的特点：土地承包经营权的受让方可以不是农村集体经济组织的成员，而是具有“农业经营能力”的自然人与法人，即具有农业生产经营能力的企业、其他组织和个人。土地承包权人将承包地的使用权让渡给承租人，实现承包权与使用权的分离，这是土地承包经营权出租的本质属性。承租方不能改变土地的农业用途。采用更加接近于市场配置资源的方式，提高土地的使用效率。

以成都市郫县新民场镇凌云村“西部花乡”为例。凌云村村民利用承包地种植花草，形成了产业雏形。但一般都是几亩几亩的承包，规模比较小，产品质量不高。县镇政府为了把产业做大做强，引进外地大型花木企业，实行土地规模流转，先由村集体与农户签订租用协议，再由村集体与企业签订土地流转协议，协议规定了双方权利义务的同时，规定了租金的支付与分配，即每亩土地的租金为1 000斤中等大米。流转后形成了以凌云村为中心的达到4 500亩的花卉基地。

5. 农地入股模式

农地入股是指农民在土地承包期限内将土地承包经营权作为股份组成农村土地合作社或其他经济组织并入股。土地合作社或其他经济组织对入股土地实行统一管理，可以对外租赁或自主开发，农民按股权获得分红。

农地入股也被称为“股田制”，农民仅仅将土地承包经营权作为股份组建农村土地合作社，入股的所有土地由入地合作社统一经营管理，一般采取“固定收入加按股分红”的分配方式。土地入股的特点：第一，通过入股这种形式，土地承包经营权转化为股权的形式；第二，入股后，农民获得保底的收入即固定收入；第三，一般来说，组建土地合作社一般是为了土地的非农化使用，合作社的分红也多来自非农化的生产。

以成都崇州市桤泉镇“高新现代农业产业园”为例，桤泉镇以村为单位组建土地股份社，以土地入股。桤泉镇入社农户达到3 900户，合作社通过招商吸引投资，并统一将土地流转给企业。成功引进近50家企业，流转土地达到一万两千余亩，其中互惠集团与鹰马龙食品有限公司兴建生产基地六千余亩。按照协议，由合作社收取土地流转租金，租金的95%按土地所占股份分给相应农户，另外的5%作为维持合作社运转的收入。

6. 反租倒包模式

反租倒包是指乡镇政府或村集体经济组织根据农民意愿，将已发包给农民的土地反租（反包）回集体，经过投资开发，改善生产条件后再重新发包给本集体经济组织的农民或租赁给集体经济组织以外的人。

由于农民自发的转让、转包、出租等土地流转形式只能形成小型的土地规模化经营，很难形成有效的土地规模化经营。反租倒包的特点：第一，农民不再直接面对第三方承包者，而换成农村集体经济组织；第二，第三方承包者的主要目的是实现农业的规模化运营，经营主体不再是依托土地维持生计的农民而是农业大户或者有着技术资金优势的农业企业；第三，乡镇政府或村集体经济组织在此种流转中既扮演了承租者的身份，又扮演了出租者，同时获得土地地租差额收益即它直接向转包者收取地租，并获得在支付原承包农户租金后的差额部分；第四，出租土地承包权的农民有可能在原有土地上继续从事农业生产工作，即存在变成农业工人的极大可能；第五，这种土地流转方式存在着第三方承包者出现经营困难，不能足额支付土地租金，或乡镇政府或村集体经济组织也无力支付租金，容易形成两方或三方之间的利益纠纷，同时这种流转方式也存在农民失去土地承包经营权的可能。

以山东聊城郭屯村“天禾有机农业科技示范园”为例，土地由村集体反租倒包，意向承包期20年，承包费每亩每年1 500元，一年一付。通过招商引资，“天禾有机农业科技示范园”落户郭屯村，从村集体手中取得土地使用权，然后再雇佣农民种植生产。这种“公司+基地+农户”的形式一方面使得部分农民可以从事自己擅长的工作或是外出打工；另一方面，农民转身为农业工人，每月拿到企业发给的工资，土地得到科学利用，农民收入明显增加。

二、溢价流转

针对农村集体建设用地流转进入市场的现实要求，农业部与国土资源部等有关部门近年来先后在安徽宪湖、江苏苏州、广东顺德、浙江湖州等地组织开展了农地流转试点工作，为土地使用制度的改革提供了很多借鉴。

1. 湖州模式

湖州市政府在2001年9月印发执行《湖州市区农村集体建设用地使用管理试行办法》。确定了土地所有权与使用权相分离的原则，即“谁所有，谁收益”，除应依法上缴的国家税费外，收益按比例分配并转入各相应的土地收益资金专户。根据集体建设用地所有权的不同，规定了不同的收益分配比例。集体建设用地使用收益主要用于对原承包农户的补偿、土地资源的保护开发、基础设施和公益事业建设以及本集体经济组织范围内成员的社会保障，并对原承包农户的补偿方式做出了补偿标准。

2. 芜湖模式

芜湖市作为中央集体建设用地试点城市，制定并实行了《芜湖市农民集体所有建设用地使用权流转管理办法（试行）》。《办法》提出：集镇建设依法使用农民集体所有的土地，应按地价对土地使用者或者承包经营者进行补偿，并提出了多种补偿方式。芜湖市模式的重点是不改变被流转土地的集体所有，在流转行为到期后，土地仍然是集体所有。虽然芜湖模式在实践中取得了一定的成功，但也存在着一些不足，其没有对集体建设用地使用权流转进行彻底的市场化改革。芜湖模式虽然实现了直接由土地所有者向土地使用者提供土地使用权的构想，但土地使用权流转收益一次性以补偿款的形式向农民支付，不利于保障农民的长期利益。

3. 顺德模式

佛山顺德作为广东省唯一的一个农村集体土地管理制度改革试点城市，在农村集体建设用地流转方面做了许多有益的尝试。《顺德市集体所有建设用地使用权流转管理暂行办法》（以下简称《暂行办法》）指出：集体建设用地流转时，根据不同的流转年限，土地所有者或使用者必须向政府一次性缴纳土地流转收益金标准也不同。顺德还区分了集体建设用地的首次流转与再次流转。政府收取的集体建设用地流转收益金、补地价款和土地增值费，实行市、镇（区）两级分成。土地流转收益由市政府统一收取后按季结算返还镇政府（区办事处），并使用财政部门统一印制的专用票据并专项存储。《暂行办法》解决了农民集体土地财产权利通过市场来实现的问题。

4. 苏州模式

苏州市由于1996年和2002年分别通过了《苏州市农村集体存量建设用地使用权流转管理暂行办法》《关于开展城镇规划区内集体建设用地使用权流转试点的实施意见》，确立了集体建设用地流转的价格不得低于省、市确定的不同用途的最低保护价。集体建设用地流转的收益分配，结合各种流转方式的土地收益实际，确定合情、合理、合法的分配办法和比例。区分了实行年租制与以集体经济组织入股方式流转的补偿的不同标准。严格按照确定的征地补偿安置标准，对集体经济组织和农民进行补偿、安置。探索了国有土地和集体土地“两种产权、同一市场、统一管理”的土地流转新途径。

5. 广州模式

集体建设用地使用权的出让价格不得低于同区域、同类别国有土地使用权基准地价的30%。集体土地所有权人出让、出租集体建设用地使用权所取得的收益，归集体经济组织成员集体所有，纳入其集体财产统一管理。其中一半以上应当存入规定的银行专户，专项用于本集体经济组织成员的社会保障支出，不得挪作他用。集体建设用地转让和转租的收益，归原集体建设用地使用权人；出让、租赁合同另有约定的，依照约定。集体建设用地使用权出让、转让、出租和转租，应当依法收缴相关税费；集体建设用地使用权转让发生增值的，应当依法收缴土地增值收益。

6. 南海模式

南海采用投包经营模式，即将分散的土地集中到村集体手中，通过对土地的投包，实现土地支配权、土地使用权和土地收益权的“三权分离”。南海对原有的集体经济组织进行改造，成立以村为单位的股份公司，股份公司再进行土地开发，商铺建设与租赁，土地转包。获得收益为农民提供公共福利与公共品。采用土地股份制，将土地非农化的级差收益保留在了集体内部，让农民集体最大限度地享受到土地非农化进程中土地级差收益上涨的好处。

通过对各地流转模式的比较可以看出，土地流转还是以政府主导为主要模式，实行土地所有权与使用权的分离，保持土地集体所有不变。这种模式下，各级政府与农民按比例分配土地流转的收益。实行以市场为主导的地区，农民与农村集体经济组织明显获得更多的土地流转收益。政府在土地流转中主要起到规划土地、管理税收、对土地流转进行监督管理的责任。

土地流转后农民的生存保障成为各级地方政府要考虑的重要问题，一般需建立土地收益基金专户，专款专用，保障农民的长期生活，让市场配置方式更充分地发挥作用是土地流转的趋势。

三、土地流转分配中出现的问题

1. 产权不明晰，农地最终所有权的模糊性

《中华人民共和国土地管理法》总则第一条规定：我国实行土地的社会主

义公有制，即全民所有制和劳动群众集体所有制。第十条进一步解释了“集体”的含义：村集体经济组织或者村民委员会；村内两个以上农村集体经济组织；乡（镇）农村集体经济组织。现行的农村土地集体所有制的基础框架就是所有权和使用权的分离。所有权隶属于村农民集体、村内若干农民集体，也称之为农村集体经济组织。但这些农村集体在法律上的界限是模糊的，也就是所有权主体的归属没有明确的界定。可以确定的是农民在承包土地之后获得土地承包经营权也就是使用权。虽然规定了三个级别的“农民集体”，但没有梳理清楚“农民集体”与农民个体之间的关系。农民集体只是一个同一村落农民的集合，并不是一个法律意义上的法人。

2. 农地所有权的行政性

由于我国农地是实行集体所有制，即归全体农民所有，所以上述说的三个级别的“农村集体”从法律上说没有土地的所有权，只有对土地进行经营管理的权利。

村民委员会只是基层群众性的自治组织，所以它不是农村集体经济组织，也没有农村集体土地的所有权。这种农地产权上的缺失会造成对农户个体的侵权行为，具体表现为：侵犯农民的土地承包经营权。虽然法律上规定了土地承包经营权，但由于法律主体缺失，农民的权利常常得不到保障。中央政府承诺土地承包经营权30年不变，但由于农村基层人口的变化，乡村两级行政机构常常以“集体”的名义对其所有土地进行再次承包，有些时候甚至出现年年再承包，严重损害了农民的利益。农民个体本来有自主选择种植何种作物的权利，但有些时候，地方行政部门为了政绩，以收回土地承包经营权为威胁，人为的限定农民种植作物品种等。新闻中经常看到某地在领导经过考察后大面积推广种植某种作物的报道，这基本都属于上述侵权行为。乡村两级以及村民小组事实上掌握了土地支配权力。农民要想承包土地必须经过乡村两级以及村民小组领导人的同意，寻租与腐败现象便不可避免的产生。不仅如此，农户之间自发的流转也要通过“集体”的同意，乡村以及村民小组的领导人变成了可以支配土地的“实际主人”。这种现象严重的干扰了农村基层的稳定性，农户由于土地引起的“上访”事件占农村上访的比例很大。

3. 各级政府与农民之间地位的不平等

有一种观点认为政府征地是为了社会公益用途，但是对社会公益的界定是模糊的，造成政府在一定程度上滥用这种征地权。从发展农业的角度，各级政府鼓励农民利用土地增加收入，维持土地承包经营权的稳定，这与农民的目标是一致的。但从发展地方经济、增加税收与政府官员的升迁的角度，各级政府都有动力去尽可能的获得最大的利益，在农地流转的问题上无法与农户达成一致。由于政府有强制的征地权，农民只能被迫接受土地被征用，尤其是在政府打着公益性用途旗号征地时，这种情况更为严重。

无论是农地流转还是农村建设用地入市，从某种意义上说都是农户、村集体与地方政府之间的一种交易。这种交易使土地资源在几个主体之间进行再次分配。在农地非农化的过程中，中央政府、地方政府、农村集体经济组织、农户等利益主体作为理性的一方，都追求自己利益的最大化。虽然表面上看农村集体经济组织与村民委员会是农户们自己选出来代表自身行使权力，但由于村一级的领导人直接受到上一级乡政府相关的制约，造成农村集体经济组织与村民委员会隶属于县乡一级政府组织，而不能很好地表达农民们的利益诉求。所以在征地赔偿款中，农户只得到很少的一部分，村集体经济组织与村民委员会得到的多一些，绝大部分被各级地方政府获得。

温铁军、朱宋银（1996）在调查中发现，在土地征用出让过程中，成本价一旦确定，农民只获得其中的5% ~10%，村级集体25% ~30%，而60% ~70%为政府及其各级部门所得。土地财政占税收的比例越大或者说占GDP的比例越大，政府就越有动力侵占农民的利益。这种侵占引起农民的不满和大量的与土地流转有关的抗争行为，严重威胁到我国粮食安全与农村社会的稳定。当然，我们也看到中央政府通过一系列的措施与政策削弱了地方政府在征地的范围、规模与审批的权限；与此相应的，提高了农民获得土地出让后安置补偿与社会保障的程度。尽管如此，农民与地方政府在土地出让中地位差异的现象还依然存在。

4. 征地补偿不合理

土地是农民赖以生存的基础，农地流转之后，用地主体需要给农民以相应的补偿以保证其生存。土地补偿一般分为三种：完全补偿、公正补偿、适当补偿。完全补偿是在征地之后，用地者要给予农民基于所有权的完全补偿。公正补偿是基于被征用土地的市场价值，结合被征地农民的实际情况而给出的补偿。大多数国家甚至是经济状况比较差的，如莫桑比克等，对于征地补偿一般都是公正补偿。

政府对土地安置补偿费用分为两部分：一部分是集体土地所有权补偿，另一部分是对农民在承包期剩余期限内的土地承包经营权的补偿。但安置补偿费却没有明确的划分为两部分，这导致农村集体经济组织与农民之间以及农村集体经济组织内部纠纷的出现。农村内部的矛盾激化，不利于农村经济的稳定发展。

征地补偿款的确定是一个复杂的过程，其基础是保证农民的长期生存与生计。征地补偿款的最低限度是可以保证失地农民的长期生存，并在此基础上使农民与农村得到发展，享受到中国经济发展带来的红利。土地被征用后的用途可以分为公益性的与非公益性的。有人认为根据被征收土地的用途来确定补偿款的多少，而站在农民的立场上，应该是根据被征地后农民权益受损程度的大小来确定补偿款的额度。目前补偿标准是土地年收益的若干倍，没有与农民权益受损程度挂钩。

由于地方政府的土地收益占到财政收入的比例很大，所以地方政府有动力将其土地收益最大化，也就是最大限度的少给农民土地安置补偿费用。而地方政府与农民之间关于安置补偿问题的谈判多数时候由农村集体经济组织来代理。农民不能第一时间掌握相关补偿安置信息，获取这些信息的成本也比较高。一旦农村集体经济组织与地方政府合谋，就会出现人为压低安置补偿费用的标准、挪用甚至贪污安置补偿款等情况。导致发到农民手中的安置补偿款延期甚至减少。补偿不合理的表现有：征地补偿费用比较低；补偿安置费用的测算不科学合理；补偿安置费用没有考虑到农民的养老问题；公益性征地与非公益性征地补偿差距比较大。

以长三角和成都市区为例，上海市社科院提供的数据表明，“长三角”农地征用价格为37.5万元/公顷~45万元/公顷，一级市场的农地出让价格为200万元/公顷~525万元/公顷，二、三级市场的农地价格为1 125万元/公顷~2 200万元/公顷。成都郫县建立新区征地263亩，政府拍卖土地得共11亿人民币（每亩拍卖均价420万元），其中补偿拆旧区农村和农民5 500万元，补偿城镇建新区8 000多万元。由上述两个数据看出，农村集体及农民所得到的农地征用补偿只占到土地增值收益的小部分，存在着严重的“剪刀差”。据估算，每年全国被征地农民相当于放弃的土地财产权至少有30万亿元之巨。

5. *流转行为与程序不规范*

在广大农村，农地流转过程中，由于彼此信任或者流程复杂，农民很多时候都是采取村民间的口头协议。即便是订立流转协议也是简单的流转协议，合同中的权益责任范围不明确，容易产生纠纷。农村集体经济组织存在在未经农户允许的情况下，私自与土地需求方签订土地流转合同（协议）。村民委员会作为广大农户自行选举出来的自治组织，虽然不是法律意义上的法人，但在农村基层权威性不容置疑，对于集体土地的流转就产生了委托－代理的关系。现实的情况是，应当事先经本集体经济组织成员的村民会议2/3以上成员或者2/3以上村民代表的同意的流转情况并未真正实施，而是由村民委员会自行决定，甚至由村民委员会一个或几个领导人自行决定。这种决定在无视村民知情权与表决权的同时，也在不同程度上损害了广大村民的权益。使原本应由全体村民享受的利益受损或者由几个人获得。

四、土地流转收益分配的创新与趋势

1. 给予农民自主开发权

目前农村土地流转中存在着补偿不合理，农民只能得到集体建设用地流转收益的很小一部分。由于土地的产权主体虚化，农民没有对土地的开发权，也就不能分享土地流转过程中大部分收益。现在部分地区采取留地安置的模式，这种模式在满足政府开发土地发展本地经济的同时，让农民获得部分建设用土地的开发权。留地安置模式具体来说就是：政府在征地的同时，按照一定比例，给被征地的村集体划留建设用地（留用地），留用地的性质可以转为集体建设用地，也可以一并被征收。这种模式与台湾地区农地转为工商业用地相类似。虽然台湾地区土地实行私有制，但土地所有者在改变土地用途的时候，要无偿拿出一半的土地给政府做公共利益用途，即充公的土地用于建设公共道路、学校、医院等公共设施。目前，这种留用地安置模式，在浙江杭州、广东南海等地开展实施，获得了很好的效果。

2. 以“土地＋现金”形式入股的土地股份合作制

1985年左右，广东沿海地区“三来一补”工业模式迅速发展，但遇到了资金与土地上的瓶颈。资金上的缺口可以通过各种融资渠道去解决，而土地上的缺口却不容易解决。深圳万丰村的村集体发现，以公司的形式将分散在农民手里的土地与资金集中起来可以比较好的解决这个问题。于是深圳万丰村组建了全国第一家农村股份合作制企业——万丰村股份有限总公司。在股份公司成立之后，万丰村的经济取得了长足发展，到20世纪90年代初，万丰村的产值就已经过亿元。这种农村股份合作制的成功，为我国农民分享土地带来的收益具有很强的启发意义。

推行农村土地合作制的主要方法是将集体土地股权化，以原集体经济组织成员资格为计算依据，根据原有土地地段肥沃程度的不同，采用不同的折价形式，对集体土地收益权进行折股量化；同时也将村集体的土地承包经营权与固定资产量化。这些完成后村集体将股权无偿的分给村集体内部成员。在股权的设置上，各个村集体进行不同的尝试。最简单的是平均分配，即以村集体内部成员权为标准，人人有份，人人均等。也有些村庄在平均分配股份的基础上，将股权细分，例如分为承包股、贡献股、年龄股等。承包股就是以农民承包土地数量的多少来确定，贡献股就是对村集体经济有贡献者的一种激励，年龄股是以农民耕种土地的时间长短来确定。越是经济发达的村集体，分红水平越高，相应的股权设置的方式就越复杂。这种以土地经营权入股的模式被称之为"股田制"，但"股田制"存在着缺陷：其一，农民以土地承包经营权入股后，存在着随着非农村集体成员也获得土地承包经营权的可能，这与我国目前的土地承包制度有冲突；其二，如果入股企业破产，土地有可能被用来偿还债务，那么农民就有可能失去土地；同时，《公司法》规定：公司股东的上限是50人，而以土地入股的公司股东很多都超过50人。

单纯以土地入股存在着法律上的障碍，而以土地加上相应比例现金共同参股到经营性用地中，既可以定期收取股利和租金，保证农民在土地升值后的利益分红，参与土地增值收益的分配，又可以规避股田制在法律上的障碍。成都武侯区永康村农用地土地使用权流转模式（简称"永康模式"）与浙江昆山"富民合作社"就是采用这种形式。这两种流转模式是农民自发创造出来的一种在不转让土地承包权的情况下，却可以分享土地带来利益的新型土地利用模式。永康村1 352名村民以其承包的土地和近400元现金入股组建成都兴鑫永康投资管理有限公司。昆山市入富民合作社农民2 134户，入社股金48 961万元。两者均是通过区域内置换和异地置换方式整合土地资源，并将整合后土地委托公司托管，从而实现土地使用权的流转，并由公司负责土地的统一规划、开发和经营。

在"永康模式"与"富民合作社"中，首先由农户自发地发起组建公司（合作社），公司（合作社）的核心资产是农户的土地使用权。两种模式均增加了现金入股的形式，这样在法律上就拥有了合法的股权形式。村集体经济组织只是经营与土地相关的厂房、出租房、度假村等，企业的运作与村集体无直接关系，这样有效地避免了由于村办企业产生的产权模糊、集体资产流失等问题。这种模式将土地非农化过程中的级差地租尽量多地保留在村集体的内部，即租用土地产生的租金不与公司业绩挂钩，这部分构成了村民的保底收入。村集体在缴纳了与土地有关的税费之后，土地的级差地租收益大部分由村集体与农户分享。公司（合作社）在提取利润的一部分作为法定公积金与集体土地转用基金之后，剩下的按照股份的多少来进行分配。通过“永康模式”的流转，永康村不仅还清了185万元债务，而且在每位村民在分配青苗费后，还分得了130元红利，人均年收入达到5 500元。这种“土地+现金”入股的模式不仅规避了相关法律的限定还产生了外部利润。

比起一家一户，土地的公司化开发利用使其使用效率显著提高。同时由于公司（合作社）开发经营土地的成功，导致周围的土地经济价值上升，地区经济增长，政府税收提高。相应的土地租金也会提高，农民最大限度地获得了土地增值的收益。

采用“土地+现金”入股的土地股份制就是农民自发形成的土地制度创新，完成了外部利润的内部化，并降低了风险与交易费用。我国土地制度虽因外部环境的变化而变迁，但最终会实现外部利润内部化，使农民可以分享土地流转产生的收益。

第四节　重庆市地票交易收益形成及分配

一、“地票”相关概念内涵解析

地票交易制度源于农村集体建设用地流转制度的推进，尤其是城乡建设用地增减挂钩的推进。“重庆市农村集体建设用地流转始于2002年，但只是部分区县在调研和论证基础上，进行小范围试点”。2008年12月1日重庆市颁发实施《重庆农村土地交易所管理暂行办法》，即地票交易制度确立，它开创农村集体建设用地使用权流转与交易的“地票”模式，实现集体建设用地指标的跨区域交易，对统筹城乡发展具有重要意义。

地票是指包括农村宅基地及其附属设施用地、乡镇企业用地、农村公共设施和农村公益事业用地等农村集体建设用地，经过复垦为耕地，并经土地主管部门严格验收后产生的建设用地指标，这是一种新增的建设用地指标。其中，复垦和验收是“地票”产生的两个重要环节。一方面，必须是在农民自愿和农村集体同意的前提下，将闲置废弃的农村集体建设用地进行专业复垦。当前重庆市农村建设用地利用粗放，存在居民点布局散乱、闲置、废弃等现象，农村集体建设用地复垦的潜力较大，这是地票制度得以建立的根本前提。另一方面，需要经土地管理部门会同农业部门严格验收后，腾出的建设用地指标作为“地票”的来源。

"地票"的实质是农村建设用地依法复垦为耕地，在取得建设用地整理合格证后，土地权利人向市国土资源行政主管部门提出建设用地指标交易中请，市国土资源行政主管部门在审核通过后，按实际可交易的建设用地面积向土地权利人发给相应面积的建设用地指标的凭证。根据《重庆市地票管理暂行规定》，农村建设用地依法复垦为耕地后而腾出的建设用地指标，必须预留不少于总规模的20%用于保障复垦项目所在区域的集体建设用地，剩下的部分可作为向市国土资源行政主管部门核发"地票的面积"。

地票交易是一种实现城乡建设用地挂钩指标的市场配置途径和方式。交易过程中参与土体包括农民、开发者和政府。交易过程是将不同复垦、整理项目产生的建设用地指标，拿到重庆市农村土地交易所被打包组合，成为"地票"，同时，政府制定地票基准交易价格，进行公开竞价交易，开发者通过竞标买入地票，可以选择符合城乡规划和土地规划的相应农用地地块，拟做自身建设项目。

重庆的这种地票交易制度也是对城乡建设用地增减挂钩的创新探索。其对统筹城乡土地利用，甚至统筹城乡发展有着重要意义：一是地票交易使挂钩指标超出了县级行政区域范围。土地可以在全市范围内进行市场配置，可以在更远距离、更大范围内实现城乡土地资源的优化配置，有助于显化农村土地资产价值，特别是显化边远地区农村土地资产价值，一定程度上有助于城市反哺农村、主城支持远郊，增加农民收入，改善农民生活条件，实现发达地区支持落后地区发展的目标。二是以"先补后占"替代"先征后补"的用地模式。切实保护耕地，有利于重庆市坚守耕地保有量，有利于确保耕地质量。二是通过市场配置方式优化了农用地、建设用地空间布局，促进了新农村建设。宅基地等农村集体建设用地形成小集中、大分散的格局，适应城镇化的渐进进程。三是耕地集中连片，利于农地规模化经营和农业产业化发展。四是打破城乡建设用地二元格局，激活城乡要素市场。五是地票制度及农村土地交易所平台成为妥善解决统筹城乡户改中转户农民退出集体土地的途径之一。

二、地票交易的收益来源及形成

1. 地票交易的收益来源

用于地票交易的农村建设用地指标，一般通过复垦、整治项目的规划和实施得来，这些指标通常是来源于农村宅基地及其附属设施用地、乡镇企业用地、农村公共设施和农村公益事业用地等农村集体建设用地的复垦和居民点整治。因此，地票交易的收益来源主要依靠农村集体建设用地的复垦和整治，其中，又以农村宅基地的复垦居民点整治为典型。现以宅基地复垦为例来详细说明地票交易的收益来源。

通常宅基地与其他种类的集体建设用地有所不同，其复垦涉及农户的补助和赔偿新居的建设等方面，宅基地退出是复垦的前提，而复垦是地票交易收益来源的重要环节。重庆市的宅基地退出模式根据实施土体的不同，可以划分为政府土导型模式和市场主导型模式。

（1）政府主导的宅基地复垦模式收益来源。政府主导的宅基地退出模式是指在农民自愿的前提下，由当地镇人民政府或者街道办事处即政府统一组织，在当地镇（街道）行政区域内，对零星的宅基地通过复垦整理置换到集中规划的区域内依法使用的一种方式，实施的主体是政府。

实施流程为：当地政府对农民或集体经济组织合法产权的房尽参照当地征地房屋补偿标准进行补偿，在对农户或集体经济组织的房屋依法兑现补偿后，由各镇人民政府或街道办事处与农户签订宅基地退出协议，将农户的房地产权证收回送交当地国土局予以注销，并发给农户宅基地置换证，同时由当地政府按照整理复垦要求组织复垦。复垦后的耕地由当地国土房管部门和农业部门验收合格后，最终形成等面积的新增建设用地指标，这就是“地票”的来源。最终的交易收益主要来源于复垦后产生的建设用地指标。

（2）市场主导的宅基地复垦模式收益来源。市场主导的宅基地退出模式是指，在农民或农民集体自愿放弃宅基地的前提下，通过市场竞争的方式，由农业开发业主统一组织，在一个经济合作社、行政村甚至更大的范围内，将全部宅基地连同耕地一起整理复垦，整治后的耕地形成较大规模，农民集体统一出租给该农业开发企业，用于当地农业产业的发展，实施的主体是农业开发业主，因此这一复垦模式产生的前提是需要有农业开发业主入驻当地。

复垦模式的程序为：农业开发业主编制的复垦置换方案经报批审查合格后，农业开发业主首先对开发区的农民和农民集体合法产权的房屋按照合法产权面积（扣减饲养房面积）在统一规划的新村居民点进行还房，在对农民和农民集体进行房屋置换安置补偿后，将农村房地产权证收回予以注销，并由农业开发业主组织复垦，当地国土部门会同相关部门对复垦项目进行验收。这种市场主导型宅基地复垦模式的收益来源是验收合格后的复垦项目所产生的建设用地指标。

从以上分析可以看出，无论是政府主导还是市场主导，复垦的形式和主体均有不同，但最终复垦并验收合格后等面积的新增建设用地指标就是最终地票交易收益的来源，指标本身也是地票形成的来源。

2. 地票交易的收益形成

地票交易的过程，则是收益形成的过程。指标是地票产生的来源，也是地票交易收益的来源，全市各个区县、不同复垦整理项目产生的建设用地指标，在重庆农村土地交易所被打包组合，成为“地票”。同时，政府制定地票基准交易价格，进行公开交易，开发者通过竞标买入地票，获得选择符合城乡规划和土地规划的相应耕地地块，拟做自身建设项目。最后，政府运用其征地权，将开发者所选耕地征转为城镇建设用地；对该建设用地实行招标、拍卖、挂牌，实现指标落地，即地票落地。如果该开发者在指标落地时竞标失败，则地票按原价转给竞标成功者。地票落地后，交易结束，收益形成。

这一过程中，收益的大小取决于交易价格，仅 2009 年，重庆农村土地交易所共进行 8 次交易，成交地票 54 宗，成交地票规模达到 $900hm^2$，成交金额为 12.89 亿元，平均成交单价为 143.25 万元/hm^2，最高成交单价为 214.95 万元/hm^2。

三、地票交易收益分配现状

1. 地票交易收益分配主体

重庆市地票交易的收益主体（即农村集体建设用地使用权转移与交易中参与收益分配的主体）有土地所有者、农民集体经济组织、土地使用者、土地需求者（包括房地产企业、政府土地储备公司及厂业园区等用地单位等）、土地管理者（地方政府）。

交易过程中，转出方即土地权利人（包括农村集体经济组织、农民家庭及拥有土地权属的其他组织）可以是土地所有者，也可以是土地使用者；而转入方为土地需求者，农村集体建设用地发展权转移能否实现以及是否规范合理还会受到土地管理者的制约。

地票交易模式下的集体建设用地发展权转移，通常是在所有者或者使用者自愿的前提下中请复垦，并以置换的方式腾出指标，经验收合格后到土地交易所进行登记备案形成地票，土地需求者在交易所的交易信息库（交易公告）获取地票交易信息并通过公开竞拍的方式获取指标，其实质是指标的流转和交易，就复垦后耕地本身使用权仍属于原土地使用者，而土地需求者在指标落地的同时也使用了该块地的发展权。

2. 不同利益主体的收益分配比例

根据2008年开始实施的《重庆农村土地交易所管理暂行办法》（渝府发〔2008〕127号，以下简称《暂行办法》）第二十一条分配权益保障规定，不同类型的农村集体建设用地，交易收益的分配比例和格局有所不同：

第一，农村宅基地使用权交易收益，原则上大部分归农民家庭所有，小部分归农村集体经济组织所有，具体分配比例由农民家庭和农村集体经济组织协商确定。

第二，乡镇企业用地、农村公共设施和公益事业建设用地等集体建设用地使用权交易收益，归农村集体经济组织所有，农村集体经济组织获得的土地交易收益，纳入农村集体财产统一管理，用于本集体经济组织成员分配和社会保障、新农村建设等公益事业。

第三，农村土地交易所按农村土地实物和指标交易额的1%的比例收取交易服务费。这样一来，宅基地以外的集体建设用地指标交易收益统统归集体经济组织所有，在研究收益分配过程中的各利益主体之间的分配格局，主要是研究宅基地使用权交易的收益分配情况。

由于《暂行办法》有明确规定各利益土体之间的分配比例关系。当前，重庆市宅基地使用权地票交易收益分配人多采用简单的比例分配方式。江北区政府与农民集体之间的收益分配比例为2∶8，其中农民与集体之间的分配比例为7∶3；江津区政府与农民的收益分配比例为6∶4；荣昌地区结合农民和农民集体的权益来进行土地收益分配，进行了集体建设用地土地级别划分，政府与农民集体的流转收益分配比例为5∶5；这些互不统一的收益分配比例导致收益关系不明，主体不清，分配比例差异大。

四、地票交易收益分配存在问题

1. 各区县参与收益分配主体不一致

目前，参与集体建设用地流转收益分配的主体有政府、农民集体和农民。农民集体是土地的所有者，现实中由农民集体经济组织或村民委员会代表依据法律所赋予的所有权和现实中的实际经营管理权，在集体建设用地流转中占有有主导地位，其参与收益分配是理所当然的。对于农民，拥有土地的实际使用权，尤其宅基地是农民生活、生产的基础载体，是支撑农民的基本保障，其参与收益分配也是理所当然的。政府代表国家，且在土地的管理和开发建设中发挥了很大的作用，土地的区位优势和资产价值的提升往往是因为国家投资进行建设而带来的，政府参与收益分配也是合理的。

根据调研显示，重庆江北区参与集体建设用地使用权交易收益分配的主体有区、镇两级政府及农民集体经济组织和农民家庭；江津区参与收益分配的主体有区、镇级政府、农业开发业主农民集体经济组织和农民家庭；北碚区参与收益分配的主体有镇级政府、农民集体经济组织、农民家庭和企业。总体上，各区县集体建设用地使用权交易收益分配考虑了农民、农民集体经济组织和政府三者的利益，但三者作为收益分配主体地位差异较大。

江津区突出政府的主体地位，江北区突出农民集体经济组织的主体地位，北碚区政府没有参与收益分配。收益分配主体的核心争议是政府是否应参与收益分配及在收益分配中的角色地位。参与收益分配主体不一致，不仅影响不同利益主体之间的分配比例，各利益主体的利益均未得到有效保障。

2．分配比例差异大

当前重庆市大多数区县的交易收益分配比例差异较大，江北区政府与农民集体之间的收益分配比例为2：8，江津区政府与农民集体的收益分配比例为6：4。这种互不统一的收益分配比例导致收益主体关系不清，分配比例差异较大，实质上反映了收益在不同利益主体之间的分配缺乏理论依据和实践检验，使得农民在失地后的生活得不到有效的保障，进而影响农村社会的安定。荣昌县也试图通过土地定价评估，进行了集体建设用地土地级别划分，政府与农民集体经济组织的使用权交易收益分配比例为5：5，但这种分配比例关系也没有形成合理的、完善的体系。因此，现有的收益分配方式和比例关系对农民利益的保障作用有限。

3．收益分配缺乏统一管理

虽然《暂行办法》对各类农村集体建设用地的收益分配原则做了说明，但是对农村集体建设用地使用权交易收益分配仍缺乏统一细致的规范管理，具体表现如下：

一是缺乏地票交易收益的分配细则。目前，没有明确详细地规定参与地票交易的各利益主体之间的分配关系，尤其是农村集体内部成员与集体之间利益分配关系不明确以及不规范将会直接影响今后地票交易机制的持续健康发展。

二是没有形成一套系统的流转收益分配监督机制。首先，交易后土地的利用不公开、不透明。其次，地票交易过程中也存在漏洞，如地票的打包组合方式，可以为某个开发者定做包含特定面积的地票，从而使得地票竞标中只有一个买家，该买家可以基准价成交，即开发者可对其选择权进行价格操纵，从而损害农户和农民集体的应得利益。最后，监督主体的不明确，现有的一些监督机构主要有镇政府、村民财务监督小组和部分村民组成，监督主体不明确造成监督机制的混乱。

三是缺乏专门的地票交易收益分配统一管理机构。现行的农村集体建设用地使用权交易大多由区（县）、乡（镇）村代行交易，农民参与土地交易，自主决策的能力较低，致使农民对集体建设用地使用权交易收益的知情权、参与权得不到保障。

4. 收益分配市场化程度较低

目前，重庆市地票交易收益分配的市场化程度较低，很多环节和参与主体都是政府主导，表现在以下两个方面：

一是地票价格划定“地票”成交价款由地票基准价款和地票增值收益两部分构成。地票基准价款，是指地票价款中与地票基准价格相对应的价款，即地票基准价款=成交地票亩数×地票基准价格。地票基准价格主要由重庆农村土地交易所根据农村集体建设用地复垦成本确定，报市国土资源行政主管部门审定后公布。对地票基准价格的详细说明可知，当前的地票基准价格，是地票成本价格即复垦的成本价格，政府在制定基准价格的过程中对市场供需情况、物价波动、政策影响等因素还应有更全面和完善的考虑，同时考虑区域经济发展水平评估和科学论证，综合拟定基准地价。

二是农村集体建设用地流转的政府主导地位仍然存在，尤其是地票交易模式下的农村集体建设用地复垦使用权转移和交易，政府在过程中不仅仅充当管理者更是利益的获得者，这种双重身份导致收益分配的公正性和公平性得不到有效保障。

5. 参与收益分配农民缺乏社会保障

农村集体建设用地中宅基地作为农村居民的住宅用地，具有无偿性与保障性。地票交易中，退出宅基地的农民一部分搬入新农村居民点，另一部分放弃农村宅基地进城转为城镇人口。但对于放弃原有宅基地的农民，尤其是对于进城务工或迁居城镇的农民，由于目前在城镇的就业、居住、养老、医疗、教育等各方面权益尚不能得到有效保障，他们只能退而依赖闲置在农村的集体建设用地使用权。

如果要让进城农民把闲置、废弃的农村集体建设用地复垦指标进行顺利交易，必须免除其后顾之忧，而目前重庆市尚没有一套完善的保障制度来为参与农村集体建设用地地票交易的农民提供有效保障。例如，宅基地收回时的补偿标准等各地区都有相关规定，但全市缺乏统一细致的准则。

五、地票交易收益分配存在问题的原因分析

1. 收益分配缺乏统一

重庆地票交易制度仍处于探索阶段，对于收益分配的研究很多，但缺乏统一的理论依据和实践检验，导致收益分配从主体、关系和格局上存在较大差异。理论上，土地使用者与集体经济组织之间的收益分配通常采用比例分成法，即对土地的增值部分，也就是地票交易的最终成交价款，按照一定的比例分配给政府、集体经济组织和土地使用者，这种方法的优点在于集体经济组织的收益可以随价格的变动而变动，客观上保证了集体土地所有权人的利益。但这种方法的缺点在于固定的分配比例不能随社会经济发展的变化而变化，社会经济发展形势的不确定性影响土地使用者高效利用土地的积极性。但是，相比定额分成法，在保障流转收益方面，比例分成法更为合理。因此，土地管理法中新增建设用地土地有偿使用中央与地方的分配标准中，规定政府与农民集体之间按3∶7分成。调研显示，重庆市宅基地流转时，农民和农民集体经济组织的收益分配比例确定为8∶2较为合适；而其他农村集体建设用地流转时，农民和农民集体的收益分配比例确定为2∶8较为合适。

尽管这些理论研究和实践分析都为当前重庆市地票交易合理的收益分配进行探究，但是未形成系统的理论成果，缺乏统一的收益分配理论依据和法规依据。尽管《暂行办法》中规定了各利益主体间的收益分配权益关系，但缺乏详细明确的收益分配法规细则，保障各利益主体的权益，这是收益分配问题的重要原因。

2. 土地产权模糊影响各利益主体，收益权益得不到保障

当前对各产权主体的权利和义务确没有明确统一的准则，尤其是农村集体建设用地中，宅基地权属方面仍存在一些问题。

一是产权主体不明确导致收益分配主体不明确。土地管理法规定农村宅基地归农民集体所有，而农民集体并没有清晰的界定。在集体所有制下，谁真正拥有土地，实际上是不明晰的。土地集体所有制的基本内涵是农民作为集体组织的成员，都平等地拥有对集体土地的成员权，但并不拥有按份分割农地所有权的权利。在土地集体所有制下，集体与农民在权益关系上往往是模糊的。

现在的乡镇是一级政府，村民委员会、村民小组是村民自治组织，都不是全体农民以平等身份参加的集体经济实体，都不适于充当农民集体所有土地的所有权主体，农民集体所有实质上是一种所有权主体缺位的所有制。大量的调查表明，现在多数农民对土地所有权的具体归属是模糊不清的，甚至相当一部分农村基层干部和县乡领导认为农村土地是国家的，想怎么处置就怎么处置。在实际工作中集体土地所有权主体很难确定，加之政府常常以行政权代替土地资产经营权，带来集体土地流转过程中各主体间的纠纷。产权主体的模糊界定，直接影响地票交易的收益分配环节，明确收益分配利益土体之间的关系的首要任务是明确各产权主体的界定和关系。

二是产权权能不完整导致收益权能不完整。根据民法通则规定，财产所有权是指所有人依法对自己的财产享有所有、使用、收益和处分的权利。但对集体建设用地所有权来讲，这并不是通常意义的完全物权或充分物权，权利主体也并不具备完整的处分权、收益权。同时，当前的收益分配中，政府通常以行政权进行投资，以投资者的身份参与收益分配，产权主体与投资主体各自按照自身依据参与收益分配，导致收益分配各主体权能混淆、不完整，没有统一准则和依据。

3. 收益分配的政府主导模式影响分配过程的市场化水平

当前，重庆市地票交易模式是以政府为主导主体，无论是地票交易的政府主导模式还是市场主导模式，最终政府既是交易中相关规则的制定者，也是交易中的利益相关者。政府主导了地票交易的产生（复垦）运行（交易）和落地过程，在一些区县，尤其是农村腹地区县，收益的最大主体是政府，而不是拥有土地使用权和所有权的农民和农民集体，从人均和户均收益看出，农民收益更少，农民权益无法得到保障（见表 10－1）。地票交易收益分配大多由各区县自行制定，个别地方还存在流转收益由少数镇、村干部支配的现象。

表 10－1　江津区宅基地流转试点区地票交易农民收益情况分析

项目名称	农民收益总额（万元）	户数（户）	户均收益（万元）	人口（人）	人均收益（万元）	复垦规模（hm^2）	地均收益（万元）
嘉平镇	389.19	184	2.12	605	0.64	12.13	2.12
贾嗣镇	222.67	72	3.09	228	0.98	7.04	1.87
永兴镇	374.76	191	1.96	587	0.64	13.11	1.91

4．法律制度监管缺失影响收益分配公平性

目前，重庆市集体建设用地使用权交易收益分配的法律监管缺失，收益分配基本是处于一种自发的状态，导致收益分配缺乏公平、有效的监督管理。具体表现在以下几个方面。

第一，法律监管在收益分配的监督主体上不明确。当前区县级国土资源行政主管部门负责管理收益事宜，但并没有成立专门管理收益分配的部门，监管人员各自为政，容易造成村干部、乡镇干部支配收益款项的隐患。

第二，法律监管在村级组织财务上的监管缺失。目前，村级组织的财务透明、收益分配公开都缺乏有效监督规范。农民收益分配的知情权、参与权、决策权得不到保障。

第三，法律监管在农民集体经济组织收益的使用上缺失。农民集体经济组织获得的收益应主要用来改善集体公益事业、农村基础设施、开发和保护土地资源、发展农村经济等。但是，当前处于种种原因，大多数农村，村民对集体收益使用的监管权得不到保障。

第五节　合理分配农村土地流转收益的对策

一、合理确定补偿标准并建立集体土地资金专户

土地是农民赖以为生的基础，农民失去土地之后，安置补偿要能够保证其长期生存，保障其生活。现行的补偿标准只考虑了短期内的农民生计问题，并没有对农民长期生存做出保障。所以征地补偿原则应该由适当补偿向完全补偿转变。由于农地转为建设用地使土地的使用用途更改，所以其相应的估值方式也应该改变，安置补偿需要按照其改变后的用途来补偿。这种补偿应该做到可以保证农民的长期生存，切实做到“同地同权同价”。为保证农民的长期生存，安置补偿不能是一次性的，要建立集体土地资金专户。集体土地资金专户要专款专用，可以由县乡政府进行有效监督。集体土地资金专户有多种用途：耕地质量建设，退耕还林转移支付，失地农民生活保障。其中最重要的是保障农民生活。农民没有了土地作保障，集体土地资金专户应该拿出资金来为农民购买养老保险、培训劳动技能等，以使农民在失去土地后，年轻失地农民拥有一技之长，老年农民实现“老有所养”，使农民生活得到保障。

二、明晰农村土地产权

明晰的土地产权是土地进行有效流转、交易的前提。农村集体土地产权明晰主要是土地的产权主体明晰。目前根据法律规定，我国农地所有权主体是农村集体经济组织，具体来说，就是村民委员会和村民小组。但由于村民委员会和村民小组具有土地所有权所有人和基层政府土地管理者双重身份。这种集“运动员与裁判员”于一身的身份客观上导致了土地的“无主”状态。由于这种身份，村民委员会与村民小组不适宜作为农村土地所有权的主体。我们可以把农地的所有权的主体分为两个：法律上的主体与事实上的主体。

法律上的主体就是三种农村集体经济组织：村集体经济组织或者村民委员、村内若干农村集体经济组织或者村民小组、乡（镇）农村集体经济组织。事实上的主体就是农户个人。让农民享有占有、使用、收益和处分四权统一的土地产权。农民土地产权中的处分权的缺失是促进农村土地流转的最大障碍。在不改变土地所有权的同时，将处分权赋予农户个人不仅是土地流转的基础，还能为农村金融发展提供抵押品与担保品。完整的土地产权，才能形成真正意义上的土地流转的市场机制，提高农村土地的收益，有利于集约使用农村耕地。农民作为土地的实际使用者，只有在确保土地的四项权利的时候，才会大胆地在所承包的土地上增加投入，才能使土地更高效地使用，提高自己的收入，发展农村经济。

三、让农民拥有一定范围内的土地开发权

随着安置补偿政策的变化，采取招工安置的越来越少，安置补助费用则越来越高。但无论多么高的安置补偿费对于农民来说都是第一次性收入。高额的补偿安置费用与政府出让土地所获得的收益相比仅是很小一部分，两者之间巨额的差距，引起农民与村集体经济组织不满，产生抗争行为与上访等群体性事件。有些地方政府就开始使用开放性安置这一新的安置方式。

开发性安置就是在支付安置补助费用给被征地的乡村两级组织，再由两级组织支付给被征地的农民的同时，市政府按照一定的比例（一般在 10% 到 30% 之间）留出用地指标给被征地的村庄，用于农村的经济发展与土地开发。面对集体经济组织所有的土地，农民原本只有使用权来进行农业耕作，而没有土地开发权。政府通过安置模式的创新，返还一部分被征农地，农民可以用这部分土地进行自主开发经营。也就是说，农民在集体经济组织所有的土地上，

隐含着一定比例的土地开发权与建设权。

农民在赖以为生的土地上拥有生存权与发展权，一旦失去土地，这两种权利就难以得到保障，因此农民就需要以其他方式保障其长期生存的权利。而给予农民一定比例的开发权有助于农民在一次性的安置补助费用之后，有一个可以长期生活下去的手段。虽然从法律层面上，农民通过被征地安置而获得土地的开发权与经营权并没有法律依据，但这种形式的建立是农民与地方政府在协商、谈判的过程中逐渐达成的一致的结果。开发性安置这种模式让地方政府在可支配的财政收入一定的情况下，为了发展地方经济能更多的流转土地，同时能够与农民达成一致，维持农村基层社会的稳定，达成双赢。

四、规范土地流转的程序

目前我国农村土地流转没有一个规范的制度，有些地区由县乡政府甚至村委会决定土地流转。以县域竞争经济为特点的地方政府发展模式，各地区基层政府为了招商引资，发展地方经济，不惜竞相压低土地价格，“半买半送”甚至无偿出让土地给相关企业，造成集体经济组织资产的流失，严重地损害了农民的利益。所以，农村集体土地流转必须制度化、规范化。规范农地流转可以从以下几个方面入手：

1. 流转行为规范化

农村集体土地流转要坚持“依法、自愿、有偿”的原则，不能迫使或妨碍农民进行土地流转，这样才能使本来就已经稀缺的农地资源得到高效合理的配置。县级人民政府农业行政主管部门在对本辖区内土地流转情况进行摸底，对于口头签订流转合同的，应督促村集体经济组织以及农户个人尽快完成书面合同的签订。土地承包经营者需要对土地进行适当调整的，要严格执行“经村民会议三分之二以上成员或者三分之二以上村民代表的同意，并报乡（镇）人民政府和县级人民政府农业行政主管部门批准”。对于没有及时报相关部门批准，农业主管部门依法对其进行相应的惩罚。因土地承包经营发生纠纷的，双方当事人可以通过协商解决，也可以由村民委员会、乡（镇）人民政府等调解解决。

2. 流转合同规范化

集体土地流转双方一定要签订书面合同（协议），并且要对其内容规范化。流转合同（协议）应依法明确双方的权利义务范围以及违约责任。流转合同（协议）由乡（镇）人民政府和县人民政府农村工作主管部门统一印制。农村集体土地流转合同的订立需要地方政府的监督与介入，建立流转合同档案，及时办理土地流转引起的合同变更、解除和重新签订。农村集体经济组织或其他经济组织在未经农户同意的情况下不得代农户签订流转合同，未经双方同意，流转各方不得单方面变更、中止流转合同，一经发现，农村工作主管部门有权对合同做出相应的裁决。

3. 流转市场规范化

农村土地流转的市场化是农地制度变迁的大趋势。重庆采用“地票交易”的形式进行了一次有益的尝试。规范的市场化才能发现土地的真实价值，合理地确立土地流转的价格对于高效率合理利用土地资源有重要意义。土地流转市场的不规范将农民抛离在这个市场之外，农民没有享受到应有的土地的收益。只有将土地流转市场运作规范化的运作，农民的收益才能得到保障。要规范土地流转市场，只有政府、土地使用者和农民供需双方还是不够的。第三方中介服务机构应该加入其中。中介服务机构作为农民、地方政府与土地使用者，双方之间的桥梁，立足于公正、公开，做好土地流转的服务。

五、转化政府职责与定位

在土地问题上，政府既是土地的所有者，也是土地的管理者。作为土地的管理者，政府希望尽可能多的收取土地的租金。但作为一个社会管理者，政府不是土地交易的主体，只是一个土地交易的旁观者。政府有责任促进土地市场的发育，以及对土地市场不合法不合规行为的纠错与管理，提高土地的使用效率。而作为土地管理者的政府有维护国家粮食安全的责任，不能一味地与农民抢利益。尽管政府有强大的动力去获取最大化的地租，但最终这些行为都是为了管理土地，优化土地的使用。所以，政府更应该把自己定位于一个土地的“监督者”和“守夜人”。

在土地流转过程中，应当以市场机制配置土地资源为主，政府起到一个监督纠错的作用。既要避免以行政力量单方面、人为地推进土地的流转规模与速度，也要科学合理的运用财政补贴完善土地的定价。让农户和企业根据自身需求来确定农地流转的规模和价格。与此同时，要充分发挥政府组织在降低农地流转的交易成本，实现农地集中连片开发、专业化规模经营等方面的作用。对于土地流转收益分配的三个主体：政府、村集体经济组织和农户。政府要减少对于土地流转收益获取的比例。对于另两个分配主体，政府应该监督二者间的分配比例，通过各种手段避免村集体经济组织对农户土地流转收益的侵犯。在土地流转收益分配中，政府要少做“分食者”，更应该做一个做一个“监督者”。

政府要做的主要就是将村集体经济组织的土地出让权和收益权分开，如果农村集体经济组织有土地出让权，尽量将土地补偿费按相应比例直接分配给农村集体经济组织和农民。只有农村土地出让的主体是农民本人时，才可以考虑由农村集体经济组织代表政府分配农民的土地补偿费，并且这种分配要有有效的监督，避免农民的补偿费用被盘剥。

参考文献

[1] 马克思恩格斯全集 [M]. 北京：人民出版社，1982.
[2] 埃比尼泽·霍华德. 明日的田园城市 [M]. 北京：商务印书馆，2010.
[3] 亚当·斯密. 国富论 [M]. 北京：华夏出版社，2012.
[4] 塞缪尔·P. 亨延顿. 变革社会中的政治秩序 [M]. 王冠华，刘为，等，译. 北京：生活·读书·新知三联书店，1989.
[5] 阿瑟·刘易斯. 二元经济论 [M]. 北京：北京经济学院出版社. 1989.
[6] 霍尔. 城市与区域规划 [M]. 邹德慈，金经元，译. 北京：中国建筑工业出版社，1985.
[7] 阿历克斯·英格尔斯. 人的现代化 [M]. 成都：四川人民出版社，1985.
[8] 彼得·霍尔. 未来的大都市及其形态 [J]. 陈闽齐，译. 国外城市规划，2000 (2).
[9] 刘易斯·芒福德. 城市发展史——起源、演变和前景 [M]. 倪文彦，宋俊岭，译. 北京：中国建筑工业出版社，1989.
[10] 伊里尔·沙里宁. 城市，它的发展、衰败与未来 [M]. 北京：中国建筑工业出版社，1986.
[11] 曼昆. 经济学原理 [M]. 北京：生活·读书·新知三联书店，北京大学出版社，1998.
[12] 周叔莲，等. 中国城乡经济及社会协调发展研究 [M]. 北京：经济管理出版社，1996.
[13] 张国. 中国城乡结构调整研究——工业化过程中城乡协调发展 [M]. 北京：中国农业出版社，2002.
[14] 曾菊新. 现代城乡网络化发展模式 [M]. 北京：科学出版社，2001.
[15] 约翰·冯·杜能. 孤立国同农业和国民经济的关系 [M]. 上海：商务印书馆，1986.
[16] 杨金深. 城乡经济统筹理论与策略 [M]. 北京：中国农业出版社，2006.
[17] 熊耀平. 县域经济发展理论模式与战略 [M]. 长沙：国防科技大学出版社，2000.
[18] 肖梦. 城乡经济融合发展研究 [M]. 大连：大连理工大学出版社，1992.
[19] 白志礼，冯瀚文. 成渝地区统筹城乡发展进程测度与发展阶段判断 [J]. 西部论坛，2010 (1).
[20] 陈鸿彬. 城乡统筹发展定量评价指标体系的构建 [J]. 地域研究与开发，2007 (4).

[21] 陈佳贵，黄群慧，钟宏武．中国地区工业化进程的综合评价和特征分析［J］．经济研究，2006（6）．

[22] 陈锡文．深化对统筹城乡经济社会发展的认识，扎实推进社会主义新农村建设［J］．小城镇建设，2005（11）．

[23] 陈永国．统筹城乡发展的内涵、层次及思路［J］．商业研究，2008（4）．

[24] 程慧，李宗植．基于共生理论的江苏城乡统筹发展研究［J］．江苏农村经济，2006（10）．

[25] 程又中，李睿．城乡统筹发展试验：成都“样本”考察［J］．华中师范大学学报：人文社会科学版，2011（1）．

[26] 杜娟．成渝双核型空间结构及竞合关系研究［D］．成都：西南交通大学，2007．

[27] 杜茂华，刘锡荣．城乡统筹发展评价指标体系构建及其应用——以重庆市区县统筹为例［J］．西南大学学报：社会科学版，2010（5）．

[28] 段小梅，黄志亮．成渝地区统筹城乡发展的典型模式及经验借鉴［J］．软科学，2009（2）．

[29] 付海英，郝晋珉，朱德举，等．市域城乡统筹现状评价及其影响因素关联分析［J］．农业技术经济，2006（5）．

[30] 付兆刚．统筹城乡的评价指标体系与实证分析［J］．哈尔滨商业大学学报：社会科学版，2009（3）．

[31] 高宁．竞争与合作——成渝“哑铃共同体”发展模式［J］．经济体制改革，2008（3）．

[32] 高珊，徐元明，徐志明．城乡统筹的评估体系探讨——以江苏省为例［J］．农业现代化研究，2006（7）．

[33] 郭春丽．统筹城乡发展制度建设的思路和建议［J］．宏观经济管理，2008（3）．

[34] 郭德君．系统哲学视域下的成渝经济区发展分析［J］．商业时代，2010（13）．

[35] 郭建军．日本城乡统筹发展的背景和经验教训［J］．农业展望，2007（2）．

[36] 郭建军．我国城乡统筹发展的现状］问题和政策建议［J］．经济研究参考，2007（1）．

[37] 郭效法．城乡统筹发展研究——以重庆市为例［D］．重庆：重庆大学，2009．

[38] 郭勇．发展中国家城乡关系演化：文献与述评［J］．经济问题，2005（7）．

[39] 国家发展与改革委员会．国家发展改革委关于印发成渝经济区区域规划的通知（发改地区〔2011〕1124 号）．

[40] 韩俊．统筹城乡发展，破除二元结构［N］．人民日报，2010－02－10．

[41] 韩俊．中国城乡关系演变 60 年：回顾与展望［J］．改革，2009（11）．

[42] 韩晓昕．成渝经济区竞争力综合评价及实证研究［D］．重庆：重庆工商大学，2010．

[43] 何独明，谷继建．成渝统筹城乡改革背景及前景分析［J］．农业经济，2008（12）．

[44] 何如海，聂雷，徐晨．基于熵值法的城乡统筹发展水平评价方法实证研究——以合

肥市为例［J］. 合肥工业大学学报：社会科学版，2013（4）.
［45］何雄浪，杨继瑞. 成渝经济区：比较优势、发展不足与治理对策研究［J］. 西华大学学报：哲学社会科学版，2009（6）.
［46］何雄浪，杨继瑞. 关于成渝经济区发展的思考［J］. 宜宾学院学报，2010（2）.
［47］何雄浪，朱旭光. 成渝经济区产业结构调整与经济发展研究［J］. 软科学，2010（6）.
［48］黄成杰. 成渝经济带的形成和发展研究［D］. 成都：西南交通大学，2010.
［49］黄修杰，闫俊强. 城乡统筹发展主体的理论分析［J］. 广东农业科学，2008（9）.
［50］姜晔，等. 我国统筹城乡协调发展的区域模式研究［J］. 城市发展研究，2011（2）.
［51］姜作培. 统筹城乡发展：主要矛盾和出路分析［J］. 理论前沿，2003（22）.
［52］金剑，李伟. 河北省城乡统筹发展水平综合评价研究［J］. 河北企业，2009（2）.
［53］黎藜，范守智. 重庆城乡统筹发展水平测算及提升对策［J］. 西南农业大学学报：社会科学版，2010（4）.
［54］李海波. 我国城乡统筹发展的主要模式［J］. 知识经济，2011（6）.
［55］李琪. 重庆市城乡统筹发展测度与评价研究［D］. 重庆：西南大学，2010.
［56］李岳云，陈勇，孙林. 城乡统筹及其评价方法［J］. 农业技术经济，2004（1）.
［57］刘畅. 中国城市经济的"新标杆"——成渝经济区发展特点及对其经济发展的建议［J］. 中国城市经济，2011（14）.
［58］刘朝明，董晖，韩斌. 西部增长极与成渝经济区战略目标定位研究［J］. 经济学家，2006（2）.
［59］刘朝明，岳书敬，韩斌. 成渝地区工业结构的比较与协调研究［J］. 上海经济研究，2007（3）.
［60］刘成玉，任大廷，万龙. 内驱式城乡统筹：概念与机制构建［J］. 经济理论与经济管理，2010（10）.
［61］刘道明. "成渝经济区"有着巨大的发展潜力［J］. 中共四川省委党校学报，2008（1）.
［62］刘荣增. 城乡统筹理论的演进与展望［J］. 郑州大学学报：哲学社会科学版，2008（7）.
［63］刘世庆. 成渝经济区建设研究——川渝毗邻地区的发展差距与合作策略［J］. 经济体制改革，2008（1）.
［64］刘晓鹰，王亚清. 基于"椭圆城市群"的成渝经济区城乡统筹发展研究［J］. 重庆工商大学学报（西部论坛），2008（2）.
［65］刘兴彬，李仙娥. 国内城乡统筹模式的研究述评［J］. 经济研究导刊，2010（34）.
［66］柳思维. 国外统筹城乡发展理论研究述评［J］. 财经理论与实践，2007（11）.
［67］吕少杰. 试论成渝两地城乡统筹发展的异同［J］. 商场现代化，2010（8）.
［68］罗军. 中国统筹城乡体制机制体系创新的基本实践［J］. 东南学术，2011（3）.

[69] 马晨. 国外城乡统筹发展对我国城乡一体化的启示 [J]. 金融前沿, 2010 (8).
[70] 马景娜, 罗有贤, 苏维词. 成渝经济区作为西部增长极的 SWOT 分析 [J]. 乡镇经济, 2009 (1).
[71] 马克思恩格斯全集 (第 23 卷) [M]. 北京: 人民出版社, 1972.
[72] 潘旭明, 吴雪晖. 比较优势、圈层结构与成渝经济区的协调发展 [J]. 宏观经济研究, 2011 (8).
[73] 彭鹏, 刘朝明, 刘博. 基于多区域投入产出的成渝经济区主导产业选择 [J]. 世界科技研究与发展, 2008 (5).
[74] 彭鹏. 成渝经济区产业关联与协调发展研究 [D]. 成都: 西南交通大学, 2009.
[75] 蒲勇健, 李绍芳. 川渝经济比较优势和竞争优势实证分析 [J]. 西南金融, 2009 (9).
[76] 曲亮, 郝云宏. 基于共生理论的城乡统筹机理研究 [J]. 农业现代化研究, 2004 (9).
[77] 邵晶. 统筹城乡发展问题理论综述 [J]. 党政干部学刊, 2010 (6).
[78] 申丽娟, 吴江. 城乡社会统筹评价指标体系实证分析——以重庆市为例 [J]. 西南师范大学学报: 自然科学版, 2009 (4).
[79] 石琳娜, 王登洋. 成渝城市圈的辐射效应研究 [J]. 特区经济, 2011 (5).
[80] 四川省经济信息中心课题组. 统筹城乡综合配套改革综合评价体系研究 [J]. 四川改革, 2007 (11).
[81] 宋葛. 中国统筹城乡发展改革路径研究 [D]. 沈阳: 辽宁大学, 2012.
[82] 宋军, 杨运哲. 成渝经济圈: 竞争优势与发展障碍 [J]. 西南金融, 2006 (5).
[83] 苏发金. 城乡统筹: 城镇化与农业经济增长关系的实证分析 [J]. 经济经纬, 2011 (4).
[84] 孙海军. 经济功能区与经济区域形成理论 [D]. 天津: 南开大学, 2010.
[85] 孙继琼, 徐鹏. 成渝经济区城市化特征及影响因素分析 [J]. 经济纵横, 2010 (1).
[86] 孙继琼. 成渝经济区城市体系规模结构实证 [J]. 经济地理, 2006 (6).
[87] 孙津. 城乡统筹: 城乡协调发展的政策机制 [J]. 中国发展, 2004 (2).
[88] 孙久, 等. 走向 2020 年的我国城乡协调发展战略 [M]. 北京: 中国人民大学出版社, 2010.
[89] 田美荣, 高吉喜. 城乡统筹发展内涵及评价指标体系建立研究 [J]. 中国发展, 2009 (4).
[90] 田美荣, 高吉喜. 城乡统筹发展内涵及评价指标体系建立研究 [J]. 中国发展, 2009 (8).
[91] 汪倩雯, 张明举. 中国未来经济增长第四极——成渝经济区分析 [J]. 理论前沿, 2008 (12).
[92] 王崇举. 对成渝经济区产业协同的思考 [J]. 重庆工商大学学报 (西部论坛), 2008

(2).
[93] 王海芬. 关于推进成渝经济区产业融合的思考 [J]. 商场现代化, 2010 (14).
[94] 王洪春. 我国城乡统筹发展模式探讨 [J]. 宁夏大学学报: 人文社会科学版, 2010 (1).
[95] 王骏, 邹海红. 川渝经济区的特殊性、复杂性及其构建思路 [J]. 探索, 2008 (6).
[96] 王骏. 关于统筹城乡综合配套改革试验的进展、问题与对策的思考 [J]. 西南大学学报: 社会科学版, 2008 (7).
[97] 王立军. 浙江省统筹城乡发展的机制与路径创新研究 [J]. 中共杭州市委党校学报, 2009 (5).
[98] 王梦奎. 关于统筹城乡发展和统筹区域发展 [J]. 管理世界, 2004 (4).
[99] 王茉琴. 区域协调发展背景下城市群发展研究 [D]. 西安: 西北大学, 2010.
[100] 王能洲, 沈玉芳, 张婧, 等. 成渝经济区区域经济差异的计量测评及成因分析 [J]. 经济论坛, 2009 (24).
[101] 王卫星. 我国城乡统筹协调发展的进展与对策 [J]. 华中师范大学学报: 人文社会科学版, 2011.
[102] 威廉·阿瑟·刘易斯. 二元经济论 [M]. 北京: 北京经济学院出版社, 1989.
[103] 吴江, 毕正操和祝云. 成渝经济区产业结构与就业结构的实证分析 [J]. 社会科学研究, 2007 (4).
[104] 吴先华, 王志燕和雷刚. 城乡统筹发展水平评价——以山东省为例 [J]. 经济地理, 2010 (4).
[105] 武力. 1949—2006 年城乡关系演变的历史分析 [J]. 中国经济史研究, 2007 (1).
[106] 向淑阳, 王卓, 刘天晓. 成渝经济区城市综合竞争力评价与聚类分析 [J]. 重庆教育学院学报, 2011 (3).
[107] 向淑阳, 王卓, 罗文惠. 成渝经济区城市综合竞争力评价与聚类分析 [J]. 西南科技大学学报: 哲学社会科学版, 2011 (2).
[108] 向淑阳. 成渝经济区城市综合竞争力评价与聚类分析 [J]. 四川行政学院学报, 2010 (6).
[109] 徐承红, 刘攀. 成渝经济区与西部大开发 [J]. 工业技术经济, 2007 (8).
[110] 徐承红. 成渝经济区的因由及其面临的现实问题 [J]. 改革, 2010 (7).
[111] 徐建军, 梁振民. 成渝经济区: 中国西部增长极的发展对策研究 [J]. 华北电力大学学报: 社会科学版, 2009 (2).
[112] 徐今瑾. 西三角经济区商贸业协同发展研究 [D]. 重庆: 重庆师范大学, 2011.
[113] 许赛缘, 赵智杰. 福建城乡统筹发展水平综合评价与省域比较 [J]. 发展研究, 2010 (4).
[114] 许玉明. 城乡统筹评价体系的构建: 重庆市九龙坡区实证 [J]. 重庆社会科学, 2008 (4).

[115] 阎星，李霞，高洁. 基于系统理论的统筹城乡发展研究 [J]. 经济社会体制比较，2008 (3).
[116] 杨东升，邹克俭. 以体制机制创新为主线促进统筹发展 [J]. 农村经济，2010 (2).
[117] 杨海霞. 成渝都市圈城镇体系发展研究 [D]. 上海：华东师范大学，2007.
[118] 杨振宁. 城乡统筹发展评价指标研究——基于时序数据 [J]. 农村经济与科技，2008 (11).
[119] 印成玲. 成渝经济区优势制造业发展研究 [D]. 成都：西南交通大学，2008.
[120] 余长惠. 成渝经济区地方政府合作探析 [J]. 长江师范学院学报，2010 (2).
[121] 俞云峰. 统筹城乡发展与城市化：日韩两国的经验与启示 [J]. 生产力研究，2010 (1).
[122] 郁鸿胜. 国内外统筹城乡发展的经验启示及上海的实践 [J]. 学习与实践，2010 (8).
[123] 袁安贵. 成渝城市群经济空间发展研究 [D]. 成都：西南财经大学，2008.
[124] 张宝田. 中国较发达地区城乡统筹协调发展道路的新探索 [J]. 社会科学战线，2009 (2).
[125] 张计成. 英国城乡的发展经验及启示 [J]. 城市问题，2007 (1).
[126] 张建升，冉建宇. 成渝经济区与三大经济区区域差距比较 [J]. 经济体制改革，2011 (4).
[127] 张晴，高明杰，罗其友. 城乡统筹发展水平评价指标体系构建探讨——以中部地区安徽宁国市为例 [J]. 西南农业大学学报：社会科学版，2011 (6).
[128] 张秋. 城乡统筹发展制度的新选择 [J]. 经济研究参考，2010 (6).
[129] 张秋. 美、日城乡统筹制度安排的经验及借鉴 [J]. 亚太经济，2010 (2).
[130] 张秋. 中外城乡统筹制度的比较与启示 [J]. 经济纵横，2009 (12).
[131] 张涛羽. 成都市城乡统筹研究 [D]. 长春：吉林大学，2010.
[132] 张霞. 基于国内外城乡统筹发展模式比较的几点思考 [J]. 湖北经济学院学报，2007 (3).
[133] 张宜松. 统筹城乡发展的制约因素及路径探索 [J]. 安徽农业科学，2008 (15).
[134] 张占斌. 统筹城乡资源配置与推进城镇化发展 [N]. 中国经济时报，2011-03-30.
[135] 赵保佑. 统筹城乡经济发展评价指标体系的构建及应用 [J]. 经济学动态，2007 (12).
[136] 赵彩云. 我国城乡统筹发展及其影响要素研究 [D]. 北京：中国农业科学院，2008.
[137] 浙江省发改委，浙江省统计局课题组. 浙江省 2007 年城乡统筹发展水平综合评价报告 [J]. 浙江经济，2009 (1).
[138] 郑国，叶裕民. 中国城乡关系的阶段性与统筹发展模式研究 [J]. 中国人民大学学

报，2009（6）.

[139] 郑瑞平. 统筹城乡社会保障制度的法律完善——以“国家统筹城乡综合配套改革试验区”重庆市为例［J］. 甘肃联合大学学报，2010（9）.

[140] 钟敦慧，张明举. 共建成渝经济区政策措施保障研究［J］. 经济体制改革，2008（4）.

[141] 钟敦慧. 成渝经济区产业合作研究［D］. 重庆：西南大学，2009.

[142] 周斌. 区域一体化视角下成渝城市群协调发展研究［D］. 杭州：浙江大学，2010.

[143] 朱恒. 我国城乡一体化问题的思考与对策研究［J］. 湖北经济学院学报，2010（5）.